昨夜布谷

彭瑞高 著

文匯出版社

目 录

第一章
001

第二章
060

第三章
138

第四章
201

第五章
261

第六章
328

后记：有预谋的写作
386

上世纪八十年代，我隐约听到命运在远处响起阵阵雷声。

其时我在一所乡村中学教书，改革潮头已在周边农村悄悄掀起。

知识分子的机会来了！人们在各种场合这样说。

原来有许多教师被选入干部队伍，走进乡镇大院。

一代文人，使"乡官"的基础素质起了巨大变化。

中国历史上，没一个朝代像彼时这样，有那么多知识分子走上从政道路。

农村的起飞，从此有了文化欲望和强劲的翅膀。

没想到的是，后来我也离开学校，成了"彭乡长"。

多少文弱书生从乡镇起步，成了中国社会的栋梁。

有人说，这是时代的赋予，是人生的馈赠。

对于成功者，这样说也许不错。

可是对于"彭乡长"，对于我这样一个满身伤痕的人来说，情况远非如此……

第一章

1

我记得清清楚楚,这天正交上春季一个重要的节气——惊蛰。这是每年头上初打雷的时辰。

半夜,杜森突然来电话说,永生,老大进去了!

依我这些年的经验,凡这类半夜来的电话,没一件是好事。我在黑暗里抓起听筒咕了一声,随即闻到自己喉头发出一股烟火臭。我平时不抽烟,但这夜抽了好几根。

杜森问,你在听我说话么?怎么没声气?

我记得自己嗯过一声。不过说实话,这消息对我来说实在太突然。我蓦地想到惊蛰这个节气,还隐隐听到了雷声。

我问杜森,老大怎么会进去的?

杜森说,女人啊,他搞女人啊。

我背脊上窜出一层冷汗。

老大叫苗志高,是塔城镇的一把手,代理书记兼镇长。几个钟头前,我就跟他在一起。杨吉昌这家伙从香港回来了,说又要在塔城镇买两块地。晚饭就在"四海春"吃,算是老大给港商接风洗尘。四海春这家酒店很鬼,他们会搞许多名堂。酒足饭饱以后,四海春老板陈一钟就问苗志高,老大,要不要开个房,吼它几声?

苗志高就用小毛巾擦着嘴,很响亮地说,好,吼它几声。

于是就吼几声。

不要看塔城是郊区一个镇，吃喝玩乐却一应俱全，设施一点不比市里差。市区今夜唱响的歌片，塔城第二天就放得满天响。什么老歌新歌，什么《红尘》《玫瑰》，我们一支支都能唱过来，苗志高尤其唱得好。老大爱唱歌，镇里干部也都跟着泡歌厅，上班也悄悄学歌。我也能唱几首，杜森也能唱几首，只是有几处走音。老大苗志高唱歌时，样子很好，一手捏话筒，一手插在裤兜里，西装纽子从来不扣，让别人看着，算是潇洒的样子；唱到得意处，他还会支起两根指头，把乌黑的头发朝后一甩，让领带在胸前一荡又一荡；他另有一功，就是唱歌时会像歌星那样，在台上来回走动，神采飞扬的样子；需要停下脚步时，他还用脚尖踏节拍，鞋头一磕一磕的。不管他唱得好不好，四海春里的女子总是喝彩，叫苗书记再来一个再来一个，苗志高也就很得意，再来一个。

这一夜歌唱得很晚了，苗志高把老板陈一钟唤进来，问，陈老板，这里还有什么好的夜宵？

陈一钟眼睛眨了一下，附在苗志高耳边说了几声。苗志高先是专注地听了听，接着半边脸上便荡出笑来。陈一钟走出餐厅包房时，在走廊里举手勾指头，叫女领班把一群女子都唤了去。

苗志高随即跟杨吉昌低语几句。杨吉昌笑起来，连连点头。苗志高又转身对我说，彭镇长，今夜有好戏，我们一道上。

我晓得是什么意思了。四海春里的女子一专多能，跑堂传菜，陪歌陪舞，想不到，还有这一手。

我对苗志高说，这个怕要犯条款，上不得。

苗志高啧一声，说，你这人，没劲。

我笑笑，扣起外衣领扣，没说什么。

苗志高瞥了我一眼，叱了一声。这一叱，我就觉得更没意思了。临走，我见杨吉昌那小子一堆肉都没在沙发里，面孔灰扑扑油光光的,一双眼睛不时朝走过的女子眯起,一副按捺不住的样子,我就暗暗骂了一句。

这家伙现在算港商了。什么东西啊?一年前他还在镇政府工作,还是我的下属,一个小小的文教干事,平时跑个小学、出个简报什么的。不知托了哪门子亲戚,去了一趟香港,回来就自称香港同胞了。现在他回塔城镇,镇上就把他当港商看,热情招待,还政策优惠。苗老大跟他谈地块生意时,特别爽气。其实,这家伙在塔城镇买的地块,只是过过手而已,转身就卖给第三家。这里是不是有猫腻,天晓得。我是分管文教这一块的副镇长,本来就看轻杨吉昌,此刻,更是一分钟也不愿跟他待一起了。

时已深夜,我走到四海春门口,吸了一口冷风,打了两个喷嚏,人却立马清爽了。我想,这搞女人的事,万万做不得。倒不是我的觉悟有多高,而是我觉着,自己在镇政府进进出出,搞这种事不得体;还有那些脏病,万一染上了,这辈子怎么交代;且从历史看,搞女人总是不好的,任何一个朝代都是反对的;更何况,我自己家,苗志高家,又不是没有女人……

这样一想,我离开四海春的脚步就很决绝。我在停车场回头望去,四海春楼上的灯光一盏盏暗下来。我就想,在那几间包房里,不知老大和杨吉昌他们,跟四海春女人们已搞到了什么地步。我还想,有机会一定要跟老大聊一聊,你几千元一桌胡吃海喝也就算了,可这种不干不净的勾当,也是你做得的么?你毕竟是一镇老大啊。

……

谁能想到,被窝还没有焐热,事情已经坏了。

我发觉自己手有点抖,问杜森,你哪来的消息,可靠么?

杜森反问道,县公安来的消息,会不可靠么?他们今晚搞了几个小分队,连奔几个乡镇,警察也说,他们没想到会网到苗老大这样的角色。

我不知道哪来一股气,对着电话吼了一句,他就是不听我话啊!

2

我跟苗志高是多年同伴,还有杜森。我们从小就滚在一起。

苗志高从小功课就不怎么样,普通话说得尤其糟糕。小学教语文的许老师叫他起来朗读课文,他就摇头晃脑读,水稻禾苗六(绿)油油的,劳动麻烦(模范)陈永康正在开渠放水。我和杜森都笑,他就别过头来瞪我们,说,笑什么,陈永康不是劳动麻烦么?这一来,许老师也禁不住笑了。

苗志高成绩差,胆子却是大的。

许老师犯百日咳,土郎中说最好吃两个偏方——一个是杜鹃鸟,要清炖;第二个是鸟蛋蒸梨,不能蒸太老。苗志高听了,当天就用弹弓,打下了一雌一雄两只杜鹃;还买了梨,上树去摸鸟蛋。摸鸟蛋那树是白果树,有半天高,苗志高盘到树顶,我们在下往上看,他身体只有甜瓜大。他掏了鸟蛋放进衣袋,下树时挤碎了,蛋清蛋黄漏出来,擦得他浑身沾了屎一样。他又去盘第二棵树。第二棵树顶的鸟巢里,一只雌杜鹃正专心孵蛋。苗志高去摸时,把那母鸟惊得扑翅飞起,却死也不肯飞远。它吱吱急叫着,一回回扑下来,啄苗志高的头皮,要跟苗志高搏命。苗志高痛得大喊,一手抓树干,一手乱舞,把下面的我和杜森急死了,围着树哇哇叫;杜森还拼命砸脚,为苗志高壮势。可那雌杜鹃只是盘旋俯冲,不肯飞远。苗志高急急掏了鸟蛋,像只熟瓜似的滑下来。这时,他额上已满头大汗,头顶上还隐隐冒出血珠来。我们遂把他当作英雄,簇拥他去见许老师。许老师见苗志高衣袖也破了,扣子也掉了好几颗,衣襟上糊满蛋液,血水还粘住头发,两眼就红了,说,苗志高,你心是好的。

但那一雌一雄两只杜鹃鸟,许老师怎么也不肯吃。我们问许老师为什么不吃,许老师说吃不得。我问为什么吃不得。他反问我说,杜鹃是什么鸟,你晓得吗?我说,不晓得。许老师说,它就是布谷鸟呀,就是每年春天在空中"布谷布谷"叫的那种鸟呀,它催我们赶紧布谷、赶紧种粮食、种棉花,我们怎么能吃它呢?

这是我第一次晓得布谷鸟的身世。苗志高听见许老师这样说,就觉得很对不起布谷鸟。他叫了杜森和我,一道在学校后面空地上挖了个坑,把两只布谷鸟埋了,还郑重其事地跪下,磕了几个头。

苗志高这人还有个毛病,就是对女生很感兴趣——

他像许老师批学生毛笔字分数一样,对班里的女生,也一个个批分数。对最漂亮的女生,他批九十多分;一般的,就批七十分;眼小嘴阔的,皮肤粗黄的,还批"不及格",背后还说她们"开红灯"。有个女生名叫邬天宝的,身材高大,比男生还高大,模样长得不怎么样,鼻子塌一些,脸也扁一些。苗志高看不起她,就只批了六十五分。但他对邬天宝这个女生,一直很留意。他悄悄对我和杜森说,邬天宝已经做大人了,你们看,她衣裳都绷线了,说明她已经起奶了。这些话,他说得那么老练,而我和杜森都是第一次听见,不由得面面相觑,心里怦怦乱跳。

那天是很特别的一天。下课时,不管别的女生怎么邀请,邬天宝就是坐着不肯出去玩,忸忸怩怩的,神情有些反常。不知怎么的,这细节就给苗志高落眼了。放学后,邬天宝背起书包一走,他就在她椅子上看到一片血渍。于是发现新大陆,他两眼都变得贼亮。他撒开双腿直奔操场,叫我和杜森去教室"看情况"。他还起劲地去办公室报告许老师,叫许老师也来看情况。许老师进了教室,眼光只往椅子上一扫,便把脸沉下来,对苗志高说,苗志高,你把自己功课盘盘好,什么都有了;这种事,不要你多管。说完,亲手吊井水,把邬天宝的椅子洗干净。

苗志高皮很厚,许老师板脸的事他回头就忘了,却在回家路上很认真地问我和杜森,说,你们想想,邬天宝好好的一个女生,不吃刀子不吃枪的,怎么坐着坐着,下面就出血了呢?那血是从什么地方流出来的呢?我和杜森干瞪眼,说不出个所以然来,只是被这家伙问得瞪眼,心跳不止。那一片血渍,就成了我们少年时代的悬案,笼罩着一层神秘色彩,长久粘在我们心上。

上了中学,苗志高不知怎么的,却跟邬天宝好起来。有一天放学路上,他还跟邬天宝两人钻瓜棚,结果给邻村农民抓出来,说他是小流氓,扬言要扭他去学校教导处。这个突发情况,只有我一个人晓得。我口风比较紧,既没有告诉班主任,也没有告诉杜森。苗志高就对我感激得不行,把我引为刎颈之交,当夜还摸到我家里来,送了我一块"红双喜"乒乓板,还有几本《三国演义》连环画……

毕业那年,"一片红"下乡插队。苗志高,我,还有杜森,三人分在一个名叫乔家村的生产队里。苗志高出身好,力气大,干活爽气,敢作敢为,农民很快就选他当了副队长;后来一步一步的,竟到公社当了团委副书记。照理说,这个位置已经不错了,但他不安逸,跟我和杜森说,要去闯一闯天下,于是就报名参军,到了很远的沈阳部队,还在珍宝岛那里打了一仗,立了三等功,大小报纸都登了。他复员后回塔城,先当武装部长,不几年又升了"老大";我呢,在乡校教了好几年书,也被选中当了文教副镇长;杜森当了多年兽医，从兽医站出去，成了畜牧副镇长。这样，三人又滚到一道，在大院里当起乡官来。

这乡官，说好当也好当：上班下班，开会散会，点头摇头，谁不会？说不好当也不好当：酒席上，眼冒金星了，还得跟人家一盅一盅干，没一点功夫和底气，哪个行？

不过就这样，也一天天当下来了。托改革开放的福，塔城镇经济发展不错，农民日子也好过多了。有时苗老大和我们几个副镇长，面红耳赤的，从镇上"老同兴"饭馆出来，正好遇见些乡民，他们就会围上来，说，老大你们不容易，为了塔城几万人，天天受这号罪。我说，你们是在说反话吧？乡民们就一脸正经，说，谁说反话谁雷打！你们有吃有喝，说明塔城有奔头；这么大个镇，没人出面吃喝还行啊？旁边村民就呼应道，这不是明摆的道理吗？啥时候你们镇长撂荒了，没人请吃请喝了，我们塔城也完了。

我人是醉醺醺的，心里却明镜一样。我想难得有这么好的乡民，这样理解我们乡镇干部的苦处。有他们这几句话，这些年来熬的夜、遭的罪，也就一笔勾销了。这时，对着这些皇恐而又一脸纯朴的乡民，大家眼睛都是红红的，说起来就想哭。

经济一好，吃喝起来就更理直气壮了，在饭店吃喝的花巧也多起来，那日子，确实过得有点神魂颠倒。不过一想到这吃喝是为民受罪，又是为民谋福，胡吃海喝中，大家都还觉得心安理得。

苗老大被公安抓去，直接的起因也是这个吃喝；吃多了喝多了，头一昏，便出事了。这对整个塔城镇来说，都是件了不得的大事；就我个人而言，更是件了不得的大事。我立马意识到可能产生的后果，在电话里就对杜森说，你马上到我这里来一次，我们好好商量下，怎么应付这个事。

杜森答应马上来。我放下电话，叹了口气，拿起烟盒想抽烟。

女人在旁翻了个身，问，怎么了？

我说，苗志高出事了。

女人惊问，他进去了？

我嗯了声。

女人又问，怎么进去的？

我说了说情况。她哼了声，说，这家伙迟早要出事。你看他，见了女人那眼光！

我说，你早怎么不说？

她反问，我说了他会听么？

她一骨碌坐起，又说，苗志高进去，是你的好事啊。

我说，你想说什么？

女人来了兴致，也披起衣服，说，他一进去，上面会不会来叫你顶他位置，做塔城镇的老大？

我说，你怎么还想这个？我现在急着要跟杜森商量，怎么把苗志高弄出来。我们三人是一根藤上的，打断骨头还连着筋呢。

女人一撇嘴，说，你们要商量就到外间去商量，杜森那根烟枪，我受不了。

杜森烟瘾确实大。海绵嘴香烟，他嫌淡，从来不抽；他专门抽蹩脚烟卷，短支的，没有海绵嘴的那种。他说这才是烟。每天进办公室，他第一件事就是掏出烟来，猛抽几口，抽剩小半支，又摸出另一支来，放在桌上震，震空一头，把刚刚抽剩的那半支塞进去，两支接在一道抽。他就这样一支接一支抽，不断火。所以大院里干部都知道，杜森抽烟一天只点两次火：早上一次，午饭后一次。烟这样抽法，杜森的肺竟没发现什么病，平时连咳嗽都没一声。只是他浑身烟臭厉害，一年四季都不散。食堂里的老孙说，杜镇长付的饭票，都有一股烟火臭。

杜森到了我家，我们就坐在外间谈。他一坐下就点烟，说，苗志高这家伙，把我们整个塔城都害了。

我说，你看有没有什么救他的办法。

杜森抬起头，说，救他，怎么救？

我说，所以叫你来商量啊。

杜森只是耸着肩，缩着头，抽烟。

我说，我们总要救他一把啊，大家毕竟一道滚出来的。

杜森摇头，痛心疾首的样子。

我说，明天进大院，我们两人先沉住气，绝对保密。那些人嘴都很臭，漏了风声，一传十、十传百，那就收不了汤了。

杜森叱一声，说，纸包不住火，这种丑事瞒得住天下么？说不定明天县广播就会捅出来。这种新闻，小报小台记者最起劲。

我说，苗志高怎么也算是我们县的名人，播他的丑闻，县委县政府是要考虑考虑的。

杜森恨恨地说，他什么名人啊！一个老大，想不到骨头那么贱，竟弄到四海春女人那里去了！

我说，他的事臭归臭，犯法倒还算不上。依我看，最多也就吃个治安处理，关两天罚个款什么的。

杜森说，难说。他是老大，党委政府都是他带头，出了这样的丑事，还怎么工作？党内是不会放他过关的。党内不过关，政府还会信用他么？

我点头道，你说得也对。

杜森说，依我看，这次出事，老大被开除出党也有份。党纪不是有规定吗，党员嫖娼，一律开除党籍。

我听着觉得气味不对，便厉声问道，你杜森什么意思？老大开除党籍，你我脸上有光彩么？

他看着我，一时说不出话来。

我说，我为什么要急着找你来？就是要趁着事情还在处理，先找门路，设法把老大弄出来。现在苗老大的情况，就像刚犯了心脏病，还是"黄金抢救时间"，过了这时段，事情就没救了。

杜森不说话，低头把烟一下一下震空，接上。又抽了好几口，才抬起头，迎上我的目光，说，我知道，你是要我出马，去县城找宋富林。

我说，这就对了么，宋富林是你小舅子，这事只有托他了。他是政法委副主任，县里公检法，他都管得着。

杜森说，宋富林这人你也晓得，党性强，凡事顶真，我去找他，不一定说得上话。

我说，你说不上话，就叫你女人出马，他们是姐弟，还怕说不上话吗？

杜森又低了头，震烟，抽烟，看窗外黑沉沉的天。好一会儿，他才揿灭烟头，说，那我走了。

我叮嘱他，天一亮，你就要去县里找宋富林啊。

杜森不接嘴，只朝外走。到了门口，把头抬起来，看着空中感慨道，天不好啊。

我说，你不要东拉西扯，救老大要紧。

杜森苦笑一下，向我挥挥手。孤灯下，我见他目光很暗，被烟熏黄的脸，一下子很见老，心里便一下浮起少年时，我俩在白果树下，看苗志高盘到树顶摸鸟蛋的事，不由得咕哝一声。

杜森回头问，你说什么？

我叮咛道，你一定要去县城找宋富林啊。塔城这么大个镇，苗志高不只是镇里老大，家里也是上有老下有小，伤不起啊。

杜森哦了声，受寒似的缩起头颈，把衣领竖起来，推了车就走。

半夜的天空里,弥漫着杜森留下的烟草味。这烟草味裹着深夜的雾霭之气,令人想起江南的潮湿,小镇的平庸,还有眼前的无趣。站在门口,额上能觉着夜雾的凄凉。楼下院子里,我当年栽下的一棵榉树寂寞孤立,在昏黄的光圈里抛下瘦长的骨影。地砖缝里钻出的草尖,露珠轻罩,发出卑微的细光。我抬头仰望,感觉天幕变得那么陌生,我们熟悉的那些星宿,犁头星啊,扁担星啊,织女星啊,这时都看不见。我想,毕竟不是当年三个人在乔家村起早摸黑的时候了,那天空,早已不是今夜的天空了。

天快亮了,我仍然毫无睡意。我也不想去焐床,省得翻来覆去,惹女人嘖嘴。我就在外间沙发前放了一只凳子,搁脚闭眼,磨天亮。

杜森人是走了,但满屋的烟火臭,开了窗也吹不退。我想,这家伙虽然临走时一副不死不活的样子,但托人去救苗志高,他还是会用心去做的。这一点我相信他。

我就想起我们三人小时候一起在河里游泳的险事。那天杜森游到河中要歇气,他水性不好,两脚踩不到底,一下子没了顶。他发出的呼救声那么惨,叫得我手脚都软了。倒是苗志高沉得住气,二话不说,抢上去潜到杜森胯下,拼命把他顶出水面,又拖死猪一般,把他拖上河岸。接着,是我去村里拉来了一头老牛,让杜森伏在牛背上,把一肚子浑水吐了个干净。这次遇险后,我们三人的哥们关系更铁了。

后来又遇到无数大事小事,都是三人合力排险。前些年,杜森的老父亲头痛病发作,县中心医院查实是脑瘤,就是苗志高四处找医生,最后进了上海的大医院,开刀救起的;随后又是我去县里请老中医,给他父亲开方子,开始了漫长的调理。多年来,老人的气色调养得比同龄长辈都好。这种交情，放在平时，提都不须提，可到了这当口，杜森心里自当晓得。否则，兄弟一场，就没法说了。

天亮一些，女人起了身。她也是劳碌命，见我躺在沙发里，嘴上不断埋怨，随手却扯条毯子，撒网一样盖在我身上。

她进灶间弄早饭，嘴里仍不断咕哝。渐渐地，锅盖就响了，粥香就漫进来。我这时才觉得肚子饿了，掀开毯子，对女人说，你叽咕什么呢，又不是我被公安抓去。

女人说，你被公安抓去？你进去了，我也不要过了。

我说，一人做事一人当，你这样做什么？

女人说，你说屁话！搞女人被抓进去，还有什么比这更臭的。你若是政治上犯错误，或渎职受贿什么的，我颜面上还好点。

我说，那也不光彩。

女人说，打个比方罢了。我的意思是说，你们当干部的，为搞女人进去，阴沟里翻船，最是不值。你看这个苗志高，什么样的苦没吃过，什么样的大事没有做成？我们塔城经济这么兴旺，政府大院里金牌满墙都是，可他自己，却一头跌在四海春女人身上，这值吗！

我没有接嘴，心里承认，女人的话说得在理。

女人又说，还不知苗志高的女人现在怎样了呢。自己男人出了这种丑事，她颜面不知放哪里去呢。

我被女人说得有些走神。就在这时，门铃响了，有人在楼下喊，胡兰萍在么，胡兰萍！

胡兰萍是我女人名字。女人探头一看，说，说到曹操，曹操就到，刘品芳来了。

我心里有点发虚，刘品芳来了，不会是上门盘问苗志高的事吧？

女人开门发出咿呀一声,刘品芳的大嗓门接着便轰上来,胡兰萍,今天县里有展销会,你去看看吗?

我松了口气。原来她还不知道苗志高的情况。

刘品芳到我家,就像到她自己家一样。她放下包,从桌上抓起半根油条塞进嘴里,说,市里大店名店都来了,我们一道去逛逛好么?

我女人常跑上海,有什么时髦货、流行货,她总是最先得手。她买的东西还便宜,镇上许多女人买东西,都来找她参谋。

她就问,什么时候出发?

刘品芳说,吃好早饭我来叫你。

她说,好,那我就等在路口车站上。

刘品芳说,等在车站上干什么?乱哄哄的。我们乘苗志高的"奥迪"去。

胡兰萍朝我看看。我不作声。这时刘品芳见了我,很夸张地叫起来,彭镇长你在啊,你气色真好!胡兰萍你看你家彭镇长,公的私的照顾得多好,要怎样周全就怎样周全;哪像我家苗志高,白天黑夜都不见人影。

我说,他是老大,事情多。

刘品芳说,昨夜又是一宿不见人。

我支吾说,杨吉昌从香港回来了,又缠住老大要买地。这一来,看地、谈判、论价、应酬,有得他忙。

刘品芳说,忙,忙他个魂!一样是干部,你看你们家彭镇长,上班落班,公事私事,一样样都弄得舒舒齐齐。我家那个人,活脱一只无头苍蝇,整天满世界飞,就是不落家。这样的人,就是当老大又有什么意思?

我笑笑,我女人也笑笑,刘品芳也笑笑。别看她说话咬牙切齿,听得出,她舌根下盘着骄傲。

这女人又聒噪一阵,在桌上抓起一把花生,一边剥着,才笑嘻嘻离去。

关上门,我们夫妻俩就很感慨。

我说,这女人,苗志高闯祸的事,她还不晓得呢。

女人说,外面刮风打雷,她都听不见。

我说,她又是一个特别要面子的女人。

女人说,怎么不是!当初苗志高选上老大时,她奔了十数家亲戚,处处报好音。这次看她再怎么报。

我说,听你口气,你有点幸灾乐祸?

女人说,谁幸灾乐祸了?

我说,纸包不住火,这时间不会长久的。苗志高的事一暴露,她捶胸跳脚,投河上吊,也说不准。

女人看着窗外老街,叹了口气。

3

这天我去镇里上班,大院仍是一派忙碌的样子。门房老丁跟我打招呼时,神色也没什么异常,我的心就宽了一些。

这门房老丁,不要看他一双老眼常年发红,还迎风流泪,显出一副龙钟样,他日夜在大院门房吃睡值班,兼管信访接待,塔城大小百样事情,全躲不过他。他这里没有什么动静,你就晓得苗志高的事情还没有传进大院。这就愈坚定了我的信心:抓紧行动,把老大捞出来。

我坐下打电话找杜森,想问一下去县城找人的事怎样了,却不料,电话铃先响了。

一个人操着硬硬的普通话，在听筒里说，彭镇长，你忙吗？你知道我是谁吗？

听得出，对方故意压低喉咙，还变了嗓音。一听这声音，我心里就发毛，有一种受到歹人威胁的感觉。

那声音说，塔城老大苗志高进去的事，你知道了？

我说，知道了。请问你是哪一位？

对方说，我是公安的，请你带一位司机到四海春饭店，把苗志高那辆奥迪轿车拉回去。

我说，好，马上去。再请问一下，你是哪一位？

对方笑了一声，说，这个你不要问。告诉你，苗志高的事，就是我在处理。

就是你在处理？

对，就是我在处理。

你究竟是哪一位？

不告诉你可以吗？

既然你代表公安打电话给我们镇政府，通个名姓也应该啊。否则我怎么记录、怎么汇报啊？

办案保密你懂吗？

我懂，但你这样保密我没见过。

你没见过，今天就让你见见。

我心一下子揪紧了，手里像捏着个熨斗，烫得不行。我定下情绪，准备与那个声音再周旋。不料对方嘿嘿一笑，电话挂了。

我的心跳得很厉害。苗志高的事发生得虽很突然，但在我看来还是明朗的；可这个电话一来，又一下子变得迷离起来。县公安？县公安什么人？县公安和镇上通话，有这样随意的吗？

我猛然觉得头上吹过一阵凉风。这小小的县镇，鬼还真有几个呢。凭我的感觉，来电者不像是正式的公安。但是，他说四海春外停着奥迪，又不像是假的。我胸中升起一股无名火，大步跑到天井里，大声喊，小马，马飞虎！

马飞虎是小车班司机，最早开拖拉机，后来开卡车；大院里成立小车班后，就把他调进来开小车。

小马不见反应，倒是老丁从门房窜出来，说，彭镇长要用车？我去找。

这老丁真灵，三两个窗口一张，就把小马俘虏一样带到我面前。

小马问，彭镇长出去？

我轻声说，你把老大奥迪车的备用钥匙带上，我们走。

那辆奥迪，就停在四海春酒店后门，虽然沾了一身灰尘露水，但那黑色的车身与锃亮的四环标记，仍不失豪华气度。

小马掏出备用钥匙打开车门。我侧身坐了进去。车里很闷、很暗，但很香。这香味有一股说不出的暧昧，闻着让人头晕。我随即把车窗打开。

小马问，老大怎么不来？

我说，不要多问！

小马看看我，一扭钥匙点着了火。

这辆奥迪还是去年买的，花了几十万，买了就算是苗志高的专车。我和杜森等副镇长，还是配的桑塔纳。奥迪买来后，就交给小马开，因为他的技术在塔城是最好的。但不久苗志高对驾车来了兴趣，说县里某领导和市里某领导都是自己开车，于是就到财务那里支了几千元，去驾校学车。领了执照后，连小马也不要了，进进出出自己开车。小马就给我们副镇长开桑车。

车子开出不多远，小马突然回过头来，盯住我，问，老大是不是出了什么事？

我一惊，反问，出什么事？

小马顿一顿，说，不瞒你彭镇长，我要跟你说个情况……

我说，你说。

小马就说，你知道老大为什么要自己开车么？我私下里估计，他是要在车里做些见不得人的勾当。

我说，他会这样吗？

小马说，上次他叫我洗车，我就在这座椅底下，洗出两个避孕套……

我一摆手，不让小马再说下去。一瞬间，我就觉得苗志高这人有些不靠谱。怪不得他总是夜间开车出去哩。怪不得他一接新车，就急着用太阳膜贴了窗玻璃哩。我还觉着，这满车子的香味里，那骚气是越来越刺鼻了。

但我的反感，很快就消失了。奥迪开回大院，我一下车就碰上个小姑娘，很活泼很漂亮的一个红领巾，那是苗志高的女儿。她一见我就叫彭叔叔彭叔叔，我妈妈叫我来看爸爸在不在，我奶奶又吐血了，给救护车送到中心医院去了……

我拉住小姑娘的手，心一软，几乎站脚不住。我立即叫一个助理员去中心医院看情况，又叫小马把女孩送回家。我三步并作两步走回办公室，急着给杜森打电话。我觉得眼下最要紧的，就是把苗志高人弄出来。

踏进办公室，杜森早已坐在里面了。我俩一个办公室。杜森埋在烟雾里，一副心事重重的样子。

我劈头问，宋富林去找了么？

杜森说，找了，没戏。

我问，怎么没戏？

杜森说，宋富林说，县公安正在审讯苗志高，现在是针插不进水泼不进的当口。

我说，政法委提前介入，这是可以的啊。

杜森说，你说得轻巧，人家乌纱帽不要了？不过，他答应了解下情况，相机行事，叫我们放心。

我说，这怎么放心得下！你知道吗，苗志高的老母亲又进医院了。

杜森说，是吗？还是老毛病？

我叹了口气。杜森也叹了口气。

这天下午我去县里开会，正好跟宋富林坐一排。我随口说了一句，宋主任，我们上午托你的事，让你费心了。

宋富林一脸茫然，问，什么事？

我说，杜森没找过你么？

宋富林说，我正要找他呢，我二弟包了个鱼塘，想请他去当技术顾问。他过去不是兽医么？

我心里沉了一下。

散会时，县委组织部长老谭在会场门口向我招手，把我引进一侧小会议室。

谭部长在塔城镇蹲过点，跟我住过一个宿舍，彼此还熟。这时脸色却不好看，说，你们镇派杜森来汇报苗志高的事，做得很好。

我心里又一沉。

老谭说，苗志高的问题不管是大是小，你们的组织观念是强的。我了解了一下情况，苗志高现在正在公安局受审。县里正等着事情结论。这段时间，你们镇里不能群龙无首。你看，怎么弄好？

我说，一切听县里安排。

老谭说，当然还是集体负责，但总得有人牵个头，你说呢？

我说，是这样。

老谭说，你是镇机关党支部书记，回去找几个主要领导先研究一下，抓紧给我一个回音。

我上车回塔城，一路上闷闷的。小马边开车边跟我说话，我既没听清，也没搭理。我想的只是，情况不妙了，县里领导也晓得苗志高出事了；这杜森，搞的什么名堂！

一跨进办公室，女人电话也紧接着到。她说，刘品芳正在我家落眼泪呢，苗志高的事她晓得了。

我说，现在满天下都晓得了。

她说，她哭成这样，我怎么弄？

我没来由地骂了一句。电话里换了刘品芳的呜咽。她哭着说，彭镇长，出了这种事情，是苗志高自己不争气，我也没什么话可说的；可不管怎样，他是跟港商谈业务去的呀，他是为公事才被公安抓进去的呀，说起来，这是因公嫖娼啊。无论如何，彭镇长，你们镇上要出面救他一救啊！

我心里烦躁透顶，可又不能不耐着性子听刘品芳哭诉。"因公嫖娼"，亏这女人想得出的！不过，设身处地想一想，我也不由得软了下来，少了一个男当家，一个家还成什么家，一对夫妻还成什么夫妻。就看在这份上，镇上也得给她想想办法。

我叫上小马，飞车进了县城，转了两个熟人关节，才要到了县公安预审科长的电话。预审科长在电话里答应，明天上午跟我"把情况摆一摆。"

听上去，预审科长说话很客气。我掏出事先准备的中华香烟，再三恳请他透露点情况。他说，从目前情况看，苗志高没啥"颠覆性的问题"，应该可以很快出来。

我透了一口气，想，终究是熟人，这个信息要紧。我回味着他说的话，心里暗暗庆幸，老大的事有活路。

深夜回家，老大的女人刘品芳还等着我。我就把跑预审科的情况跟她说了下。女人两眼死盯着我，嘴里谢个不停，弄得我紧张不堪。她还从包里拿出两个信封来，说，这信封装的是钱，两万元；这信封装的是首饰，一根项链一个鸡心。她要我明天送给关节上的人，润滑润滑。

我说，你这是做什么？弄得不好，这就是行贿，连我也一道给人家扣了。

刘品芳说，你彭镇长真是教书出身，这么老实。现在这天下，哪里还有不吃腥的猫儿？你明天见了预审科长，只管把这信封递上去，保管不错。

女人也在一边帮她说话，我便收下了。

这两个信封压在我床头，害我一夜没有睡实。我觉着明天上午的努力，不仅决定老大的命运，也决定全镇的命运。

只是杜森那张脸，在我面前久久不散……

4

你出去办事，就用那辆奥迪吧。

第二天一早，杜森踏进办公室就说。

我看他一眼，没理睬。他似乎觉察到什么，很认真地看了看我的脸色，问，你怎么了？

我冷笑一声，起身出门。

我还是让小马开桑塔纳。其实桑塔纳有什么不好，车速一点也不在奥迪之下。小马知道我是去县公安局，一路咕哝，当初要不是老大赶我，也不至于今天这样……

我想小马这话多少有点道理。一镇的老大，等于是一个小国之君，要是内心膨胀，加上周围没人看着点，要变坏是很容易的。但愿苗志高这次出来，留点教训，以后那种事情，再也做不得了。

上预审科楼面时，我心里虚虚颤颤的，盘算着怎么跟科长说话，又盘算着怎么用那个信封润滑他。我想我是不是应该这样说，从大处讲，塔城镇不能没有老大，许多项目，非他出场，就是谈不成；从小处讲，你我都是中年人，上有老下有小……

可是见了预审科长，他一开口，就一棍子把我打闷了。原先的那些设想，一股脑儿都击得粉碎。

他说，你们老大问题大了，他一时出不来。

我大吃一惊，问，怎么回事？昨天你……

科长说，昨天是昨天，今天是今天。就是昨天半夜那一审，冒出了许多新的问题。

我问，什么问题？

科长说，你晓得他在四海春嫖过多少次？他嫖一夜要多少钱？

我说，不晓得。

科长说，他嫖娼已经有年头了，嫖一次就是几千元哪！考虑到他的身份，开始我们对他没有搜身。后来，在他身上、在他包里，发现了大笔现金。我们问他，他还说不清这些钱的来历。

我说，在他身上的，应该是他的私人钱款吧？

科长说，所以我们不忙下结论。

他看了看手表，又说，不瞒你彭镇长，为了进一步查清问题，我们此刻正在对苗志高采取进一步的措施。我们局的干警，已经到了你们塔城镇。

我惊愕地问，你们要抄他家？

科长笑笑说，你这话难听了，又不是文化大革命。我们是依法搜查，有证的。除了搜查他家，还要搜查他办公室。

我脑袋轰地炸了，眼前只看到苗志高家里鸡飞狗跳和他办公室翻箱倒柜的场景，还有数不清的人在围观、在议论……这事情要闹大了，塔城镇大院里，眼看就要家翻宅乱了。

我不知道自己是怎么离开公安局的。上车出了县城后才摸到，刘品芳给我的那两个信封，还硬硬地在口袋里。

当天下午镇里开紧急会，讨论老大被拘后，镇机关怎么运转的事。

杜森难得这样积极，楼上楼下叫人，冲水泡茶，还发烟。我一看那烟盒，早已不是大前门，而是红双喜了。

可这会还不大好开场。苗志高是老大，既当镇长，还代理书记，里里外外一把手；副书记老孙长期病假，那位子形同虚设。谁来主持这个会，还真是个挠头的事。

杜森说，彭镇长你主持吧。

我随口谦逊一句，还是你主持吧。

杜森竟不客气，接茬就说，好，那就我来主持。

众人很吃惊，我也很吃惊。

杜森咳一声，说，大家知道，苗志高前天晚上出了问题。刚刚公安来人，把他家里和办公室都查抄了……

说到这里，小会议室点火一样轰起来。

有人对纪委老关说，县公安抄老大家，是你老关领去的，你说说情况。

老关说，那些警察，都是洞庭湖上的老鸟，风浪经多了，抄起来熟手熟脚的。不管老大女人刘品芳怎么哭闹，他们只管埋头翻东西，看来苗志高这家伙，经济上问题不小。

我问，怎么个问题不小？

老关说，抄出来的现金，都是成捆成捆的，米缸里一捆，橱顶上一捆，床底下一捆……

我问，抄出现金总数有多少？

老关说，抄完后警察叫刘品芳签名。我一看清单，乖乖！现金总数80多万，存折里还有近百万。

众人哇地叫起来。塔城镇毕竟是农村，万元户丕没几家，钱一旦上了十万、百万，那就是天文数字了！

老关继续说，还有好些购物卡也给抄走了，还有几盒子金银首饰也给抄走了。刘品芳哭喊，跳脚，说存折和首饰都是她名下的。警察吼一声，说，你喊个什么，清单给你留下，苗志高这本账，有得算哩。

又有人问杜森，说，杜镇长，警方抄老大办公室时，你代表镇上在，怎么个情况？

杜森呷一口茶，很镇静地说，看来苗志高背着我们做了不少手脚。在他办公室里，现金倒是一分钱也没有，但抄得两张支票，都是香港银行的，共有二百多万哩。老关刚才说的购物卡，也抄去不少。

众人又哇地叫了声，面面相觑。

我立即问，香港支票，会不会是杨吉昌这家伙开给镇上的？

杜森看了我一眼，怔了一下。他应该懂我意思。这是两笔大钱，如果能往公家那里靠，苗志高这里就会轻一点。

他说，有这个可能。要等公安查了再说。

他歇了歇，又说，在老大的抽屉里，还抄出了两样东西。

众人问，什么东西？

他咽一口唾沫，说，涉及个人隐私，这里不好说。

众人叱了声，眼光都有些不屑。杜森又接起一支烟，样子很有些自得。

老关说，老大这事，我看性质上有了变化。本来嫖个女人，应该属于治安性质的，罚上几千几百元，最多关两天，也就算了。可今天警方抄出那么多钱，可以说，数量不是一般性的巨大，这一来，性质就变了，变成其他方面的案子了，事情恐怕要复杂化。

我有些不耐烦，说，复杂化不复杂化，等上面来下结论。

杜森说，彭镇长说得对，苗志高案件的情况，我们就谈到这里。下面研究一下，今后整个镇机关，工作怎么运转？

我就说，昨天县委组织部长老谭对我说，苗志高出了事，镇上不能群龙无首。集体负责当然还是集体负责，但总要有人牵个头……

杜森很吃惊地看了我一眼，急着说，情况确实是这样，大家看看，谁来牵头好一些？

老关说，谁牵头还不都一样，代理一下么，又不是正式的。我看彭镇长就可以，他各项工作都拿得上手，基层口碑也不错。

镇里开会一般都这样，只要有人起头说句话，后面就不大会有人唱反调。当下众人就七嘴八舌，说彭镇长牵头可以。老关还说，先向县里报了名单再说。我推托着，一边偷眼看杜森。只见杜森脸色铁青，拼命抽烟，半边脸都歪了，开会前段那兴致，早不见了。

其实牵不牵这个头，我倒不在乎。我知道自己能力远没有老大强，抓全面工作也没有什么经验。不过既然众人信任，我也就向县委组织部谭部长如实汇报了。在让办公室主任往报告上盖章时，我还恶狠狠地想，不能让杜森来牵这个头。他越是想坐这个位子，就越是不能让他得逞。

当晚老大的女人刘品芳又来我家，两眼早哭成烂桃子样。我女人到底心软，见了刘品芳，就像见了受委屈的姐妹，哄着骗着把她迎进门，还捧了热热的赤豆汤给她喝。我想到的第一件事，就是交还她两个信封。

刘品芳看着信封，又落泪，说，这点东西亏得在彭镇长这里，不然，也一道给警察抄走了。

于是就说抄家的事。

我问刘品芳，大院里有人告诉我，说你们家抄出好几十万现金，存款还有百把万，这是真的？

刘品芳想一想说，是真的。

我说，这么多钱，老大是从哪里来的呢？

刘品芳说，说起来你们不相信，我和苗志高一床睡了这么多年，他在家里藏这么多钱，我就像死人一样，半点都不晓得。

我说，县公安还在他身上包里抄出好几万现金。

刘品芳吃一惊，说，害人啊，害人啊，他钱多得血脉胀，就去嫖、去赌，这场祸就是他嫖出来的啊。说完又哭。

我女人劝道，事情都已这样了，哭也没用，自己身体要紧。

刘品芳说，我身体还有什么要紧，我还有什么颜面活在这世上！我还是一头扎进镇河去死吧。

我说，你不要瞎想，事情还没有弄清楚呢。

刘品芳说，什么弄清楚不弄清楚，一个贪污，一个腐化，这两个罪名他是逃不了了。这冤家，怎么不早死啊。

女人握住她手腕，一味劝，又留她在自己家过夜。怕她寻死觅活，女人又陪她一床睡。我就在外面沙发将就睡下。这一夜，刘品芳哭哭啼啼絮絮叨叨，在我耳畔响了半宿。

真像乡下来了老亲，女人一早起来就弄早饭。鸡蛋薄饼、油条、新米粥、皮蛋……看她辛苦，我也就早起搭把手，帮着剥蛋壳。

女人看着火，一边擦眼泪，一边说，刘品芳现在心里苦透。

我说，是啊，苗志高作孽。

女人说，你在镇里当领导，不能走苗志高这条路啊。

我说，你放心，要我走这条路，不那么容易。

女人说，不跟你开玩笑。你看刘品芳，现在多难过。不管男人来的钱她有份没份，人家总说她是享受了的，还要说男人是为了她才贪污受贿的。

我说，这是自然。刘品芳又是享受惯了的。我说句大胆的话：苗志高弄那么多的钱，起码一大半是为了她。

女人说，她说苗志高弄来这多钱，她半点都不晓得，我不相信。

我说，我也不相信。

女人说，夫妻俩，晚上灯一关，什么事不说。

我说，灯不关，也一样的。

女人说，苗志高这条路，你真是走不得啊。

我说，你什么意思？我和你夫妻这么多年，你还信不过我吗？

女人叹口气说，现在这话我真是不敢说了。这世界谁弄得清呢？谁信得过谁呢？谁不会变，变好变坏，谁又吃得准呢？男人终究是男人，家花不如野花香，朝朝代代的男人，都是不收心的啊。

我说，你胡兰萍越说越不像话了。你也是常在外面走走的，你听人家说我在外面有什么不正经的么？

女人说，这种事情，都是暗中经营的，外面哪个晓得？尤其是你们当乡长镇长的，手里有点小权，开会啊，出差啊，名目随便起，找个女子就养起来，就干起来。这种事情难道外面还传得少么？

我说，你胡兰萍还是不相信我。

女人目光平静了些，说，我跟你说穿了，路边野花又有什么好的？那香，是不久长的，也是不保险的；家花的味道，淡是淡点，但那香是长久的，太平的，要怎样就怎样，一点也不担风险的。

我说，你不用给我上课。这道理难道我不懂？

女人说，我是给你敲警钟，要你明白，现在男人当领导，犯起错误来，都是轻轻松松的；说不定在你最舒服的时侯，你的命就捏在人家手里了。

我怔了一下。听了多少报告，不如自己女人这句话说得惊心。我一时觉得心口凉凉的。

我想起一件事，说，要说犯错误，我今天倒是犯下了一个。

女人紧张地问，什么错误？

我说，昨夜那两个信封，其实是不该还给刘品芳的。我想过，那多半也是不干不净的钱。

女人说，既然晓得，你怎么还是还她了？

我说，县公安那里我润滑不了，这钱自然是要还她的。否则，她不要怪我当中把钱吞掉了么？

女人说，你若不还她，又能怎样？交给公家立功去？你做不出的。

我点点头。

女人说，这事你也不要懊恼了，那些钱，真是刘品芳劳动所得也未可知。退一万步，就算是苗志高弄来的脏钱，大头也给公家抄去了，这点尾巴，留给刘品芳也好，她家老的小的，总得有口饭吃。

说着，她眼圈又红。

5

从县里回到镇大院,天已黑了。

杜森还在办公室,见我进门,讨好地看着我,说,你回来了。

我自顾整理桌上的信和报纸,懒得理他。

杜森说,这些天,我晓得你忙,还在奔苗志高的事吧?

我白他一眼,不说话。

杜森说,你外面人头熟,关系多,天下谁人不识君,跑得出名堂来;哪像我杜森,整个县城认不得几个人,到了那里,连顿客饭都没处吃。

我说,你说这些干什么?没人要你去跑啊。再说,苗志高的案子够得上大案要案了,我跑了也是白跑。

杜森说,那你为什么还要跑呢?

我说不出话来。

屋里静了片刻,杜森忽然说,上次抄办公室,苗志高抽屉里抄出两件东西,你晓得么?

我恨恨地说,你不是说保密么?

杜森说,对你还保什么密。你要看看么?

我说,公安查抄的东西,你倒留了下来?

杜森轻松了,脸上笑得很生动,说,那天家翻宅乱七手八脚的,我钻了个空子,就把它藏起来了。

他转过身,打开抽屉,拿出那两件东西。做这事时,他显得手脚灵活,简直一气呵成。

先看这个,他眼睛贼亮地看着我,说。

他手里是一只一虎口高的小瓶子,扁扁的,上面有三个字:男神丸。

我问,这是什么?

杜森说,你不识么?这是春药啊。这就是苗志高吃了干那种事的药片啊。

我拿过一看,男神丸三字下面,果然有一幅图,还是春宫图,还有谨防假冒什么的几行字。

我想起来了,前几个月,县里组织几个经济上得快的乡镇长去香港考察,苗志高也去了,这东西也许就是他从那里带回的。

我摇头说,这家伙,搞不出什么好名堂。

杜森笑一声,说,还有更让你吃惊的呢。

我呆呆地看杜森。杜森走到屋角,打开一盒录像带塞进机器,一揿按钮,屏幕上便映出这样的画面来:一男两女光着身子,在床上鬼混。细细一看,那男的,竟是苗志高。

我的血凝固了一样,忘了呼吸,忘了思维。这是我从没看到过的场面,也是我不敢相信的事情。苗志高,苗老大,你究竟在干什么啊?

杜森笑着劝我说,你耐心看下去。

我就看下去。带子一段一段的,场面不同,女人也不同,但苗志高总是男主角,那些女的,有农机厂膏工,有四海春服务员,有杨吉昌带来的女人,还有两个,看得我眼皮直跳,一个是镇上广播站的女播音员小康,还有一个,竟就是我小时候的同学邬天宝。看到她,我不由得叫起来,这不是我们班里的邬天宝吗?

杜森显然为此刻的效应所激奋,脸上笑着,不接嘴。

录像里的女人们,我平时都认得,可现在,她们都上了荧屏,还裸白了身子,跟苗志高混在一起干那种事情;有的扭扭捏捏,有的欲拒还迎……我觉得这场面陌生而又怪异,看了有点想吐。

杜森没注意到我的反应,还走到录像机旁边,指着画面给我指点,这是谁谁谁,这是谁谁谁。我听不清他在说什么,只觉得胸口闷,就叫他关了机器,自己走到窗下,大口换气。

杜森说,我真是搞不懂了,苗志高这家伙,女人弄了也就弄了,还拍这些录像干啥?

我不答话,眼皮跳得厉害。我想,苗志高这家伙的脑子,一定是有病了,一定是给香港带来的那种鬼药烧坏了。听人说,那药一般男人吃不得,吃了就想犯错误;那摄像机,也是他那次从香港带来的,说是杨吉昌送的礼物。他一镇之长,不给镇里拍一点粮棉丰收、牛肥马壮的,却拍这种下里下作的东西,不是灵魂出窍,又是什么!

杜森说,我现在晓得什么是黄色录像了。苗志高这家伙留下的,就是黄色录像。

我冷笑一声。

杜森说,苗志高腐化这个事,应着了两句诗:"一从大地起风雷,便有精生白骨堆。"

我平时讨厌杜森吟诗摘句,觉得他酸溜溜的。这时听了,却觉得他引得不俗,难得地没有批评他,反而说,你这两句诗引得好。

杜森说,是毛主席的诗。老人家有领袖目光,又兼诗家情怀,虽然没有预见到中国会有改革开放,但他的诗句文章,早就把这世界看透了。

我说,在你眼里,苗志高就成了妖精。

杜森说,他不是妖精是什么?一个女人,一个金钱,早把他咬烂了。

我说,那他的事我们就不管了?

杜森反问,怎么管呢?你看现在这形势,我们还管得了么?

我无语。一刻后，又指指录像，问，这东西怎么处理？

杜森说，听你的。

我说，怎么听我的？又不是我截来的。

杜森问：要不我们交上去？

我沉默一刻，突然吼道：交上去，统统交上去！

杜森吓了一跳。

我扯起桌上一叠纸，随手撕得粉碎。这是苗志高上礼拜作的廉政动员报告，上面还有他自批的文字："各组室：本周务必召开一次党小组会，阅读讨论本报告，并写出今年反腐倡廉实施计划。"我一看这些文字就来气，坐下猛喝几口凉茶，仍觉得喉咙燥，胸口也燥。苗志高被抄出那么多钱，给了我最初一大冲击，几经思考，对照一下杨吉昌那样的坏料，这个冲击我倒也认了；可这盘录像带给我的冲击，我怎么也认不下来。一镇的老大，事情那么多，工作那么忙，可他居然还有空去搞那么多女人！他搞女人还一个个拍下来！他脑子不是坏了，又是什么？

我便想起当年在乔家村插队时。晚稻进了仓，男人都有一点闲工夫。苗志高和我便常在稻草垛下，铺些新草躺平身子，晒着晚秋的太阳，听阳光下草节晒干发出轻轻的噼啪声，闻着满鼻子的稻草香，让背脊上暖出痒痒来，然后有一搭无一搭地闲聊。

那时，我说的最多的是"上调"。我最想进一个工厂，有热气蒸腾的大澡堂，可以天天浸在大池子里，泡老泥，把皮肤搓出血色来；然后进食堂，吃一碗蛋炒饭，舒舒服服睡觉。这样，白天再拆骨头的重活，做起来也不怕了。苗志高不然。他说得最多的是女人。他说工厂农村无所谓，只要身边有女人就好。没有女人，厂子再大，钱再多，个人的被窝也是冷的。有了女人，乡下就乡下，露天就露天，干重活就干重活，白天里汗珠子浸透扁担，一天下来累散骨架，但收工后回去一看，女人站在门口迎接你，眼睛望着你，水汪汪的；捏一捏她的手，吃一碗她下的热面，满身骨头都松了；晚上再轰轰烈烈干一仗，就是进厂当厂长也没什么稀罕的了。他还说，他遇见邬天宝了，她在牛头村插队，她现在人样反而显小了，长相也像比过去有进步了。他说着说着就又说起小学课堂椅子上的那一摊血渍，感慨万分地说，眼下这日子，就是邬天宝这样的女人，身边有一个也好啊。

我想，苗志高这个家伙，在女人的事情上，也真是锲而不舍，邬天宝在这么多年之后，终于也裸白了身子，被他压在身底下。从小到大几十年光景，真是一场春梦啊。

6

一个小小的乡镇，能保什么密，苗志高被抓进去的事情，半天里便传开了。

这天走过老街的茶馆，我进去坐了一会儿。茶馆开得有了年头，这看它屋脊上那一蓬蓬瓦楞草便晓得；墙粉剥落，桌凳都旧得发亮；尤其是那些紫砂茶壶茶盅，都老出了黑泥来。师傅多年来就是那几位，面孔都熟了。他们没本钱翻屋、换茶具，却样样搞得清爽，茶客也舒服，一年四季都愿意上这里来消遣。茶馆好在还有些副业，除日常三六九等茶水外，还开了一个小灶，请了一位乡下厨子，搞些小盘糟鸡脚、咸猪耳、豆腐干等，各式小菜也都做得很入味；最便宜的一样东西是死蛋，养鸡场里孵僵了的，一篮篮都送到这里，煮成茶叶蛋，一块钱可以买两个，据说吃了很补，来吃的人不少，方圆十里都有名，因为谐音，有人还以为它就是"喜蛋"。

我拣个角落坐下，要了一盘猪耳，两个死蛋，又泡了一壶新起的草青,看着窗外镇河,慢慢剥壳吃蛋。灶边有报纸,虽然污糟些,新闻也还不旧,便拿了几张,背靠墙壁随意看。这些天为苗志高的事情穷奔,很久没看报了;加上猪耳很嫩,死蛋也不腥,就觉得这是另一方自由的天地。

但看不了几则消息,耳根便不清静起来。隔壁桌上几位老人,都在说苗志高的事情。我眼光落在文章上,字句却进不了脑子。移下报纸,只见雾气缭绕中,三四个老人呷着茶,聊得正有兴头。

戴眼镜的老人说,谁想得到?塔城竟出了解放以来全县第一大案。这里什么纪录都不创,却创了一个贪污受贿纪录。

光头的老人说,钱多得血脉胀呢,苗志高的钞票,低的埋在地板里,高的藏在瓦楞里,连方桌脚都镂空了,说是塞了银行存折。那钞票,抄得时都烂成乳腐样了,你们看看!

那很胖的老人我认识,早先是杀猪的,现在让儿子顶了班,自己享清福。他说,这光景,倒像是当初抄地主老财。

光头老人说,什么地主老财啊?早先塔城最大的地主胡三炮,也没有苗老大现在这么富啊。

老屠户说,贪来这么多公家钱,苗老大这条命怕是不保了。

光头老人拍着自己的头顶,说,这苗老大怕是要搬头啦。

眼镜老人说,你杀猪的知道,现在猪头涨,人头也在涨。解放初,贪污几千元,就要搬头了。天津枪毙的那两个大官,只贪污了几个钱?后来就一路往上涨。四清时要贪污上万元,才杀头。文革不谈。七十年代末,一个头值十万;八十年代,贪污到二十万,该杀了;这两年,几十万才判个无期徒刑,要搞满上百万,才够得枪毙……

老屠户说,苗老大不止这个数,他早蹚过阴阳昇啦。

光头老人说,钱这个东西,少了心旦慌,多了血脉胀,不是好东西啊。

眼镜老人说，不错，钱这个字，拆一拆吓得死人。

众人说，是吗？怎么个拆法？

眼镜老人就用右手的食指蘸了茶水，在桌上写下一个繁体的"钱"字，说，你们看，这左边是个"金"字，很光亮的东西，让人看了，眼睛发花，心思动摇；可另一边是什么呢？你们看，上面一个"戈"字，下面也是一个"戈"字。戈是什么东西？就是古代兵器，带弯钩的那种。古人造这个"钱"字，自有它的道理，千年以来，就是左边用金光闪闪的东西叫你眼睛发花，右边呢，用两把钩刀钩你脑袋，要你的命。这就是钱！

……

老人说得抑扬顿挫，气场火烫。他们的话，把一段历史铺在面前，令我顿生无限感慨。这段历史我并不陌生，但它给我的感觉，一直是冰凉如铁。现在，苗志高也成了这段历史中的一个，我心头不由得一紧，胸口隐隐痛起来。

下午要去县里开会，我匆匆嚼了猪耳朵，喝两口茶水漱漱嘴，就起身离座。老人们这时才认出我。

老屠户有点紧张地说，彭镇长，是你啊。

我说，是啊，你们喝茶。

眼镜老人说，我们刚才瞎说，你只当我们没说就是。

我说，你们说什么了？

光头老人说，正说苗老大呢。

我笑笑说，我只顾喝茶吃点心，没听见你们说什么。

老人们就笑笑。

出得茶馆，忽然有人背后叫彭镇长。我回头一看，是个女的，面孔熟，像最近见过，却一时想不起名字。

女人快步走上来，说，彭镇长，你不认得我了是不是？

我说：你是……

她大声说，我就是邬天宝呀，你小学同班同学呀，你忘了不是！

我哦了声，说，怎么忘得，怎么忘得！

我的目光霍地把邬天宝上下扫了一通，变幻的光影中，我看到那个裸白了身子的邬天宝。她披头散发，躺在床上，哼哼唧唧的样子，听凭苗志高把她怎么折腾来折腾去。那段录像带表明，这女人在床上，对这事也并不怎么讨厌，她显得很有经验，把苗志高伺候得很舒服。

邬天宝把我拉到街角无人处。这儿正是老同兴饭店楼下。店堂里人声鼎沸，有鸡肉香、辣子香、葱姜香，带着油烟，从伙房里一阵阵飘出。

对我来说，这里是个特别的地方。当年在乔家村插队，只要村里有一点闲工夫，我便会和苗志高、杜森三个人，一起到这里来吃面。那面是盖浇面，分量是三两，一大海碗；也可以多出四分钱一两粮票，请师傅把面条加到四两。面汤上那一层油，呈咖啡色，亮晶晶的；面上盖有一勺辣酱，还有一块走油肉；那肉的肉膘，竟有一指厚。这样的大肉辣酱面，四两的一碗才二角八分钱，直吃得我们满头冒汗，两嘴冒油。在那没油没腥的岁月里，要是一个月能吃上这样一碗面，那就很享受了。所以后来隔一段时间，我们三人便要来这里聚一聚，吃碗盖浇面，再说说那些陈年往事；甚至进了镇政府大院，我们也来过多次……

这时邬天宝拉拉我袖子，有点慌张地问，苗志高进去了？

我点点头。

邬天宝问，他是嫖娼进去的？

我看着她的眼睛,说,有这因素,不过主要还是经济问题。

邬天宝把声音压得愈低,说,还有其他事情么?

看她紧张的样子,我忽然有点后悔。那盘录像带原是不该交出去的。那里面还有邬天宝这些女人呢,真查起苗志高腐败的问题来,还不一一查到她们头上去?她们的面子又往哪里搁呢?这镇上乡里,常有奸情败露女方上吊服毒等惊世之事发生,万一出了这样的意外,怎么办呢?

我说,邬天宝,我们是老同学了,百样事情都挑明了为好。不瞒你说,你和苗志高的事情,组织上也掌握了。

邬天宝的脸涨得通红,那眼眶里,很快就盈起泪水,问,是苗志高这坏蛋自己交代的么?

我摇头说,这一点,按理我是不该告诉你的。你们在做事时,有录像拍下来,你晓得么?

她吃了一惊,嘴张得大大的,问,谁录的像?

我说,是苗志高自己啊,他有一架小摄像机。

邬天宝一跺脚,眼睛里迸出凶光来,说,这个坏蛋,这个贼胚,这死不掉的昏官!他害人啊!

我说,你也真是的,都有家有孩子了,怎么会跟他做这种事。

邬天宝的脸泛了白,恨恨地咬牙,说,是这坏蛋害人啊,睡了我一次不够,又睡一次,又睡一次,也不知睡了多少次。他说学校毕业后,一直想我,在农村也想,在部队也想,一直想了十几年……

我说,他是这样说的吗?

邬天宝说,每次都这样说!他还说我身体大,坚实,比她女人要好。

我看了看她隆起的胸,不由得想起插队时,苗志高躺在稻草堆上，向我诉说他日夜向往的那个女体。

邬天宝说，这坏蛋还答应把我从村店里调到镇上来，说这样一来，我们碰头就更加方便了。

我问，那后来你调了没有？

邬天宝说，调个魂啊，每次睡的时候，都答应得好好的，说快了快了；睡完了，就没有一点下文。

我摇摇头，想，其实，苗志高当着一镇老大，要把一个女人从村店里调到镇上，那还不是分分钟钟的事情！也许，这事他在跟邬天宝睡觉时是想着的，睡完了，就忘到了爪哇国。归根到底，他就是玩玩的，没有把这女人放在心上。

邬天宝流着泪，说，彭镇长啊，你无论如何救我一把好不好！这事情，就算我承认坦白了好不好？你们镇上，就再也不要找我来调查，更不要把事情弄大了好不好？不然，给我男人晓得，闹得家翻宅乱也有份；我两个孩子晓得了，我这娘怎么再当下去啊。

我说，我会尽力。

她又絮絮叨叨说了一会儿，才抹着泪走了。我看着她的背影淹没在老街人群里，心里一阵难受。我想，这事并不能怪她，她一个小小的村店店员，无权无势的，一镇的老大来招她，她能不去么？我不由得又在心里骂苗志高：你作孽啊，好好的日子不过，却做出这样的丑事来。看那些录像，你苗志高有多疯狂啊，好像过完这一天，你就不做人了；现在回过身来看看，你苗志高是要还总债了，只可怜这些女人也要陪着你一道还债，这是还不尽的孽债，还不尽的风流债啊。

出老街进了镇政府，我猛然觉得大院里气氛不对头。几个人围成一堆说话的，见我来了就迅速散开；当面走过的，嘴里喊着彭镇长，眼光却很怪，要么一晃而过，不再看你；要么还看着你，目光里却有一种谐谑的笑意。我不由得想,这是怎么回事?

门房老丁朝我招手,很诡秘地把我叫进去。我走进门房,老丁还随即把门关上。这是他很少有的动作。

他说,彭镇长,这里收到几封群众来信,内容都是一样的,每个镇长桌上也都放了一封,你看看。

我把信展开,脑子顿时像触电一样,嗡地响起来——

县、镇各位领导:

我们是四海春酒店的服务员,现郑重向你们揭发,到我们四海春酒店来嫖娼的领导干部,绝对不止苗志高一个,还有一个姓彭的副镇长。

有人问,为什么苗志高被抓,而彭镇长没有被发现呢?

回答是,彭某非常狡猾,他把女人带到店外去嫖宿了。这就更加证明,彭某是一个老嫖客,具有跟公安打交道的丰富经验。我们大家都可以作证,彭某是一个五毒俱全的家伙,他到我们四海春来吃喝嫖赌的次数实在是太多了,多得几乎数不清!你们如果不相信,可以来调查。我们这些小姐妹都可以拿出证据来。

我们强烈要求上级领导揭开彭某腐化问题的盖子,跟苗志高一样,对他依法给予严惩!

……

这信,是写给"县、镇各位领导"的,也就是说,县里镇里的人都收到这封信了。想到这,我脑子一片混乱,嘴里骂,这叫什么事啊!

老丁用那双红红的老眼看着我。我脸上勉强挤出一笑,把信放在桌上，还故作镇静地拍了两下。

老丁说，彭镇长，你不要放在心上，我们大院里的人都相信你。

我点点头，说，谢谢老丁。

老丁又说，你照样工作，不要受什么干扰。

说着，他拿起那封信扬一扬，非常麻利地撕成碎片，扔进了纸篓。

我阻止他这样做。老丁却说，这种匿名信，留着它干什么！他花几毛钱邮票，就要我们花十天半月去调查？我们哪来这个空？你彭镇长是不是腐败分子，我们大家心里清楚。

信撕了，可我心里丝毫也不觉得轻松。信是电脑打的，又用复印机复印，撕得了这封，撕不了那封；撕得了镇里的，撕不了县里的。不过凭心而言，我还是为老丁这一撕而感动。我再次谢了老丁。

老丁的红眼眨了眨，说，谢什么，不要谢。假的真不了，真的假不了，你说是不是，彭镇长？

我一怔，不知怎的，这话听来有些刺耳，而且老汉的神情，也好像另有深意。

我的心乱透了……

出了传达室，众人避瘟神似的，见了我都远远走开。我便晓得，事情早在大院里传开了。我心里清楚，写信人要的就是这个效果。我一股无名火冒上来，脱口骂道，哪个杂种放的野火，被我查出来不报公安关他几天，我就不姓彭！

杜森这时迎上来，说，彭镇长，我正找你呢，有件要紧事跟你通通气。

我没有好脸色，说，是不是一封信，检举我五毒俱全的？

杜森说，你晓得了？

我说，大院里不是传开了么？我彭某现在成了漏网的腐败分子。他们说我应该是跟苗志高一道进去的。

杜森说，我这里也收到一封，纪委老关那里也收到一封。

说着，他便把信放在我桌上。

我一眼都不看，说，我现在是死猪躺在门板上，不怕滚水烫。他们要怎么弄就怎么弄，就是告到中央去，我也只有一句话，这五毒里，我彭某是一毒也没有的！

杜森说，这还用得着你来说吗？我们在大院工作的人，人人心里明镜似的。可这批小人坏就坏在这里，他们不在乎你倒不倒下，只在乎有没有把你搞臭；只要把你搞臭，他们就得逞了……

话说到这里，纪委老关把头伸进来，对我说，彭永生，你过来一下。

老关平时一直称我彭镇长的，这时却直呼我的名字，使我很不习惯。我觉得情况越来越不妙。

进了纪委办公室，老关果然已摆出一副审查的架势。他坐主桌，纪检助理坐一边，像是要做笔录的样子。老关脸色也与平时不同，对我竟没有一丝笑意，我一进门，他就用公事公办的口吻说，彭永生，有件事我们想了解一下，三月五日晚上，你在什么地方？

老关的口气，已经是审问坏人的口气了。

我问，是不是苗志高被抓的那个晚上？

老关点点头。

我便回答，那天晚上，我看情况不好，苗志高要我留下来一起玩女人，我坚决不干，立马就离开了。

老关问，这么说，你没有跟苗志高一道嫖娼？

我瞪了老关一眼，大声说，没有，绝对没有！

老关说，彭永生，今天我们在这里说话，要对党组织负责，也要对自己负责。你应该知道今天说话不诚实的后果。

我憋着一口气，真想破口大骂。我想，你老关竟也用这样的口气来跟我说话！

一种沉重的耻辱感，再次把我笼罩起来。我抬头望了望这个房间，暗暗咬了咬牙。这是我经常过来下棋打牌的地方，平时再也熟悉不过的，此刻却一下子变得陌生了。在我看来，作为一个党员，这样被纪委找谈，就如一个老百姓被公安审讯一样．门槛一进就是个污点了。

我说，老关，我也受过几年党的教育，你说的我都懂。

老关说，那好，我们继续谈。当天晚上，你有没有把女人带到四海春店外去嫖宿了？

我大叫，没有，绝对没有！

老关说，有人看见了，写信来揭发。

我激动得腾地站起，大声说道，谁看见？让他站出来，我当面跟他对质。我希望组织上主持公道，诬告是要犯罪的！

老关把手伸出来，像篮球裁判员那样往下压了压，说，彭永生，你不要激动，事情总归是能搞清楚的。国字头领导的案子，省部级干部的案子，我党都搞清楚了，你这点事我们还搞不清楚么？

我瞪他一眼，不出声地骂了一句。这时门房老丁走进来，分了几份报纸和信件，用红眼朝我扫了几下，那目光有点吃惊，又有些同情。我便把脖子转向一边，想，我彭永生今天算是毁了，堂堂党员副镇长，被叫进纪委审查谈话，还一本正经做了笔录，今后在大院里，我还怎么工作啊？

老丁走后，老关又问，那么，你离开四海春后，又去了哪里呢？

我答，我回家了。

老关问，你离开四海春是几点？到家又是几点？

我想想，说，记不清了，大概是十点到十点半吧。

老关说，有证人吗？你离开四海春酒店谁可以作证？到家后又是谁来为你作证？

我说，到家，我老婆胡兰萍可以作证；离开四海春酒店谁作证？我不晓得。

老关附在纪检助理耳边轻轻说了几句，纪检助理就走了出去。他俩交头接耳的当口，我再次意识到自己像个罪犯，被他们撂在一边，命运像一团泥巴似的，捏在他们手里，他们要怎么弄就怎么弄。

纪检助理的影子刚从窗口消失，老关就换了口气，对我说，彭镇长，今天对不起你了，我们纪委收到一封群众来信，说你当天跟苗志高一道在四海春嫖娼。老实说，我个人也不相信这是事实。我知道你彭镇长不会那么贱。但你也晓得，这个程序我们总要走一走的；既然有群众来信，说得又是那样有模有样，我们总要查一查的。

我说，你查吧，白天不做亏心事，夜半敲门心不惊。

老关说，彭镇长，我要跟你说句心里话，你不要掉以轻心。

我问，这话怎么说？

老关道，明枪易躲，暗箭难防。

我突然有所醒悟，问，那你给我说说，这封信是谁写的？

老关想了想，摇头。这时，纪检助理回来了，同样附在老关耳边低语了几句。老关恢复了一开始那种状态，说，彭永生，今天我们就谈到这里。如果情况需要，我们再找你。

7

纪委找我谈话,还不是这场倒霉之旅的谷底;最倒霉的时刻,是在县城召开的乡镇长会议上。

乡镇长会议一般半月左右召开一次,地点在各乡镇的政府大院轮转;有时也在县府小礼堂开,那就是比较重要的了。这次乡镇长会,就是在县府小礼堂召开的,会议议题是各乡镇汇报经济工作进度,我以代镇长名义出席。汇报时好几个镇长惦记苗志高,纷纷问,苗志高现在情况怎么样?

我早就想过这件事,一律回答,还在查,还没有定论。

石桥镇镇长说,塔城镇这些年上得快,看来还是苗志高这家伙卖地有功。你们塔城镇快卖了三千亩了吧?

我知道这家伙不怀好意,石桥镇经济一直被塔城镇压着一个头,两个镇多年来,一直摽着干,他们遇着机会就要刺激一下塔城。苗志高倒台,他们以为捞着了机会。可我不买这个账。我想,我不是苗志高,我没有犯错误,我彭永生不是好惹的。

我就对石桥镇长说,你记错了吧?你们石桥镇才是全县的卖地大户。听你们畜牧公司一个销售经理说,上月你们一家伙就签了四百多亩的协议,把一个猪场和两个鸡场一锅卖掉了,村民们吵到镇政府,把你们大院里一条看门狗也打死了。这事不假吧?

乡镇长们都笑起来。石桥镇镇长不知道我摸他们的家底,也只好跟着一起打哈哈。

反击了这一棒子,我心情好了些。我心里说,塔城镇镇长倒了,副镇长还在呢,两三万乡民还在呢,国有国格,乡有乡骨,塔城镇的骨头历来是硬的,还能让你们落井下石,骑在脖颈上撒尿不成？这想法一起来，我血就热了，胸脯也挺了起来。

却没想到，县委书记钟家钦一到，又一下子把我打趴下了。

钟书记是快散会时才突然出现在会场的。这时小礼堂外一排轿车已经开始发动预热。钟书记一进会场就问，各乡镇都到齐了没有？议程都完了没有？大家不反对的话，我想占一点时间，说个情况。

县委书记要说话，谁敢先走？所有乡镇长都乖乖打开包，重新拿出笔和本子。

钟书记开讲的时候，眼睛朝我这里扫了扫，跟我的目光碰撞了一下。我的心即刻紧缩起来。我有一种预感，钟书记今天要说塔城的事，要剥我们一层皮。

果然，老钟一开口就问，今天塔城镇是谁来的？

我站起来。我能感觉到，十八个乡镇长的目光，一齐聚焦在我身上。

老钟挥挥手，示意我坐下，说，今天，我要说一说乡镇干部反腐败的事情。大家已经知道，塔城镇镇长、代理党委书记苗志高，贪污受贿，腐化堕落，已经被司法机关控制起来了。一个镇长，一个共产党的党委代理书记，怎么会堕落到这个程度，令人震惊！

乡镇长个个屏住呼吸，互相对望时，目光都小心翼翼的。

钟书记气愤的样子，乡镇长们平时不大看得见。我觉得自己心跳如鼓，胸口发紧，有潮头在太阳穴这里阵阵涌动。

钟书记说，苗志高这个败类，是在嫖娼现场被我公安人员抓获的。抓获的时候，他一丝不挂，狼狈不堪，丑态百出。不知同志们了不了解，苗志高嫖娼一宿，费用要花多少？五千元人民币！这是什么概念？我们县有的农民流血流汗辛苦一个月，收入还不到这个数。这种消费的干部怎么会不腐化堕落，又怎么会不贪污受贿呢？

奇怪的是，我们的党组织居然一直没有发现他的问题。苗志高在我们党组织的眼皮底下，吃喝嫖赌玩弄女性，早已成为一个腐败分子，可我们竟然一点都没察觉。今年"七一"，他还被我们评为优秀共产党员。如果不是嫖娼被抓，他的严重的经济问题，我们根本无从了解。我们漏洞很大、问题很多啊！

老钟的喉咙有点哑。哑一点的声音从这个男人嗓子里发出来，平添了一种雄性的威严。老钟是转业干部，在部队时担任一个野战部队的政治部主任，副师职；到地方后降一级使用，当县委书记，县团级。他到这个县，没有七大姑八大姨，也没有盘根错节的老关系，连家属都在邻县，他一星期才回去一次。一县的老大，仍像个单身汉，吃在食堂，住在办公室，一个人吃饱了全家不饿。都说外来和尚好念经，这些年，钟书记上下口碑都不错，乡镇县局的干部，都有些怕他。怕的，就是他那双不让人的眼睛。

此刻，老钟那双眼睛已扫完全场，最后把目光停留在我身上。

我暗暗给自己打气，说，来事了，稳住！

老钟说，彭镇长，听说苗志高被抓进去那一晚，你跟他在一块？

果然是这事！我想自己已有防备，不怕，便站起来，用眼光顶住县委书记，说，是的。

钟书记说，你坐下说。

我说，我还是站着说。

钟书记说，也好。我要告诉你一件事，我收到一封群众来信，说那一晚，你跟苗志高一道嫖娼了。

会场里一阵骚动。乡镇长们看着我，目光里充满了惊讶、鄙夷、担忧或幸灾乐祸。尤其是石桥镇镇长，嘴角明显有一丝笑意。

我正要张口争辩，钟书记手掌一竖，阻止了我。

我的血在发烧，胸口怦怦直跳，头有点晕。我诅咒写匿名信的那个人。这封无中生有的信，已经使我身败名裂。我刻画不了这人的相貌，但我能想象，这人獐头鼠目，行动诡秘，心理阴暗；我还能想象，这人一直躲在角落里，用恶毒的眼光盯着我；他对我一定非常忌恨，却又无可奈何；写匿名信，就是他发泄仇恨的最好通道。

钟书记喝口水，说，彭镇长，我可以告诉你，这封匿名信，我钟家钦是不相信的。我对你虽然接触不多，但还是有所了解。我看过苗志高被捕后的陈述笔录，他说过这样一个事实，当晚他想把你留下来跟他一道嫖娼，可你不干，先走了。临走时你说了一句话，你还记得是什么话吗？

我说，我不记得了。

钟书记说，你不记得，我来提醒你。你当时这样对苗志高说，这是犯条款的，上不得。是不是？

我说，好像说过。

此刻我略略感到安慰。虽然钟书记刚开口说那夜事情时，一度令我非常尴尬，甚至无地自容，但现在，书记又为我作了实事求是的解脱，我想真诚地说一句，组织上还是了解我的。

然而没料到的是，钟书记随后又一竖眉，接着说，彭镇长，事情还没有完。你说了那句话，你以为你就是清白的了么？你就没有责任了么？党章里是怎么说的？共产党员无论何时何地，都要维护党的荣誉，都要与错误的思想行为作坚决斗争。你既然知道嫖娼是犯条款的，上不得，为什么不向镇党委告发、向县委告发呢？你的党性原则性到哪里去了？你是一个称职的共产党么？

我看着钟书记，哑口无言。这样严肃的话，这样充满火药味的批评，这些年我已经很少听到了。我承认，他的话义正词严，无可辩驳。

钟书记又说,我这里不是危言耸听。苗志高这个案子的发生,暴露出了许多问题,有的问题,还是性质很严重的问题。譬如说,党政第一把手现在谁来监督?房地产交易中的经济犯罪为什么那么频繁?又譬如说,领导干部公款吃喝究竟遏制住了没有?基层党组织的战斗力究竟应该作一个什么样的估计?老实说,对于有些乡镇的党组织,我是非常担忧的。第一把手——你们称"老大"——可以独往独来,天马行空,谁也管不着,想干什么就干什么。这就为第一把手犯错误准备了足够的条件,甚至可以说,为他下地狱挖好了坟墓。各位不要说我钟家钦今天说话不客气,某些乡镇的领导班子,就是吃吃喝喝,吹吹拍拍,搞哥们儿义气,丝毫不讲党性原则和政治原则。说得直白一点,为你们第一把手挖坟墓的,就有班子里的人。彭永生!

县委书记突然大喝一声我的名字,把全场乡镇长震得一惊,更把我吓得猛一哆嗦。我看定钟书记,只见这位前军人脸色铁青,眼珠子满是血丝,缺少光泽的灰白头发,因激动而散乱颤抖。我想,这位书记当年在部队,一定威风八面,声震军旅。我跟他认识也这些年了,从未见过他如此震怒。我暗暗握拳,自我镇定,姓彭的,稳住了,没啥了不起的,最多不当这个芝麻官,回乡校教你的书就是了。

这一想,我的心便定下来,面对书记的威严,也不觉得那么逼人了。我挺一挺身子,说,我在,钟书记。

钟书记说,什么叫吃吃喝喝、吹吹拍拍、搞哥们儿义气?你跟苗志高,就是吃吃喝喝吹吹拍拍搞哥们儿义气!我问你,苗志高被抓进去之后,你是不是到处找人托关系,想把苗志高捞出来,逃避党纪国法的制裁?

我脸涨得通红，有一种马上要窒息的感觉。

钟书记说，在你眼里，哪里还有什么党性、什么原则！苗志高前脚进了拘留所，你后脚就进了县政法委，找公安局，找检察院，找司法局……凡是能接上关系的，你都去找了。你好大的本事啊，彭镇长！在那些公检法机关里，你好人做尽，好话说尽。人们有理由怀疑，你这么卖力为苗志高奔走，究竟是为了什么？你同苗志高之间，究竟是一种什么样的关系？

全场毕静。大家都屏着气，用紧张的目光看我。我这时反倒不紧张了，想到最多回学校去教书这步棋，我什么后顾之忧都没有了。

我说，钟书记，我接受你的批评。我和苗志高从小就是同学，四十年来，我们从来没分开过。我承认我和苗志高关系很好，他父辈我也熟悉。我看他落难，父辈受苦，实在不忍心；还有一个因素，我不知该不该讲……

钟书记说，讲！我这里允许批评，也允许反批评。

我说，说一句实在话，塔城镇的工作，苗志高在不在，情况不一样。有苗志高在，就抓得比较顺；有些业务，不是他出面，就是谈不下来。他一拘留，大院里就乱了套。我有个想法，就是想让他早点出来，塔城镇可以早一点恢复常态，减少点损失……

钟书记打断我的话，说，屁话！共产党里的能人，难道就只有苗志高一个吗？苗志高死了，天就不亮了，母鸡就不下蛋了？我这人历来主张，死了张屠夫，不吃浑毛猪！共产党是个人才济济的执政党。都说人才难得，人才确实难得；有了人才，我们应该委以重任，应该好好爱惜。但大家要清楚，我们要的是作风正派的人才，是德才兼备的人才，绝对不是苗志高这样的所谓"人才"！苗志高这种人，不是人才，而是败类，共产党的败类！

钟书记说得激动了，灯光下，看得出他的唾沫星子喷得老远。他喝光了杯子里的水，又说，只有你彭镇长，不知道喝了什么迷魂汤，会有那种愚蠢的想法。苗志高贪污受贿，中饱私囊，用人民的血汗养肥了自己，这些你想过没有？这个吸血鬼一掷万金，用人民血汗享受声色犬马，这些你都想过没有？

我说，我没想到苗志高问题会这么严重。

钟书记哼了一声说，你怎么会想到呢？你跟他贴得那么近，为他考虑得这么周到，你丧失了一个党员起码的警觉，怎么会想到呢？我这里下一个毫不过头的结论，你彭永生跟苗志高，就差穿一条裤子了！

下面有人发出笑声，不过不响，听得出有一点节制。

说到这里，老钟挥手让我坐下，突然又把话锋一转，说，各位乡镇长，你们不要笑！今天你们到这里，不是来看白戏的。刚才我跟彭镇长说的，也就是跟你们说的。在你们各自的乡镇里，类似塔城的问题存不存在？我钟家钦不是武断，多多少少，都是存在的！有的乡镇，可能问题比塔城还要严重，只是当下，还没有暴露罢了。

这时，县委办主任走上来，低声跟钟书记说了几句。钟书记摆摆手，显得有些不耐烦，继而又说，今天是周末，我要委屈一下诸位乡镇长，今晚，就请大家在县委招待所住下。晚饭我请客，铁盘子饭。我觉得有必要跟大家一起，结合各乡镇实际情况，把刚才进行的话题，再深入讨论下去。

会场有点骚动，乡镇长们交头接耳。

县委书记说，怎么了，是不是都要跟老婆请个假？

石桥镇镇长说，电话总是要打一个的。

老钟说，散了会再打。现在你们都什么条件了？十九个乡镇长

049

来开会，十九辆轿车就停在楼下。帕萨特算是差的，奥迪也有了，皇冠也有了；司机有手机，你们也有手机，跟老婆说一声还不方便？等一会儿，请县委办公室把驾驶员安排好，吃完了就让他们回去。我也跟大家一样，今晚不跟老婆睡。吃了饭，大家继续讨论；如果搞不透，搞不深，明天再通宵开会！

三墩乡乡长瓮声瓮气地说，钟书记，我跟一个外商约好，今晚要碰头谈个协议。

钟书记一竖眉，说，你不要用外商来压我。我刚才不是说了么，乡里没有你，天不会不亮，母鸡不会不下蛋。这协议，你就委托乡里其他领导谈。晚上讨论，一个都不能少！

乡镇长们听了，都悄悄吐舌头。老钟理着桌上文件，一边又说，现在可不比从前了，要大家在这儿过个夜，就那么困难！以前只要有会开，饿上一顿饭，住一晚大通铺，没人说个不字的。现在要大家住一晚招待所，就像要拘留你们似的，这么难！

众人都笑起来。会场上算是第一次有了较为宽松的气氛。

只有我轻松不起来。我预计，晚上讨论的话题，离不开塔城，离不开苗志高，也离不开我。我算不上是被批判的靶子，但也算得是问题的焦点。我准备好晚上千疮百孔，里外被人戳得稀烂就是了。

8

摸黑把钥匙塞进锁孔，依然有点涩，转了好几次，才把家里门锁打开。

快一年了，我一直想着要把门锁卸下来，拿到镇上小摊上去修一下，老是没空；现在，该有时间了。

乡镇长们围绕反腐败问题讨论到半夜，第二天又接着开了半天会；下午，大家都回去了，县里还是没放我走。我一人关在招待所里，按钟书记要求，用文字"把这些天做的事情向组织上作一个详细交代"。我知道这就是书面反省，要入档的。写好这个，天已经擦黑了……

扑面而来的，是一股我熟悉的家的气息。这气息热烘烘的，混合着被褥味，衣柜里的樟脑味，厨房里的酱油味，还有水果盘里苹果蜜梨的一丝丝香味。闻到这个气息，我心里安宁了许多，随即却又感到心酸，感到黯然。像一个人从寒冷的风口一下子回到阳光底下，我有点恍惚。我抽抽鼻子，细细品了品满屋空气，两眼即刻湿了。

回家了！我轻轻说一声。

然而，这两天在县里的经历，久久难以抹去。

县委常委这回办我的事可真讲效率。钟书记前脚批了我一顿，组织部长老谭后脚就找我去谈了话。他说，县委经过一段时间考察，认为你不适合主持工作，决定让你退出塔城镇的领导班子。

我一怔。虽说我早有思想准备，但县委如此迅速地对我作出组织处理，仍大大出乎我的意料。我跟老谭说，谭部长，让我回去教书吧。

老谭说，哪个准许你回去教书？工作了这么些年，你也累了，先休整一段时间再说，反思一下这些年、特别是前一阶段的所作所为。

我问，这是不是意味着，县委让我停职反省？

谭部长说，你要从积极方面来思考组织决定么。我说了，你先回去歇一段时间。有关文件，很快就会下来。

老谭说这些话时，脸带微笑，那模样甚至可说是温厚慈祥。但我仍然感到了一阵入骨的寒意。

我问，镇里的事情，要不要我回去交代一下？

老谭说，不必了，县里已经作了安排。

他说着朝我摆手。我不知他说的"已经作了安排"是什么意思，是宣布我免职了呢，还是宣布谁替代了我。

我这时想说，谭部长，让我离开领导班子，我没有意见；但是，对于新班子，尤其是新的一把手，我还是想提一点个人看法。有野心的人，人品差的人，不能进入新班子；尤其要强调，不能把新班子交到这种人手里。

话已到嘴边，却没有说出来。

我想，我现在算是什么角色呢？还有资格再说这个话吗？难道你听不出，县委早已把镇上所有的人事都安排好了吗？再说，你说人家人品差，那你自己又怎么样呢？你被县委书记骂得狗血喷头，随后又削职为民，你的人品又好在哪里呢？

我在老谭平和的目光中站起来。他微笑着，把我送出办公室……

胡兰萍在里屋睡着。我已经闻到了她的气息。她有润滑的肌肤和健康的身体。想起她睡得热烘烘的被窝，还有那张热得发红的脸颊，星眼微启，或睡眼蒙眬地看我，我心里就涌起一阵温暖。以前，大院里白天晚上都会有会，还有各种各样的应酬，我没时间顾得上这个家，连市里几个大商场、邻县几处古迹，我都没有陪胡兰萍去过；从今夜开始，我可以收心了，我要把整个身心都集中到这个家里，集中到胡兰萍身上……

我换了鞋，洗了热水澡，走进里屋。黑暗中，我摸到了床，摸到了被角。我刚坐下身，背后突然掀来一阵冷风，胡兰萍翻身坐起，说，你不要碰我！

我猛吃一惊，开了灯，只见胡兰萍两颊通红，头发散乱，眼睛里有一道凶光，直直地盯着我。

我说，你怎么了？

她说，滚，你给我滚。我不要你进这个房间睡觉！

我说，见鬼了，我不进这房间睡觉，又进哪个房间睡觉？

她说，你有的是睡觉的地方啊！四海春有的是你睡觉的房间。那些女人都在，你去啊。

我来了气，狠狠骂道，你也来跟我搞这个四海春！这四海春给我添的乱，难道还嫌少么？

胡兰萍突然哭起来。她哭起来就是眼泪一把，鼻涕一把，样子丑陋不堪。

我说，你有话好好说，哭什么！

胡兰萍抽着鼻子，一手往枕头底下乱掏，先掏出一个信封，又掏出两张纸，啪一下甩到我脸上。

我一看就知道是匿名信。它跟我已经看到的，用的是同一种纸张、同一号字体。信封上写着"塔城镇政府转交胡兰萍"的字样，信内写道——

胡兰萍同志：

我们是四海春酒店里的女服务员，特写信给你，让你看清楚你丈夫彭某的丑恶面目。

你丈夫自从担任副镇长之后，经常来我们酒店，吃喝玩乐，还在我们酒店嫖宿。他玩弄的女人，有时是从店外带来，有时就是四海春的女服务员。特别要说明的是，塔城镇老大苗志高在四海春嫖娼，当场被公安局抓获，这个晚上，其实你丈夫也在。只是他把女人带到店外去嫖宿了,所以公安局没有发现他,让他溜了。

这些日子以来,你胡兰萍同志一定深受其害。彭某经常晚归,他一定会推说工作紧张,应酬很多。可你怎么会知道,他在外面搞的却是那些见不得人的勾当!可以说,苗志高身上有多少肮脏,你丈夫身上也有多少肮脏。

胡兰萍同志,我们都是女同志,我们不忍心看着一个姐妹和一个禽兽待在一起。我们担心你受到他的欺骗和愚弄。所以,我们商量下来,决定给你写这封信……

我没看完,就冷笑一声,把信扔到地下,说,这上面写的事,你居然也相信?

胡兰萍说,我相信!

我说,你相信一封诬告信,却不相信你丈夫?

胡兰萍说,你不用再来哄我!你在外面是一包脓,到我面前来却装正人君子。我真是瞎了眼睛,没看透你这个畜生!

女人说着又哭,哭得涕泪满面,在灯光下亮晶晶的。

我说,胡兰萍,我教书这些年了,入党这些年了,跟你结婚也这些年了。在你面前,我不说用党性保证,就是以一个男人的良心来作保证,你也该相信我吧?

胡兰萍一甩手,说,你不要用这些东西来蒙我。什么良心、党性,我一个都不相信。老实跟你说,如果只有这封信,我不会理睬它。匿名信,我也见过;写这种信破坏人家夫妻关系,我也懂。但是,现在的问题不是什么匿名信,而是你真正烂透了……

我说,胡兰萍,事到如今,你要我怎么说才好!

胡兰萍说,你不要说了,我什么都清清楚楚的。你们镇纪委都派人去调查你在四海春嫖娼的事了，他们还到我单位来找我谈话，把丑出到了我的工作岗位上。就在今天傍晚，我还接到一个莫名其妙的电话，说，你丈夫跟苗志高是一路货色，是嫖娼团伙的主要人物，还说镇里已经收到县上通知，你这次去县城不是开会，而是去接受处理；县委组织部已经下文件，把你职务撤了。

我长叹一口气，摇头骂道，都是些什么人啊，把手脚做到女人这里。

胡兰萍说，什么做手脚？谁做手脚？你说呀！县里究竟批判你了没有？组织部究竟把你副镇长职务撤了没有？

我说不出话来。我想起农民常说的一句话，打蛇要打七寸，戳人要戳软肋。我承认，那个阴损我阴损到了家的家伙，戳中的正是我的软肋……

这些天，胡兰萍横竖要跟我离婚，我怎么劝她、怎么解释也没用。闹到最后，实在精疲力尽了，我便答应下来，什么时候两人有空，就去民政所办理协议离婚。

我理解胡兰萍，要她跟一个嫖过娼的男人再睡一张床，她绝对不会干。我也作好准备，重新搬到学校教师的单身宿舍去。

那天下午，夕阳西下，太阳的余晖把小镇的空气染得血红。我坐在沙发上长时间地发呆。家里弥漫着一种垂死的寂静。胡兰萍下班回来了。她意外地没有甩东西，而是静静地脱衣、换鞋、喝水。我意识到，她把一切都想好了，这个家的最后时刻到了。

她走到我面前，说，房子是你名下的，我让你，我回娘家去。

我说，房子让给你，我不要。让人家说我心狠手辣，独占住房，我担当不起。我就搬回学校宿舍去住，大不了再做单身汉。你一个女人没有房子，今后会更难。

胡兰萍说，你这冤家，心是好的，只是骨头太贱，才会有今天。我们成家这些年了，好聚好散吧，这也是命中注定的，缘分到头了。说完便又哭。

事有凑巧，苗志高的女人刘品芳这时又来了。见屋里衣物散落一地，胡兰萍又红着眼睛，便问，怎么，你们两人也吵架了？

我连说没有没有，是胡兰萍在整理房间。胡兰萍也是要面子的人，早换了笑脸，去厨房泡茶端水。

刘品芳是路过这里的。她匆匆说，她去探过苗志高了，他现在还关在县城的看守所里。她捎来他的话，说，苗志高自己也晓得案子严重了，恐怕要解到市里去审，将来判个死刑或无期徒刑也有份；他还说，几个老朋友，都不想见，只想看看彭永生。刘品芳说，这个贼胚，一定是发昏了，这时还想入非非，说关在里面，常想起跟彭永生和杜森一道吃面的时候，说塔城镇老街上老同兴的盖浇面，味道实在好，真想再吃它一碗。被我狠狠骂了一通。

我对刘品芳说，你还骂他干什么？都这样子了。

刘品芳擦着眼泪，说，想想也是。可是我心里，实在是恨不过啊。要是你彭镇长有空，那就去看看他……

我说，我已经不是镇长了。

刘品芳说，怎么？

胡兰萍说，他被撤职了，县里文件也已经到了镇上。现在啊，他就是个平头百姓了。

刘品芳说，啊呀呀，啊呀呀，这都是苗志高这个害人精害的啊！他自己作死不算数，把我们一家人弄得家破人亡不算数，还连累了彭镇长，让你连镇长也当不成了。这冤家，这冤家，叫我怎么说啊……

我望一眼胡兰萍，见她眼圈又红，心想，刘品芳啊，你不要再说了，我和胡兰萍两人，还有离婚的事没告诉你呢。

胡兰萍转身进了厨房。我晓得，她屏不住要哭，要去躲一下。这时，我心里浮起"覆巢之下安有完卵"这句古语，又想，跟女人说这个，她们也不懂，遂发一声干笑，对刘品芳说，什么时候了，那些不愉快的事就不要说了，我回学校去教书，日子也一样过；苗志高那里，我会去看他，不晓得现在，看守所还能进吗。

刘品芳说，看守所王所长，是老熟人了，他同意我们去探的。

胡兰萍好本事，从厨房出来，脸也洗过了，唇膏也擦了，不露声色，只陪刘品芳落泪，还说了许多劝慰的话。

刘品芳突然问，杜森现在怎样了？

我和胡兰萍都怔了一下。

刘品芳说，你们三个人，从小就是好朋友。现在，苗志高进去了，彭镇长撤职了，杜森不知会怎样？

两个女人的眼光，都落在我身上。刘品芳这一问，让我一时想得很多，但我一点也不想说，没有力气，也没有精神。

刘品芳走后，胡兰萍看定我，说，我们也分手了，有些话照理没必要说，只是夫妻一场，我还是忍不住要说一下。

我说，有什么话，你快说。再晚，学校大门就要关了。

胡兰萍说，你听我一句话，不会错的。这个苗志高，你不要再去看守所探他。哪怕刘品芳把他说得怎么可怜，你都不要去。你走到今天这步田地，全是苗志高害的。他当初十万百万地捞钱，从来没有给过你半点好处；今天他死到临头，倒想着你了！

我看定胡兰萍，轻轻点头，心里却想，你这女人，心也是不坏的，只是有些要紧关子，你我想不到一块去……

第二天上午十点多光景，我在街上老同兴店堂打了两个电话。一个打给看守所王所长，说我想来探一探苗志高，别的不带，就带一碗家乡的盖浇面，给苗志高当中饭，不知可不可以。王所长说，照例是不可以的，但大家相熟这些年了，苗志高在这里也关不长，很快就要解到市里去，你就把面带来吧，下不为例。

有了王所长这句话，我马上再打电话给大院小车班的小马。我说，小马，我是彭永生，想到县里去一次。我副镇长也撤了，不知你小马肯不肯再为我出一次车。

小马说，叱，你彭镇长把我当什么人了。我小马可不是中山狼。你现在什么地方？我的车火速开到。

我说在老同兴门口，就挂了电话。

街上没有人，塔城老镇静悄悄的。阴云沉沉地笼罩着天空，像要下雨的样子。风仍然含着寒意，却已经有了春的气息。镇河上有船驶过，是那种老式的木船，橹板摇出了轻柔古朴的咿呀声。

"布谷——布谷，布谷——布谷。"一阵布谷鸟鸣声从高远处传来，清亮而柔美。我四处寻觅，却见不到它的影子。转身找了几圈，才发现一棵古银杏的顶梢上，一只布谷鸟朝着北方，昂头鸣叫。

我就想起少年时，伤在苗志高弹弓下的那一雌一雄两只布谷鸟。苗志高也是为了让许老师的病早点好起来，算是好心吧。可老辈人说过，布谷鸟是伤不得的，伤了布谷鸟，就会有报应。如今苗志高进班房，难道就是对他的报应吗？

古树上的布谷鸟又叫了一阵，才振翅飞走。它飞得老远了，直到影子都不见了，那悠长的鸣声，仍清晰地回荡在小镇上空。似乎，小镇跟布谷鸟，两者永远同在，布谷声装点小镇，又留下神秘的鬼魅……

估计小马已经出车，我赶紧叫老同兴师傅下面。点的是当年跟苗志高杜森一道常吃的炒酱大肉面。师傅显得有些陌生，我就在一边提醒，汤是煮白切肉留下的大汤，要撒一大把葱花；面是阔面，下得要硬一些，就用那种敞口的海碗，宽汤；面煮好了，上面浇一勺炒酱，是辣子、肉丁、豆腐干、油汆花生、茭白丁；最后，再盖上一块巴掌大的五花肉，走油的……

我刚付账，小马的车来了。

不等车轮扬起的灰尘飞停，我合紧盖碗，钻进车门就走。

小马问，哪里去？

我揭开盖碗给他看。

他心领神会，一路开着跳灯，猛踩油门，朝县城飞驰而去。

一路上，小马只说了一句话，杜森当上代镇长了，昨天县里来人宣布的。

我嗯了声，只让他踩足油门快开。二十多里路，十几分钟就到了。

看守所王所长等在门口，见我下车，朝黑暗里叫了一声，苗志高！

远远的，有脚步声传过来；一歇，人影便显出来。先看见的，竟不是一张脸，而是一头白发。

这苗志高，必是在牢房里日日夜夜地悔啊！

小马把海碗递上来。

我揭开盖碗，有一蓬热气，袅袅地升起。那白头发急急从黑暗里走来；人，是根本不敢认了。

那流着油水的海碗肚，还是烫手的。

第二章

9

县里宣布我停职后，镇党委也没有同意我回去教书。

奇怪的是，却叫我去了农科站，也不明确我担任什么职务，就在那儿给我安排了一间办公室，叫我待着，收集各地农业科技发展信息，有时也让我回大院看看文件什么的。快一年后，县委组织部才来人宣布，恢复我副镇长职务；镇上也重新明确了我的分工，还是让我管教卫计生那一摊，另外加上一项，兼管农科站。

谁也料不到，我复职不久，镇政府大院又发生了一件大事。它使我的头发，半年之内白去一半。

时在季春四月廿一日，农历谓之"谷雨"的那一天。称它谷雨还真有道理，因为这一天，还真是下了一点子雨。

节气对现在的人们来说，分量是越来越轻了。我敢说街上的年轻人，能背出一年廿四个节气的，百里不会出一二；就是我们塔城镇大院里的干部，平素掌握节气概念的，也没有几个。

不过我肯定，我和卫守一两个副镇长，对节气绝对是熟的。我们靠节气做生活。卫守一是农牧副镇长，搞这一摊离不开节气；我虽然主管文教卫生，但兼管农科站，也跟节气搭界。我俩坐一间办公室，两张办公桌拼边，连电话都合用一部。我们平时常说节气。在我们看来，无论世道怎么变，乡下有一样东西不会变，那就是节气。

这天半夜，镇办干事小叶来敲我家门，在门外气喘吁吁地叫，彭镇长，尤老大叫你去一下，马上！

我开灯看一看钟，两点还没到，禁不住就骂小叶，你吃错药啦，什么事这样鬼叫，半夜三更的。

小叶怯怯地说，实在没有办法，尤老大和商书记都在大院里等你呢。

我胡乱披件衣裳，在楼梯下推出车子，冒雨往镇政府大院踩去。

雨下得紧，冷雨打在身上，寒气激得缩骨；走过路灯，昏黄的灯光下，自己也能觉出头发根正在冒热气。世界还没有醒来，小镇的老街上空荡荡的。只有雨声，铺天盖地，密密层层，打得人心烦。

一路上，我又问小叶，什么鸟事，值得你夜半到我家来大喊大叫。

他再次申明不晓得。说，尤老大也是我刚去叫来的，商书记今夜值班，他才晓得一切；是商书记叫尤老大来，尤老大又提出要把你叫来的。

尤老大，就是塔城现任镇长尤百大。杜森调去县里后，尤百大就来当了镇长。

称尤百大"老大"，跟过去苗志高那个"老大"有所不同。尤百大名字里就有个"大"字，家里兄弟排行也是老大，加上他插队年轻时在渡口撑过渡船，真的当过船老大，大家便都习惯地称他老大了。

我撞进商书记办公室，里面早已是一屋烟雾了。商书记和尤老大两支烟枪正闷头对抽，桌上瓷缸里，烟屁股堆得有一坨狗屎那样高。

尤老大挥挥手，招呼我坐下。我看他的面孔，气色不对，有一种死鱼样的晦气；两眼红红的，看来也是半夜刚醒来；那一头刚性的短发，平素看上去很有气势的，这时也乱了，把这位年龄不到半百的镇长，一下子衬到老里去了。

商书记说，彭镇长，天有不测风云，我们镇上出了一件大事，把你叫来一起拿主意。

我顿时有些紧张，问，出了什么大事？

商书记看了一眼尤百大，说：老大，你把情况摆一摆。

商书记说着又抽烟，而且把头仄向一边，不看我和尤老大两人。我不懂他这是什么意思。

尤老大扔给我一支烟，看我点着火，才突兀地说，彭镇长，卫守一死了。

我猛吃一惊，打火机撞在烟头上，溅出若干火星。

我说，不会吧？

商书记回过头，严肃地看着我，说，现在我们是组织上议事，怎么会跟你开玩笑。

卫守一跟我处得不错。杜森代理镇长后，搬离了我俩合用的办公室；我也因去了农科站，导致这间办公室一度空关。等我复职回大院时，这办公室已有人坐着了，他就是新上任的副镇长卫守一。卫守一与我同岁，两人天天面对面办公，还常一道下棋、打乒乓球；有时来了兴致，还一道去老同兴喝上一盅。

我说，守一下午还好好的，怎么……

尤老大冷冷地说，车祸，交警刚来通知。

商书记一跺脚，咬牙切齿道，害人啊，那车子害人啊。

商书记骂得深恶痛绝，骂完了还摇头。他为什么会这样骂，大院里干部应该都晓得。

卫守一喜欢开车，全镇有名。他对我说，当干部一定要学会几手本事，第一是开车，第二是电脑，第三最好能说一口英语。

我说，那我完了，这几样我一样都上不了手。

卫守一顶真说，会开车是第一要紧，无论公事私事，你会不会开车，办起来效率就是不一样。以后你彭镇长用车，不必跟镇办要，那几个势利鬼，我见了就心烦。今后你就坐我的车，去苏州去上海，随你。

我连说，不敢不敢，叫卫镇长开车我怎么消受得起。

卫守一拿到驾证后，到处找车开。我们镇里这些年虽添了几辆小车，但也轮不到守一开。一辆新奥迪，是尤老大和商书记合用的，班子里其他副职基本不用；另几辆都是桑塔纳2000型，合资生产的那种。就这几辆车，副镇长副书记还要镇办按路线远近、工作轻重来安排。卫守一说，这种破车，送我也不要开。他问底下企业借，长则借半年，短则借三月，车子经常换颜色，不过还是以桑车居多。商书记对卫守一借车的事皱过眉头。但尤老大说，镇里买不起车，他有本事借来开，就随他去。大院里对卫镇长开车，遂睁一眼闭一眼，任其自然。

卫守一这些天开的车，是问奔马房产开发公司借来的。

奔马公司是塔城镇这些年发展得最快的企业，主要是房地产搞出了名堂。乡镇么，土地多，地价又便宜，奔马公司就得了大利。这公司的老板汪双喜，跟卫守一一道在畜牧场养过猪，两人关系很铁；有人说他俩背后有故事，可谁也没见他们做了些什么。只有一个事实很清楚，奔马公司，本来很不起眼的一家小公司，眼看就成了镇上第一家产值过亿的名牌企业。

汪双喜生意做大了，说话口气也不一样了。他说，我们奔马公司为什么坚持用"奔马"这个品牌？就是要用骏马狂奔的步伐，在乡间猛造房子,把塔城建成一个美丽乡镇,带领乡亲们奔小康。汪双喜说着这话,自家也眼见得发起来,他家起了三层楼,屋顶还矗起大锅子天线,看得到外国的电视节目;他还在大上海买了房,据说还有小女人在那里养着。卫守一问他借车,这一借就借长了。汪双喜也不在乎,他自己坐一辆奔驰,黑色的S500;副手都配了日本的"皇冠""本田";借给卫守一的是一辆"帕萨特"。那简直就是小事一桩。奔马公司发展壮大,大院里干部也得了不少好处。逢年过节,隔三差五,奔马公司常来大院发点劳务费高温费什么的,一般干部三五千,镇长们则可以拿到上万数。众人拿了钱就皆大欢喜,还要骂上几句,说汪双喜这当年的猪猡专家,没承想现在成了房产专家,还成了发奖金专家……

想起汽车的事,我就问尤老大和商书记,守一这次出事,要不要跟汪双喜打个招呼?车还是问他借的呢。

尤老大说,跟他打鸟的招呼,人都殁了,一辆车算什么。

商书记说,先不说吧。镇里镇外,尽可能保密。因为这事影响太大了。

商书记狠狠抽烟,又头痛似的,捂住脑袋,使劲拍了几下后脑勺,说,彭镇长,想跟你商量下,今明两天要辛苦你,到县里配合交警,把守一的交通事故给处理了。

我说,我明天还得开个会,关于计生的。

尤老大不耐烦地说,这种鸟会,不开也罢,你叫干事应付一下吧。当务之急,是要把守一的事处理好。

商书记说,是这样。

尤老大说,我和商书记商量了,处理这事,你彭镇长出面最为妥当,既可以代表组织上,私人方面,你和守一又是好朋友。

商书记这时看了我一眼,虽然匆忙,却很有深意。

我又问，守一的事，家属通知了吗？

尤老大看看商书记，说，我们正为这事挠头呢，秦杜鹃那里，我们不晓得怎么告诉她才好呢。

秦杜鹃就是卫守一的妻子，塔城中学的数学老师。

尤老大又说，一事不烦二主，是不是这样，通知秦杜鹃的事情，也请彭镇长一道办了？

我摇头。

说实话，要是换了别的女人，叫我去做一点工作，没有什么问题。可秦杜鹃不行。这女人过去跟我有点子事。自从那件事过去以后，我就想好，今后再也不见她了。

我说，我还是集中精力，去县上把交通事故处理了吧。秦杜鹃那里，由你们出面做工作比较好。你们是镇里的当家人，这种大事，由你们经手，比较权威，也比较顺。

商书记看看我，又是有些深意的目光，然后点点头，说，也好，彭镇长说得也有道理。

尤老大打了个哈欠，又点起一支烟，说，天亮后，你坐我们的奥迪去县上。不要忘了带两条好烟。交警那里有熟人么？

我想起县中读书时跟我住一个宿舍的同学，睡在我下铺，名叫裘三宝的，现在交警大队做事，就点了点头。

尤老大说，一定要找到熟人；如果没有熟人，就是托姑妈求姑夫，也要找到熟人。交通事故处理非同小可。事故责任是大是小，结论做得怎么样，对料理守一后事大有关系。这个你晓得么？

我说我晓得。

尤老大定睛看我一会儿，忽而站起身来，摇着头，红了眼睛，说，卫守一啊卫守一，你这个人怎么这样没福呢？要文凭有文凭，要水平有水平，前程不知有几多远大。你怎么这样，说走就走了呢!

商书记也在一边叹息。尤老大的眼睛红得愈厉害,眼袋突然肿起来,两串饱满的泪,从眼袋口扑簌簌往下滚。我甚至听到那泪珠落下来时,有清晰的响声。自从跟尤老大在大院里同事,我还是第一次见他在人前掉泪。

尤老大说,四十七八岁,几多好的年龄啊,再过几年,这塔城镇还不是你卫守一的吗?你真的没福啊。

商书记又瞥我一眼。这一晚,商书记眼里总是有很多意思。

尤老大说着就擦泪。他擦泪的手势很特别,不是用手背,也不是用手指头,而是用大拇指根这里一块厚肉,贴着眼袋往上剜,这样一来,眼泪就擦不干净,反而把两个眼圈也擦得亮闪闪的。他鼻翼这时也鼓起来,看上去很厚,一翕一翕的,闪出一道肿胀的光来。看来,尤老大是真的伤心了。

也难怪,大院里谁不知道,卫守一是尤老大一手培养起来的,大家都在传,卫守一将来要接老大的班……

尤老大泪汪汪的,又说,守一是聪明人啊,这些年引进洋蔬菜,伺弄得几多漂亮。现在这社会,人人怕种田,我们守一却不怕,种田还种出了味道,种出了名气,连农科院教授都为他叫好。这样的能人,乡里县里有几个啊。

商书记闭着眼,只是摇头。

尤老大又含泪说,这家伙,注定命里短寿,这也是没法子的。只可惜了秦杜鹃,苦了这个女子。无论如何,我们要把后事弄得光鲜些,对活人是个安慰,对死人也是个交代。

屋外的雨,下得更紧了。夜里本来就冷,在这雨夜里,带着潮气的冷风从门缝钻进来,更是丝丝入骨,令人阵阵起颤。

我听着尤老大和商书记这样回忆卫守一,不觉间泪水也浸透了双眼。

卫守一这样突然的死,在我总觉得梦一样,既难以置信,也不可接受。我和他对坐一张办公桌,年龄相同,身材模样也差不多,只是守一在各方面都比我更能干,更活泛,名气也更大。尤其突出的是,他精心研究和种植绿色蔬菜,把塔城镇搞成了一个著名的绿色蔬菜基地,在县里市里赢得一片赞扬声,这更是我无法企及的。虽说平时,我俩在一个大院里共事,难免有些小摩擦,但在骨子里,我俩是互相敬着的。平心说一句,不必尤老大和商书记开导,就凭我和守一平时积累的感情,我也会为卫守一搏命说话。这是什么时候啊!

尤百大泪眼婆娑的,朝我点头,连声说,要辛苦你,要辛苦你了,彭镇长。

商书记也说,这事交给彭镇长最靠谱,也只有彭镇长出面,才最合适。彭镇长,你到了县上,先稳住气,多听少说,找准路子再相机行事,有什么情况,多向老大请示。

尤老大一边说,你多向书记汇报。

他们这样说着,我就有些为难。我把眼睛朝上抬了抬,看墙上的电钟指针一抖一抖地跳动,含混地表态道,我随时来电话。

至于到时给谁打电话,我自有一定之规。我也必须"相机行事"。大院里谁不知道,商书记和尤老大,两人暗地里顶得正凶。

尤老大看看手表,对我说,离天亮还有两个钟头,你要不要回办公室再去眯一会儿?明天早上……哦,今天早上,到了县城会够你忙的。我和商书记还要再盘一下,看跟秦杜鹃见了面,我们怎么个说法。

我说声好,就起身离开。

回到办公室,走廊灯瞎着,四周漆黑一片;雨声倒是响得很,雨星子还飘到我脸上；随雨刮来一阵阵冷风，碰了墙壁，在我身边打旋。我摸出钥匙，在那黑暗里寻找锁眼，手抖着，钥匙一时竟戳不进去；恐惧感却挟着黑暗和风雨声包围我，叫人透不过气来。

我摸着门，心想，这也是卫守一常开的门，这里也是他天天掏钥匙的地方。他的钥匙圈我很熟悉，用一根不锈钢的链子，整天吊在腰里，从来不见有脱手的时候。那一圈里，都是他要紧的钥匙。他说过，他的身家性命都系在这上头。那钥匙圈上，还有一枚小巧的私章，象牙刻的，扁扁长长，"卫守一"三字是隶书。财务送工资来时，他便从腰间拿出这私章盖上，阳文的三个字，虽然极小，一笔一画却十分清晰。大院里人人赞他这个图章刻得好，他也真是喜欢，没事时就常掏出来，眯了眼欣赏……

手忙脚乱开锁推门，随后我便隐入一阵更浓重的黑暗里。我在墙上摸到开关，湿湿的，冷冷的，啪嗒一开，日光灯发出一声尖响，灯光才一跳一跳亮起来，四壁被它照得惨兮兮的。黯淡的日光灯下，先扑进我眼里的，不是我自己的位子，而是卫守一的办公桌。

卫守一下午走得匆忙，那把椅子还斜放在桌口，搭在椅背上那条毛巾，还是湿的；办公桌的玻璃板上，是一张隔夜的县报。我晓得，这期县报的头版，就有一篇是记者写他的通讯《难得种菜还有状元》，写的是他第一个在本县引进洋蔬菜的事迹。我见卫守一拿到这期县报时，眼光很亮；读这篇通讯时，他神情异常痴迷，读了不止一两遍，还不时发出些笑声。他还叫我看这文章。我一目十行地扫过那些文字，嘴上说，嗯，写得不错，你守一早该有记者来写写了，心里，却别是一种滋味。我内心清楚，我与守一之间，其实也并不像外人所说的那样……

我站在办公室角上，往这张县报，还有卫守一那张办公桌，望了很久,心里空落落的。

办公室门窗紧闭,空气中还弥留着我熟悉的那种烟味,那是卫守一吸烟留下来的。我平时嗜茶,却很少抽烟,所以对烟味很敏感。卫守一喜欢抽一种人参烟,东北产的。他抽这种烟我倒是很欣赏。我过去就一直欣赏卫守一吸烟的姿势。他吸烟的手势很好,中指食指伸得笔挺,另三根指头却蜷拢得看不见,显出一种男人的刚性和利索劲来;他吐烟也吐得好,嘴轻轻一呧,很有味的样子,眯了眼长长吐出,一副很儒雅的痴迷相。后来,我开始欣赏他这香烟的味道,烟雾里,你真能闻出一种人参味来,淡悠悠的,经心闻就闻得清,不经心闻就以为是老玉米须的焦味。这烟味很文气,但又很顽固,丝丝入扣,渗进墙缝,渗进桌柜,渗进一叠叠文件和报纸里,慢慢地散发飘逸,成为这间办公室的典型气味……闻到这烟味,我就会想起卫守一点火时两眼看自己鼻尖的古怪目光,还有他在烟雾后面那张模糊的面孔。我禁不住抽了几下鼻子,深深嗅了嗅周围的空气,像是怕这空气会很快逃散一样。我从心底轻轻叫出了一句:守一,卫守一,你怎么就这样走了?

这后半宿,我没有合眼。

10

几年不见,交警裘三宝出息了,忙碌中,透出一种令人陌生的精干来。

他说,这里乱哄哄的,我们到休息室去谈吧。

这里指的是事故处理组办公室。确实乱哄哄的。到处是痰、烟头、纸屑,还有肇事人和受害人的争执、吵骂、啼哭。

还没走到民警休息室,裘三宝就说,我晓得跑卫守一的事,会是你来。

我问，你怎么晓得的？

裘三宝说，这县里头，谁不晓得你和卫守一是塔城镇尤老大的左臂右膀？

我未予置评，只问，卫守一现在哪里？

裘三宝指着窗外远处一间独立式的平房，说，在那里冰着。

我一看那简陋的水泥平房，紧闭的铁门，又听见他嘴里滚出来的那个"冰"字，心里先是一冷。

我问，那是什么地方？

裘三宝说，是我们临时设置的太平间。

我问，这里还有太平间啊？

裘三宝说，上个月才弄的。也不知怎么搞的，这两年县里交通事故特别多，死人的重大事故数直线上升。你知道的，重大事故的处理，都不是一天两天能收场的，有的事故半年一年都下不了结论。这么长的时间，你让死人怎么办？过去，我们是委托县殡仪馆保存遗体的，今年他们要动迁，从县城搬到老远的江边，所有老房子都在拆，局里就让我们自己弄一个，临时性的。

说完，他又问，你要不要去看看他？我叫人开门。

我像听见了铁门打开的咣当声，又像看见了白布蒙着的卫守一，那里面凉飕飕的，空气里还有些药水的气味；掀开白布，卫守一的脸也许我已经认不出了⋯⋯

我心里一虚，说，还要叫人开门呢，麻烦了，先不看吧。

裘三宝一笑，继续往前走。

我问三宝，你看这事故怎么个定性？

裘三宝说，这有什么好定性的？又不是一般的人车相撞或是两车相撞，还要争个主责次责来。卫守一是一家伙把车子开到河里，自己淹死的,你说还要怎么定性?

我心里想,裘三宝在这里历练了好几年,这种事故一定是见多了、处理多了,所以说起话来,随随便便的,没一点敬意,也没一点顾忌。我听了心里却很不舒服,但也没有办法,只敷衍了一句:是这样啊。

裘三宝忽然停下,认真提议道,你要不要先去出事现场看一下?不看现场,我跟你说也说不清楚。他那辆车子,到现在还在河里头没弄起来呢。

我想了想,说,也好。

裘三宝说,你是我老同学,我才这样提议。要是每个事故都这样处理,我不是要忙得吐血。

我谢了他。裘三宝就开了一辆警车,呜啊呜啊叫着,风一样刮过县城大街,往事故现场赶去。

现场在县道12公里外的一条村河边。河名叫什么也不晓得。只知道河水很深,水色清幽幽的。裘三宝和我下了车,远远地就见着那里聚了些人,在河边围观。三宝走过去,冷了脸叫,让开让开。大步踏着河边正在开花的野草,引我到了滩头。

旁边有人轻声说,莫不是警察把家属带来了?

一辆银灰色的帕萨特,车头朝下浸在河里。车尾还有一小部分露在水上,倒是干干的、亮亮的。裘三宝在河滩边蹲下来,抽起一支烟,说,这事故还是附近村民来报的;要是村民不报警,鬼也不晓得呢。

我说,见事发生的村民要是马上下水,守一兴许还有救吧?

裘三宝说,没这档子事。村民是深夜来放鳖线时才发现的。看见这么大一辆车浸在河里,先是一泡尿吓在了裤裆里。我们值班的接报,飞车赶到这里,卫镇长已在水里泡了两个钟头。

我问，水里泡了多少时间也看得出吗？

裘三宝说，我们队长老眼，他看得出。

我说，会不会是卫镇长酒后驾车？

裘三宝说，有这个可能，但现在不好说，要等法医检验了。

我想象卫守一喝了酒，红了眼，踩足油门，把车开得飞起来的样子。他喜欢开快车。那帕萨特亮着大灯，两根灯柱箭一样穿破夜雾，呼啸着疾驶，卫守一在车上一定非常得意……天晓得他怎么会一家伙开进这河里！

我起身看看周围。县道窄是窄了点，但这里并不是急转弯，车子若是开得正常的话，是没有理由冲进河里去的。我就问裘三宝，是不是他车速太快，一下子失控了？

裘三宝抽着烟，看着河面，不说话。围观的村民见我们来，三宝又是穿警服的，晓得是公家人来事故现场，便一一贴到我们身后，十分专注地听我们说话，还有一阵阵鼻息，热热地喷在我脖根上。

裘三宝站起来，对那些村民说，散开散开，有什么好看的。

村民就散开了些，过一歇又聚拢来，只是比刚才离我们远点。裘三宝说，卫镇长车速到底有几码，现在怎么说呢？死无对证就是了。不过看河滩的冲势，可以肯定，那车速是不会慢的。

我顺着裘三宝的指点，看路边的河滩。河滩在路基下，和公路之间还隔着一片丈把宽的荒地。那车冲下公路，先在荒地上撞出一个缸样大的深坑，又犁头似的，翻起好些泥草，最后才冲进河里。卫守一这家伙注定是要殁去的，公路边有那么多的行道树，一棵棵都有牛腿那么粗，可惜竟没一棵挡住他的车。要是他把车撞在了树上，那车子就是另一辆车子，事故也就是另一档事故了。

我问，昨晚事故现场，是哪个下水把卫镇长弄起来的？

裘三宝说,还有哪个?老子下的水么。

我看着他,把他的肩很响地拍一下,啧啧了两声。

三宝说,他这条命啊,说来还真有些冤。我一下水就摸出,这车的车窗开着一道缝,门也没坏。要是他灵活些,车一进水,他就亡命砸窗,或者死劲推车门爬出来,那肯定不会丢命。可他没有爬,还在驾驶座上,保险带还死死扣着。

我忽然想到什么,说,莫不是卫守一慌乱中解不开保险带,是被绑在驾驶座上活活被淹死的?

裘三宝脸色一沉,说,彭镇长,事情可不敢这样说!开车要上保险带,这是我们交通法规的明文规定。要是说卫守一就是死在这根保险带上的,你说这今后的法规宣传,我们还怎么做。

我说,我就是跟你三宝做个内部探讨么,谁会对外说呢。

三宝说,我倒是在考虑一个问题,会不会是车子冲下公路,冲下河滩,几个大幅度的撞击连下来,先把卫守一这位老兄给震昏了?会不会是突然遇上了这种意外,车速又那么快,一下子失控,他老兄当时就被吓坏了?要不,卫守一平时那么灵醒的一个人,遇到危险时怎么逃命,他会不晓得吗?

我点头说,你说的这个可能性,我认为是存在的。

这时,一个村民戆头戆脑的,在一边问,这轿车就这么浸在河里头了?你们公家也不把它弄起来?

三宝白他一眼,说,你倒是很关心啊,你说弄它起来就弄它起来了?事情有这么便当么?

那村民说,我去叫两部拖拉机来,保证一家伙就把它拉起来。

三宝说,拖拉机的钱你出?钢丝绳你下水去扣?

那村民顿时哑了。

三宝说话声气很恶,眼光也不善。他这样对待村民,我心里很不好受。人家也是热心,你有话不能好好说吗?

三宝撇下村民,在河边蹲下身子,对我说,牵引车已经联系了,不过现在还没到位,出鬼就是了,这两天事故还特别多。

我说,清明过去没多久么,昨天刚告的谷雨。

三宝说,哦对。

我俩不约而同地抬头,朝天上望了望。天空阴沉,稀薄的乌云缓缓移动。有布谷鸟从村子那边的上空飞来,就在我们头顶上,一边曳着翅膀,一边发出"布谷——布谷"的叫声,那鸣叫带着回音,显得清凉、透彻,又无穷渺远。

三宝说,布谷鸟叫了。

我说,季春又到了。

三宝站起身,拍一拍裤子,呆呆地看着河里那辆汽车,长长叹了一口气。

回县城去的路上,我把两条中华香烟放在后座上,裘三宝见了,也没怎么推让。我说了镇上的意思,要三宝在事故认定方面多帮帮忙。三宝说,这事故纯属单车事故,又不涉及旁人,你们镇上这么点要求,应该好说。

我一颗心就落了地。

回到交警大队,三宝依然带我去民警休息室,叫我等着。隔了十来分钟,他领了一个女民警进来,说,卫守一身边有些遗物,你签个名带回去。

我听到遗物两个字,汗毛就炸了一下,呆呆地看那女警察,想她会拿出些什么来。女警察手里是一只印着"档案袋"的大信封,她把线头解开,双手捧着往下一倒,只听见唰啷啷一阵响,那些东西便都从袋里倾倒在桌上。

钥匙圈,手机,皮夹子,钢笔,打火机,手表……天啊,都是我熟悉的东西，天天都看到的。

女警察又把另一只小些的信封解开，也往下一倒，噗一声，落在桌上的是半包纸烟，人参牌的。

三宝随口说了一声，叱，这烟还有什么用，都浸糊了。

女警察说，有没有用我不管，只要是死者遗物，我都要转交。接着她又对我说，皮夹子里有钱，你点一点。

她声音冷冷的，令人想到淹死卫守一的那一汪河水。

我拿过皮夹子，指尖一冷，一股寒气就窜进骨里。翻开来，有一股古怪的水腥味和钞票气味，那些钱，都粘在一叠里，我用指甲一张张仔细揭开，点清，是1680元。

裘三宝说，1680，按这数字，是不该死的。

女警察一笑，拿了我的签名，走了。等了一歇，裘三宝说他要先去开一个事故分析会，也走了。

休息室空荡荡的，只剩下我和卫守一的这一摊遗物。屋里很静，屋外也很静。休息室处在交警大队的一角，有一片广场把喧嚣隔开。只有一群群麻雀，飞落在广场上，叽叽喳喳，叫出些活气来；还有炊事房，转来鼓风机噪音，还飘来一些锅铲声和油爆味，提醒人们，这里并不缺少烟火。

我独坐良久，拿过那只手机。信手打开话盖，一滴水滴下来，落在我膝头上，冰冷冰冷的。我就想起卫守一打手机的样子。他打手机总是喜欢到空旷的地方去；打的时候，他一手撑腰，把头昂得高高的，像抬头看飞机，又像跟天公说话。他这手机是进口货，很高级，据说值几千元，一般乡干部不会用这么高级的手机，是不是奔马公司老板汪双喜送给他的，这个就不知道了。

手机一进水，据说就不能用了。这手机说是进口的，可它跟着卫守一在水里浸了那么长的时间，想必也不能用了吧？我把它甩了几下,又把按键和荧屏擦干净,还伸直手指点那个开关键,想试试它到底坏了没坏。没想到"嘟"的一声,小屏幕上蓝光一亮,这手机还是活的。

看着小小的字屏,我发了半天呆。这可是卫守一最重要的对外联系工具啊。一个汽车,一个手机,让他忙乎了许多,也叫他开心了许多。他在办公室里,有事没事常把这手机拿出来把玩,有时一玩就是刻把钟,甚至半个来小时。此刻,那辆帕萨特轿车还冰冷地浸在河水中,而这手机却亮起灯,活在了我的手里。我不由得吸了口冷气,心头颤了一下。

放下手机,我又看那块手表,手表也活着。这表并不是名贵品牌,而是一般的进口货"英纳格"而已,但它走得很好,跟我手上的表对一对,竟然一分钟也不差。那根秒针走得很坚挺,很庄严,一副义无反顾的样子,只顾往前去;那行进的步子,带着好听的音律,像年轻人走得那样矫健;它充满了弹性,充满了节奏感,不由得让我想起卫守一在我们大院里走路的脚步声。我看着它想,人的生命,原来就是这么回事,简直像一根芦柴,说断就断了;还不如这手表和这手机,主人已经殁了,它们却像没事一样,照样按自己的意思走,脉息还硬得很呢⋯⋯

正胡思乱想间,桌上那手机突然抖了起来,嗡嗡嗡,嗡嗡嗡,还在桌面上来回打转。我浑身一颤,吓得汗毛都竖了起来。我想,卫守一活着时大概跟人谈着什么要紧事情,不想让手机铃声打扰,所以他把它设在了振动挡。我看着手机在桌上不停地打转,就像看到卫守一在大院里接手机打转一样,心一下子被揪紧了。

有人给守一打手机,给一个死人打手机!

我一把抓起那个手机,却又不敢打开话盖。那一阵阵颤抖还在继续。它在我的手掌心,激起一种麻酥酥的感觉。也许是神经过敏，我只觉得手机的振动一阵紧似一阵。我脑子里急急思索，该不该接这个电话？

我心里浮起的第一个念头，就是不该听这电话。因为，电话是打给死者的，我有什么权利替死者接听这个电话呢？打电话来的人，也许为了某一项业务，要寻卫镇长；也可能是本镇某个镇干部或村干部，还不晓得卫守一已经出事，凭着过去的习惯来找他汇报工作；也有可能，是守一的家里人……

手机还在抖，且越抖越急，越抖越厉害了。我转念又想，叱，为什么不能替卫守一接个电话呢？平时在办公室里，我不是经常替他接电话吗！现在为他再接一次，又有什么关系呢？也许，真有什么要紧的公事，我代卫镇长答复了，也可以帮着解决一个大问题；或许有什么大业务，我也可以代卫镇长先应承下来。卫镇长人是去了，但事情不能不办，镇里也不能不发展啊。

我就横下心来，打开了话盖，先吸口气，然后于了声，喂——

听筒里没人声。我屏住呼吸，才听见里面有绝纽的噪音，呜呜呜，嘶嘶嘶，引人去想，那卫星的电波正穿越上空，飞过天际，在浩渺的天穹中一阵阵紧张地搜索……

噪音中，我忽然清晰地听到，有一声长长的叹息……

我握紧手机，大声说，喂，喂！

对方没有接话，只有沉默。

我更大声地问，请问，你是哪位？

没有回答，甚至连叹息也没有了。一歇后，我听见"啪"的一声，对方把电话挂了。

我把手机从耳边拿到眼前，定睛看它，像要从口看出什么东西来。手机尖锐地叫了两下，屏幕上跳出"电量低"三个字。我随即把话盖合上。

休息室里死寂一片。我听到了自己的心跳声。我站起来，目光移到窗外，移向平房，移向那扇灰色的铁门，想里面躺着的卫守一。我在心里说，守一，你走得真是太突然了，这镇里县里，不知道有多少人以为你还活着，还在当你的副镇长，还在为你的绿色蔬菜奔忙；他们绝对想不到，县道旁河里的那起车祸就是你闯下的，而你现在躺在冰凉的停尸房里，再也不会起来了。

手机关掉后，那一声长长的叹息，阴魂似的，一直在我耳畔嗡嗡作响。我搜索这声音的特质，判断这电话到底是谁打来的，镇里的？村里的？县里的？或是他家里的？一时断不出个所以然。

之后我就干脆不想这事了。我想，卫守一这家伙的交际那么广，朋友那么多，你搞得清么？就如你当着文教镇长，你教卫计生这一摊，这一张工作网络和关系网络，别人理得舒齐么？

11

当天回到大院，进门时，我就注意大院内的动向。我钻出车门，传达室老丁招呼我有挂号信。我一边签收一边问，大院里有什么事么？老丁说，除了汪双喜心急火急来找过尤老大，其他卵事没得。

我听了汪双喜三字，心就一紧，问，他来干什么？

老丁说，听镇办干事小叶漏的风声，说是汪双喜的房产公司开始走下坡路啦，今年开春以来，几个楼盘一直卖得不俏，他想抽跳板滑脚走了，大院里干部的劳务费，下月起就暂时不发啦。

我听了笑笑，说，原来是这样。

拿了挂号信，我直奔商书记办公室。商书记不在，我又找尤老大。尤老大正伏着身子，在办公桌上吭哧吭哧写着什么。我一进门，他就抬起头，专注地看我，说，回来了？怎么个情况？

我就把在交警队了解的诸事，一五一十叙说了一遍，特别说到，我还跟着交警裘三宝，去事故现场看了那辆沉车。说到这里，尤老大有些吃惊，看他的样子，听我汇报情况听得更上心了。我怕自己说得不清楚，一边说，一边还用纸笔画了一个草图。尤老大呆呆地看着草图，摇头叹气，又用大拇指根那块厚肉，向眼圈上方抹眼泪。

我问，商书记人呢？

尤老大说，本来想跟我一道去找秦杜鹃的，后来一商量，千瞒万瞒，瞒不过县委，商书记就立马坐了车，到县委报告去了。

我说，那秦杜鹃这里，你们还没去过？

尤老大说，商书记临走时叮嘱一句，要是他中午还不能回来，就由你和我，一道去中学找秦杜鹃。

我说，上午去交警队了解的情况，我还需要仔细理一理……中学那里，还是你一个人去吧。

尤老大说，我晓得你彭永生要推托，你这人也真是的，你跟秦杜鹃不就是那点子破事么？何必这样放不下呢？

我连说不行，坚持不去。

尤老大说，那我就跟你换一个活儿干、你看好吗？你来写这东西，我一个人去找秦杜鹃谈话。怎么样？

我问，你写的是什么？

尤老大说，卫镇长的后事怎么弄，总要搞个方案吧？他的悼词，也总要拟个草稿吧？

我说，事故还没处理呢，搞这太早了吧？

尤老大严肃地瞪我一眼，说，事故怎么处理，有些事不是我们说了算的；而对守一的评价，总归是我们手里的一件大事。这些事，说办就要办，绝不能掂头苍蝇似的，到时搞得走投无路。凡事，都是赶早不赶晚。

我连说，是是。

尤老大说，既然这样，那守一的悼词就由你来写，看怎么样？

我想了想，说，我写也可以。写完后，你和商书记把关就是了。

尤老大说，那好。有个意思我跟你强调一下，守一人都殁了，我们镇上对他的评价，要写得高一些。

我说，这个我晓得。

尤老大说，我们加入了组织的人，都是看重这个的。其实，卫镇长两脚一挺，悼词写好写坏，他本人根本不晓得。我们的评价，是说给活人听的，尤其是说给卫守一家属听的，这个你懂么？

我说，我懂。

尤老大一边整理桌上的东西，一边又说，卫镇长棺材一盖，最后时刻就到了，我们给他拔拔高，这也无妨。你说呢？

我想了想，说，拔拔高，这好么？我说说我的想法。组织评价也不能写得太过头了，实事求是最好；如果写得太过，人家背后议论起来怎么弄？这对卫镇长，对他的家属，反而不好。

尤老大说，你彭永生死人啊，这时候不拔高，什么时候再拔高啊？你拔高些，谁会出来说你个不字？中国人，死者为大，最讲究的就是这个。人都死了，你说他几句好话还不应该么？你彭永生也不是没参加过追悼会，那些悼词，哪一篇写得不是花好稻好的？有些人活着时，海吃海喝的，公款出国的，乱搞女人的，手脚不干不净的，都有，大家也都心知肚明，可是悼词里，哪个又会实事求是写这些呢？写了这些，家属亲人，至爱亲朋，不是要现场双脚跳，把致悼词人的嘴巴也撕烂么？

我说，那是，那是。

尤老大说，这种情况啊，我见得多了，你彭永生放手写去就是。

我说，我懂了，听你老大的。

正说话间，商书记回来了，一副风尘仆仆的样子，一进门就说，你们两个都在，正好。

尤老大问，你向县里报告了？

商书记拿起尤老大的杯子，咕嘟咕嘟灌了一脖子凉茶，说，报告了，书记县长都不在，我找的是常务副县长老纪。

尤老大说，你是向纪国栋报告的？

商书记只是点头。

尤老大说，好好！我们向纪国栋报告，其实比向书记县长报告更好。

我和商书记对视了一眼。

纪国栋是市农业局下来的，有高级农艺师职称，在我县属于专家型领导。那年他来塔城镇参观园艺场，正好遇上卫守一在大棚里搞无土培植反季节黄瓜，他当场问了几个专业问题，卫守一都回答得头头是道。纪国栋归路上就对尤百大说，人才就在你们身边，你们怎么没有发现呢？尤百大说，我们有心扶持卫守一上马呢，可大院内外都有不同意见；你纪县长今天有了话，我们工作就好做了。纪国栋回到县城，就向书记县长汇报了这一情况。当年春上正好换届选举，塔城镇听了县里意思，立马动作，没费多大力气，就让卫守一进了镇领导班子。可以说，纪国栋跟尤老大一样，都是看好卫守一的，也是把卫守一扶上马的县里主要领导之一。

尤老大就问，纪县长怎么说？

商书记说，我报告时，纪县长已晓得守一发生车祸的情况了，还说县委常委也都已经晓得。他说卫守一是个好镇长，对镇里对县里，都有很大的贡献，他这样年轻，又是这样的死法，县领导班子里的人，都感到震惊，都为他可惜。

尤老大看我一眼，说，这些话，彭永生你都记下。

我点点头。

商书记说，纪县长还说了，卫镇长的追悼会，他要来参加；如果这几天得空，他还要去慰问一下卫镇长的家属。

尤老大说，好好，纪县长跟我们想到一块去了。秦杜鹃那里，我们要抓紧去才好，否则，纪县长先去慰问，我们镇上的领导反而后去，那就被动了。

商书记说，我也是这样想的。关于家属目前还不知道的情况，我也跟纪县长说了。他说，纸包不住火，早晚要告诉的，不如早些上门去，掌握主动；但一定要注意谈话方式，免得家属受刺激太深，再弄出些事情来。

尤老大说，对对，纪县长考虑周密。

商书记说，纪县长还强调，卫守一贡献大，镇里可以把追悼会开得隆重些，家属的抚恤金，也可以多给些。他说，你们不要看轻这个追悼会，追悼会也是一种舆论导向，是做给活人看的。现在的年轻人，轻视农业生产，都不愿意从事农业第一线的工作，离农、离土、离乡的趋势，越来越严重；卫守一坚持在田头做出成绩来，这样的干部，我们把他的后事做得漂亮些，就可以激励更多的年轻人向他学习，走重视"三农"的正确道路，走卫守一坚守的人生道路。

尤老大一边听着，一边把眼睛瞪得老大，还朗声对我说，彭永生，你听见没有？纪县长这些指示，给我们操办卫镇长的后事，都定了调子。

我说，我听到了。

商书记说，老大，我们是不是趁热打铁，现在就去找秦杜鹃。

尤老大说声好，就站起来，唤来干事，让他通知小车班出车去中学。

我立即取过自己的包，说，上午我去县里，交警大队把卫镇长的遗物都交给了我。趁这个机会，你们一道带给他家属吧。

尤老大和商书记的目光都一跳，办公室的空气霎时凝冻了一样。

我哗一下拉开拉链，从包里取出纸袋，想学交警大队那位女警察的样子，把纸袋的口子朝下，一下子把那些东西都倒出来。忽又一想，那样做不严肃，也不慎重，遂屏着气，手脚很轻的，把手表、手机、钥匙圈、皮夹等等，一样一样从纸袋里取出来，排在了尤老大的办公桌上。

尤老大和商书记都不说话，目光随着我的手，默默地看那些东西。我取出一样物件，他俩就对视一眼；尤其是尤老大，一样东西拿出来，他眼袋下的肌肉就抽一抽。最后，尤老大伸手抓起那只手机，抚摸着，眼圈胀胀地红了。

商书记用两个手指拈起那串钥匙，细细看那枚象牙私章，似乎回忆着什么，轻轻说，物是人非，物是人非啊。

尤老大瞥了商书记一眼，瓮声瓮气地说，这些东西，我们就这样交给秦杜鹃么？

我说，不这样交给她，又怎样呢？

尤老大说，见了这些东西，她不昏倒在我们跟前啊？

我说，那怎么办呢？

尤老大说，我的意思，这些东西还是先放一放，不忙交给家属。

我急着说，放在哪里呢？谁来保管呢？

尤老大说，我看，就由我暂时保管一下吧。

商书记不知怎的，这时突然冲出一句话来，说，尤镇长你是老大，怎么让你来保管这些东西呢？我的意思，彭镇长，这些东西还是先放你这里。

我瞥了一眼商书记，不说话，心里却是十分的不乐意。我心里埋怨道，商书记你说这话算什么意思呢？尤老大要把守一遗物拿去保管，那就让他去保管吧，不是很靠谱的一件事吗？莫非我的级别比尤老大低一级，就该经手去管这类很具体的事务？你堂堂第一把手，还操心这类小事，不嫌累得慌？

但是，我又不敢当面驳商书记。他是个老资格的领导，见多识广不说，城府还特别深，大院里许多干部背后都叫他"老鞭子"，说他凡事瞅得准，想得深，有时处理事情就像抽鞭子，下手快，落手狠，鞭鞭见血，从来不带落空；平时他在镇里镇外说话，底下人从来不敢说个"不"字。

商书记这时显然又看准了我的心思，说，你彭永生是不是思想上有什么顾虑？你怕鬼魂附身、惹上什么不吉利是不是？你怕保管这些遗物，给自己沾上什么倒霉晦气是不是？彭永生，我要严肃地跟你说，我们都是共产党员，我们共产党讲究的就是无神论，就是唯物主义，你到底怕个什么呢？

我脸上有些挂不住，说，倒不是怕什么，而是考虑到这些东西毕竟是私人遗物，要保管，也是组织上保管为好……

商书记说，你现在就是代表组织上保管么。告诉你，只要是工作，立党为公，立身为民，天下就是有鬼，它也不敢上门！

商书记声音很响，态度也很严厉，凭心而言，说得也在理。我再也没有什么可说的了。只好把卫守一的那些遗物，一一再收起，然后捧起包,跟着他们走出尤老大的办公室,看着他俩一前一后坐进汽车,驶出大院门口。

车子走远了,大院里只留下一片沉寂。我心里一下子又变得空落落的。不知怎的,我还涌起一阵想对着老天呜咽一声的冲动。

这个下午,我人是坐在办公室里,可脑子里想的,尽是尤老大商书记怎么跟秦杜鹃见面谈话的事情。我不知道他俩是怎么开口,又是怎么安慰那女子的;也不知道秦杜鹃听到丈夫的噩耗后,会伤心到哪个地步。我坐在窗下,看天上乱糟糟的乌云,只隐隐听得,从极远的天际,传来一个女子的哭泣,时重时轻,时隐时现……

12

活了半辈子,我也算写了不少东西,可给人写悼词,这还是第一次。我让广播站小康把这几个月的大报小报都送来,专门找有黑框讣告的版面看,学习那些盖棺论定的文辞;直到换了三遍茶,才算写出一个初稿——

> 中国共产党党员、塔城镇副镇长卫守一同志,因交通事故,不幸于××××年4月21日深夜逝世,终年48岁。
>
> 卫守一同志生于上世纪五十年代末,少年时代就立志改变家乡穷困面貌。在校期间,他品学兼优,光荣加入了共青团。毕业后,他放弃在县城工作的机会,毅然回乡参加塔城园艺场的创建,成为我镇园艺场的首任场长。由于他的开创性工作,塔城镇在全县农业生产的地位逐年提高,农业产值显著增加。
>
> 卫守一同志热爱科技,刻苦钻研,大胆实践,在引进国外蔬菜品种方面,取得了突破性的成就,使塔城镇一举成为全市

全县最著名的绿色蔬菜基地,他本人也荣获了优秀农艺师的光荣称号。

卫守一同志担任塔城镇副镇长,虽然时间不长,但他坚决执行党的十一届三中全会以来的路线,深入基层,努力工作,踏实苦干,作出了显著的成绩。他发挥聪明才智,带领群众科学种田,引导农民科技致富,走出了一条创新的道路。他忠于职守,精于业务,勤于学习,得到了干部群众的普遍尊敬;他为政清廉,一身正气,两袖清风,赢得了全镇上下的一致好评。他的突然去世,使农民群众失去了一位好带头人,使我们失去了一位好干部、好同事、好朋友。塔城镇的干部群众,无不为之感到万分沉痛!

……

我一边写,一边望着对面空空的办公桌,回忆跟卫守一对面相坐的日日夜夜,心想,就是家人,也没有这么长时间的亲近相处啊。这样回忆着,心里真是痛了,眼泪便滚落下来,一大颗一大颗的,把报告纸打得啪啪作响。

这一写就写得晚了。多年情感,一齐涌向笔端,觉得自己是在为死者做一件大事,心里便满满的。直至窗外有线广播响起,才察觉,原来暮色已重。

肚子倒是一点也不饿。落了一阵泪,脑子昏昏沉沉的,身上却热热的,就像登了山,在山顶上停下步,血脉一时冷不下来。镇里干部都下了班,大院里静悄悄的,只有传达室那盏黄灯,与西天最后一抹晚霞互相照映;有线广播里奏着二胡曲《江河水》,间或滑过几声飞鸟鸣啁,听上去跟我的心情十分合拍。南窗开了半扇,风吹进来,掀起鼻翼嗅一嗅,风中有农家大灶燃烧陈年稻草的烟火气。自行车在大院外的公路上响着铃声,虽然只是短短一两声,却也听得出行人归去的那份急切……

我开了灯,重新坐正身子,认真读一遍悼词,试试是不是顺口。读出没几行,电话铃却响起来。

商书记在电话里说,彭镇长,你还没有回去?

我说,尤老大跟我换工,叫我写守一的悼词呢。

商书记说,我跟你说件事,你那里没人吧?

我说,没人,商书记您尽管说。

商书记轻声说,白天我要你把卫守一那些遗物保管起来,你明白我的意思么?

我说,我正在为这事想不开呢,尤老大要保管,你就让他保管吧,拦他干什么?

商书记说,你这个同志就是书生气十足!你晓得尤老大为什么要保管那些东西么?

我说,不晓得。他是为什么?

商书记说,他是看中了那一串钥匙!

我一怔,问,钥匙?什么钥匙?

商书记说,卫守一的钥匙啊。

我哦了声,说,他就是拿到了钥匙,又有什么用呢?

商书记说:他要探看卫守一的秘密。

我吃了一惊,问,是么?他为什么探要看卫守一的秘密?卫守一又有什么秘密可看?

商书记说,我一直怀疑,尤老大和卫守一两人有一手……

我问,你指的是哪一方面?

商书记说,哪一方面?各个方面!不信你等着,说不定什么时候,这个尤老大还会来找你,跟你要那串钥匙。

我说，他若真的来要的话，我是给他好还是不给他好？

商书记的口气一下子重起来，说，彭永生，我严肃地跟你说，这个钥匙你不能给他，绝对不能给，知道吗？他若来问你要，你就说我商书记来过了，卫镇长的遗物，党委拿去保管了。你懂这意思么？

我有些紧张，其实心里并没有搞懂商书记说这些话的真实意思，嘴上却说，我懂了。

放下电话，我脑子嗡嗡直响。我想这到底算是怎么一出戏呢？尤老大跟卫守一两人有一手，这是个什么概念呢？卫守一那串钥匙里，究竟藏着些什么秘密呢？这一切，商书记又是怎么晓得的呢？

我觉得眼前一下子黑了，脚底凉飕飕的，有一股阴风贴着地面，顺裤管钻进我的背脊……

传达室老丁真不是个东西，早不来晚不来，偏偏在我汗毛直竖的当口，鬼似的从窗口边探出半个脑袋，轻声说，彭镇长，你还在加班啊，要不要叫伙房老孙给你下碗咸菜肉丝面？

我挥挥手，说，你忙去吧，我这里还歇不下来呢。

老丁又鬼似的隐了下去。这时我才发现，外面起了风，大院里两棵古樟，万千叶片被风吹动，发出很硬扎的簌簌声。夜色愈暗了，天空上了更多的云，在微弱天光映照下，大片大片的灰云，胡乱拥挤着、飘移着，跟这世界一样，显出一派躁乱不安的样子。

我忽又想起，商书记这家伙，是我们大院里出名的多心人，他的猜疑心尤其重，许多简简单单的事情，一旦到了他手里，就会变得复杂起来。这一回，是不是他又犯老毛病了？

关了窗，我还是觉得胸背冷，手脚也冷。我站起来，搓手，跳，呵气，却不见回暖。我忽然悟出，只要在这房里，就不会是一般的冷，而是心冷，骨子里的冷。守一长期就坐在这间屋子里，他的尸骨还在县里交警大队冰着,他的灵魂也一定睁大眼睛,看着这间屋子。我四处看看,心尖一颤,就有了拿些纸来烧烧的念头。

在办公室里烧纸,大院里恐怕还没见过。我们塔城的习俗,人死了,是要点火烧一把的。烧纸也可以,烧衣衫帐子也可以,一来杀邪,赶一赶晦气;二来点火照明,送死者上路。烧的地方,要选在死者生前常走的路上。现在若在这办公室点起一把火,烧得旺旺的,烧得暖暖的,送送守一,又把守一留下的阴寒之气赶一赶,让我的心暖起来,把我的胆气烧得壮起来……总之,升火逐寒,驱阴还阳,怎么着我想也是可以的。

只是这把火,不敢给旁人看见。

我从橱顶上取下一叠报纸,又在屋角找出一批过期的简报通讯,还到外面廊檐下找了个旧瓦盆,一时手脚变得十分灵捷。我把旧瓦盆放在办公室中央,还往盆底里泼了一点水,在盆外也洒了一圈水。刚想点火,又觉得不妥,又把瓦盆往卫守一办公的地方移了几尺。这是他常走的过道,地上还有他丢下的烟头;旁边文件柜下,还有一双他下乡时穿的沾满了泥巴的解放鞋。我把这双鞋移近瓦盆,仿佛见到守一看着我,微笑着,慢慢移动脚步,站到了瓦盆边。我拿起火柴准备引火,这时候,我忽又想起守一桌上那张县报。

就拿这张县报引火吧,我想。头版报眼位置上,还登着卫守一的照片。这是他生前最满意的一张照片:他穿着科技人员常穿的那种长摆白色工作服,平添一种医生加科学家的风度;他站在蔬菜大棚的走道上,一手抚着足有一尺长的洋种黄瓜,一手捧着玛瑙样的樱桃小番茄,脸上的笑容,开心而不失分寸。

我注视着照片上的卫守一,默默说,守一,我在办公室里给你送行了!古人祭念亡友,总是烧他生前的诗文;我就烧一张报纸，烧一幅照片，让满纸赞扬你的文章，在你常年工作的地方，化为一阵轻烟，随你而去。我知道你还没有走远。你就躺在交警大队临时设置的水泥房里，冰凉冰凉的；何况，你又是河里打捞起来的，衣裤都还肯定是湿的。这个冷，这个湿，要是活人，怎么受得了……若真有另一个世界，那么我烧的这把火，这文章和这照片，就会来陪伴你，就会让你暖和起来，让你活起来，让你在另一群人中，依然过得有滋有味，甚至让你能像过去那样，踌躇满志、高视阔步……

我蹲下擦着火柴，很虔诚地点燃了那张县报。报纸迅速烧焦且蜷曲起来。在浅黄色的火晕中，那幅照片也跟着蜷曲起来，在它化为灰烬的前一瞬，我发现卫守一的笑容，竟变得格外清晰，与此同时，我隐约听到，在办公室高处的屋脊之间，连同屋角四周，有守一发出的轻轻笑声……

我头发直竖起来，回身一看，屋脊横梁一明一暗的，那是火光跳跃的影子；仔细听四周，那不是人的笑声，而是噗噗的火声。

纸烧得很快。我站起来，头有些晕。打量四壁和屋顶，发现办公室在这盆火光的映照下，明亮，光鲜，跳跃，呈现出一种从未有过的辉煌，连角角落落都变得分外亮堂，高处的蛛网、积灰一目了然，看上去竟有些陌生。我围着火盆慢慢走了两圈，嘴唇翕动，却并不知道自己对火说了些什么。

瓦盆里的火舌时高时低，房间里的光线时明时暗。一片片的轻灰，飞飞扬扬，趁着火势向上旋转、升腾。空气很快变得明快且炙热起来。我的脸颊有点烫，手脚也热了，五内的血液，有一种被解冻且重新流动起来的感觉。在膨胀的热浪里，我的呼吸居然变得有些困难。我的双眼，渐渐盈满泪水，不知是因为伤感，还是这把烟火给熏的。

这时我忽然听到，有人叫我的名字——

永生，彭永生！

我浑身一颤，转身去看窗外。因为盯着火光的时间长了，眼睛发花，一时竟看不清窗外是谁。但我清楚感觉到，我的心在这一刻间骤停了一下。我晓得，在这政府大院里，被任何人发现在办公室烧纸，都不是一件好事。

窗户又被敲了两下，喊声更响了些。这时我才看清，窗外站着尤老大，尤镇长。

我暗暗说声糟糕，手脚有些慌乱，心想，是不是立马把火弄灭？又想，就是火灭了又怎样？老大不是已经看见了么？

尤老大进了门，看着那堆火，脸很紧，不作声。

我也不作声。

尤老大呆了一会儿，目光定定地看那火光。过了一歇，又蹲下来，抓起几张纸悬在火上方，慢慢松开手，让它们落在火堆里，看着它们被火吞没。

这动作使我心口顿时一松，甚至，让我的五内感到一阵难以言喻的温暖。

尤老大站起来，说，烧一烧好。烧一烧好。

我望他一眼，想说句感激的话。

尤老大不停地扯起纸，把纸一张张落在火堆上，一边说，守一，你也真是的，怎么就这样走了！也不打个招呼……你年纪怎轻，好前程还刚开始呢，你让我这种头发花白的人来送你，你心里不知是怎么想的……

说着，尤老大的眼泪就噗噗地滚落下来，在火光的映照下，我发现他的眼泪是红的，像血。

烧完瓦盆边的纸，尤老大站起来，拍了拍手。戈打开两边窗户,一股清新的夜风,夹着些阴凉的气息,扑面吹了进来;满屋的烟气从北窗逸出,这时,就隐隐闻到了南窗飘进来的樟树叶的清香。

尤老大走到我的办公桌前,一眼看到了那份悼词,就说,你写东西速度很快啊。

我说,你派我做的活,我怎敢拖拉呢?

他的目光一行行掠过纸面,有的地方,他的目光会停一下。我紧张地等着他的评价。

他看了足有三遍。我觉得自己在一旁等待的时间特别长。终于,尤老大放下那两张纸,说,永生,你写得很好,对守一这个同志的基本评价,你都写到了。

我哦了声,心里很是宽慰。

接着他又说,我只想跟你商量一件事——

我问,什么事?

他用很粗的指头指着悼词上某一行,说,就是这里,你是不是可以把"因交通事故逝世",改为"因公逝世"?

我问,现在就写"因公逝世"不妥吧?没有正式结论,我们能写么?

他反问道,怎么不能写呢?现在谁又能下结论,说守一不是因公逝世的呢?这些年,守一不是常常代表我们镇上,一夜夜地出去跟人谈业务的么?

我摇头道,这个说服力不强。起码,我们写悼词时不能拿来做凭据。你还不知道呢,交警带我看现场,还说到车子发生这样的事故,很有可能是酒后驾车。也就是说,当夜守一很可能是在什么地方喝酒应酬,夜半三更,飞速往回赶路。如果他真是酒后驾驶,那就不是因公逝世的问题,可能还要……

老大明显有些不耐烦，打断我的话，说，你彭永生也真是！守一就是喝了点酒，又怎么了？他喝酒应酬，不也是因公么？这些年，我们乡镇干部在外面辛辛苦苦交朋友、搞公关，最终还不是为了把各项事业搞上去、把群众领上小康道路吗？有句话我可以说得很透，现在当乡长当镇长的，无论白天还是黑夜，还有什么事情不是"因公"的呢？

老大一说，我油然想起苗志高出事后，他女人刘品芳说的"因公嫖娼"那句话。我想这也对。我自己出去应酬时，场面上不也都是公家人么？大家席中讨论的，不也是公家事么？回到家里，老人问起，我不也回答是"为了镇上事在外应酬"么？这样想着，就拿起笔，把"因交通事故逝世"，改成了"因公逝世"。

尤老大的脸色这才缓和下来，说，永生，这因公去世，与因病去世、因意外事故去世，区别不得了呢！抚恤金的数目，也有高下；家属的待遇，日后也大不相同。你彭镇长手里这支笔，捏着卫守一一生的功过，捏着秦杜鹃今后一生的生计，分量重得很呢。

尤老大一边说，一边打着手势，神情十分严肃。我心头不由得沉重起来，说，你老大这样说话，我倒不敢当了。悼词现在还可以随便改，但真正因公因私，恐怕还要等县民政上来认定吧？将来的抚恤金，也是由他们来发放的。

尤老大说，这是以后的事，现在不谈。以后啊，只要我们镇上"因公""因公"叫顺了，不怕他民政那里作梗。日后他县上不认账，我镇政府认账；他不发因公死亡的抚恤金，我镇上来发。只要不拿他一分钱，他民政上还能怎样？

我点头称是，拿起扫帚，把散落在瓦盆外的纸灰扫拢，又往瓦盆里洒了几掬水，然后把它端了出去。

回屋时，尤老大已经把窗户关上了。他走到卫守一的办公桌这里，先看了看玻璃板底下的照片，接着，便一屁股在卫守一的椅子上坐下来，重重叹了一口气。

我心想，尤老大真是一个很硬气的人，他随便干什么事情都没有顾忌，套一句老话，他身上就是阳气十足，什么邪气，侵害他不了。换上我，我就前怕龙后怕虎的，守一那个位子，我就不敢坐。

尤老大挥手让我坐下，顺手拿过卫守一生前放在桌子上的烟盒，抽出一支点着，说，你把守一的那串钥匙拿出来，借我用一下。

我的神经像被虫子蜇了一口，即刻绷紧了。

他果然又来要卫守一的钥匙了！

我看着他，眼前晃着的，却是商书记那张脸。我想，怪不得大院里的人都把商书记唤作老鞭子，这根老鞭子真是老鞭子，他真是把尤老大这个人看透了。说商书记料事如神，一点没错。

尤老大用指头弹着卫守一的桌面，补充道，前些天，我让守一给我写一个全镇春播情况汇总。出事的那天早上，他就说已经写好了，我想，他是把这个材料锁在抽屉里了，我要抓紧看看，县农委来电话催了。

我听着心想，你尤老大的水平，离开商书记十万八千里呢！你连个谎都编不圆，春播情况汇总，这种材料还用副镇长亲自动手么？乡农业公司是干什么吃的？农办助理又是干什么吃的？再说，这种业务材料又没有什么保密性，就是写好了，估计也就在桌子上，用不到锁进抽屉里。退一万步说，就是这材料锁在卫守一的抽屉里，你也犯不着连夜赶来啊，你是老大，是一镇之长，这种一般性材料在你心里有那么急么？

我就想起商书记给我打过的招呼，大着胆子，平静地说，老大，这事你提晚了。

尤老大脸一抽,问,怎么了?

我说,商书记今天来过我这里,他知道我保管守一的遗物有思想顾虑,就让我把东西都拿到他那里去了。

尤老大问,那你都交给他保管了?

我说,书记办公室,不是更保险吗?

尤老大喷了一声,摇头,没来由地跺了一脚,说,老鞭子,真是根老鞭子!

他说完,白了我一眼,目光里充满了怨怼。

老实说,面对尤老大这神气,我心里有些害怕。商书记是党委一把手,尤老大是行政一把手,两人都是我上司,我一个也不想得罪。我不知道此刻尤老大为什么要为这件事生气。卫守一丢下的那些劳什子,老实说就是全部送给我,我也不会要;里面究竟有什么宝贝,值得你尤老大如此惦记?为什么我一说这些东西商书记拿去保管了,你尤老大就对我板脸瞪眼?我搞不明白,你们两个党政一把手之间,究竟有些什么纠葛……

我说,要不现在我给商书记打电话,让他把守一的钥匙拿来?

尤老大恨恨地瞪我一眼,说,算了!

他黑着脸,默不作声地坐了一会儿,起身走了。临出门时,他把门摔得很响,那声音吓得我猛一哆嗦。

我心里也烦了,想,这是你们两个主要领导之间的事,跟我无关;要恨,你也恨不到我身上来。

13

尤老大走后,我心里很久平静不下来。

我拉开抽屉,整理一下案头文件准备回家。这时,我又见到了包里放着卫守一遗物的那只大纸袋。我忽然想，尤老大为什么对那串钥匙这么感兴趣呢？难道卫守一抽屉里真锁着什么秘密么？

天很晚了，大院浸没在一片冷漠的寂静中。只有偶尔吹过夜风，令两棵古樟发出阵阵簌簌的树叶声；还有便是铁鼠，少数三五只，不知从什么地方溜到廊檐下来，慌慌张张地寻伴，又慌慌张张地落下些打雄的声音。

不知从哪个方向，传来一阵布谷鸟的叫声——布谷布谷，布谷布谷。布谷鸟晚上也叫，这是难得听见的。那鸣声忽高忽低，忽远忽近，飘扬在乡村的夜空；那悠扬而凄美的音质，像一个千年不变的少女歌声，散发着幽远神奇的诱惑。

这是一个让人想入非非的夜晚。我蓦地升起一个念头，要么把卫守一办公桌抽屉打开来，看看里面究竟有些什么东西？

我承认我这个念头很卑鄙，但我难以控制。可怕的还是，这念头一旦逸出，竟然一下子膨胀起来，无可遏制地充塞了我整个脑子。就像一个贼，心里一旦有了上手的念头，那双贼手就再也安放不住。

我看了看窗外，起身走到卫守一办公桌旁边，呆呆地站着，目光停留在他那些大大小小的抽屉上。

我能想象我此刻的形象有多么猥琐。我鬼鬼祟祟心神不宁欲行又止，神情一定紧张得像个蟊贼。我知道我即将做的，是亵渎一个死者，而这位死者尸骨未寒，他是我的同事、我的朋友；我还知道，我一旦动手，就走入了堕落的泥淖。

想到"堕落"两字，我怯了。我想我怎么也不能做这种见不得人的事情。不管怎样，卫守一生前，我俩的关系处得还不错。

我坐回到自己椅子上，椅子发出吱嘎一声。

看来，商书记和尤老大围绕这包遗物，尤其是这串钥匙，暗斗已经明朗化；起码，两人的对峙在我面前已经公开化。这不能不激起我对卫守一抽屉里的秘密的无限向往，这向往，已经成为我无法拒绝的一种诱惑。

总而言之，这是一个鬼魅附身的时刻，我就是想看看卫守一抽屉里的东西，就像一个色鬼，无法拒绝一个女体……

我把手伸进纸袋去摸钥匙，摸到的，却正好是钥匙圈上的那枚私章，那象牙章光滑细润，手感十分舒适。我拈着它拿出钥匙，听见的是一阵细碎而短促的金属声。

卫守一的私章在我手里，我似乎触到了他的手指，摸到了他的体温，也看到了他的笑容。当我拿着它，重新走到卫守一办公桌边，目光投向那些抽屉锁孔的时候，一种犯罪感把我压得透不过气来。

我在心里说，守一，我对不住你了……

我坐上他的椅子，那是一把老榆木做成的椅子。屁股一坐上那光亮发黑的椅面，一阵透心凉就透过裤子布面，直刺我的下体。

也许因为慌乱，或是因为生疏，我挑的几把钥匙，都没有把办公桌中间那只大抽屉打开；有几把钥匙，甚至连锁孔都没有塞进去。我越加慌张。我看到了玻璃板底下压着的数张大小照片，大大小小的卫守一都张大着嘴，似乎在用不同的声音，向我发出嘲笑……

我开始第二遍搜索钥匙。我自己也奇怪，为什么此刻我丝毫没有歇手的念头，相反，打开卫守一的抽屉的决心变得更加强烈。我这时才体会到，为什么有人一旦当上了贼，就会那么执著、那么沉迷和那么猖狂；即使知道后路已断，结局悲惨，这个做贼的，也决不肯缩手……

真正要命的事情发生了——

办公室外忽然有人敲门，而我塞进锁孔去的那把钥匙，不知怎的竟被卡住了，任我怎么使劲，都没能把它拔出来！

我脑子一时竟有些痉挛。擅自翻动公家保管的死者遗物，还私下去开死者的抽屉……我这是干什么？

思维顷刻间逃出躯壳，我头脑变得一片空白。

谁上门来了？是尤老大返回，还是商书记来问我情况？是老丁催我下班，还是老孙让我去食堂吃面？不管哪一个来，他们都知道我们办公室的格局，我是朝里坐的，守一是朝外坐的；而我现在，坐在守一的位子上，还在弄他的抽屉！无论如何，这是个见不得人的事情。

我按住剧烈的心跳，坐在原地，抬头看门，问，哪一位？

没有应答。歇了几秒钟，又响起三下很轻的敲门声。

这敲门声有点陌生。平时在大院里，同事们敲门都是大大咧咧的，很少有这样小心翼翼的敲门声。

莫非我听错了？莫非我做了亏心事，卫守一冥冥之中来找我？

我背脊上涌出一注冷汗，拼命往外拔那钥匙，可就是拔不出来。

我想，这大概就是报应。门必须去开。我心里有些绝望，叹了一口气，强自镇定，起身去开门。

门外站着的这个人，令我大吃一惊——

卫守一的妻子秦杜鹃，在门口站着，一双大眼，泪汪汪的，直直地看着我。

对于我来说，秦杜鹃不是个陌生的女人。

她跟我曾是同事，而且不是一般意义上的同事。

我在担任塔城镇副镇长之前，就在塔城中学教书，教的是数学；秦杜鹃则是在我当教师好几年后，由省师专分到塔城中学的，也教数学。她来学校报到那天，校长就把她交给我，要我带教，也就是让她坐在教室后排，一节节地听我上课；同时，让我辅导她怎么备课、怎么上课、怎么因材施教，总之，是交由我带她熟悉教学流程，有师傅带徒弟的意思。

这是个清秀女子，说话轻声轻气的，还有点羞羞答答。初见面时，校长看看我，又看看她，叫我们师徒俩当他的面握手。我知道校长意在言外，不忍拂他好心，就伸手与她相握。一时觉得，这只女手骨节很细，还凉得厉害，这便把她阴柔的印象，刻得很深。握手时，她抬头看我一眼，不知怎的，我发现她那双眼睛，在羞赧之余，还有一层忧郁。我就预感，在我们俩人之间，将来或许会有些故事。

后来故事果然发生了。

带教带教，带着带着，两人间就擦出了若干火星。双方都是这个岁数上的人，彼此的目光又是读得懂的，三天长两天短的，两人间就有了那么一层意思。

校长是个热心人，私下里对我说，彭老师，怎么样？这次带教有收获么？

我故意问，你指的是什么？

校长用指头点着我，说，明知故问。

我嘿嘿笑起来。

校长说，说白了吧，要你带教秦老师，我本来就有两层意思，一是你数学教得有特色，我们塔城中学，应该有你的传人；另一层意思，你彭老师也这么把岁数了，难道你单身汉永远做下去么？我看秦老师这人文文静静的，你们两人做一处，我看最是相称。

我说，校长你怎么想得出的？我一个带教老师，要是真的做下了这事情,不是要给众人骂吗?

校长一笑,说,这有什么可骂的?在我们学校里,师生恋不可有,师徒恋还是可以的。我劝你彭老师也要瞅准时机,出手快一些才好。我别的行业不熟,教育界还是熟的。整个塔城镇的中小学,还有周边几个乡镇的中小学,眼下像秦老师这样的女子,既灵清又没城府的,已经找不出几个了。你彭永生要是假正经,犹抱琵琶半遮面,万一秦老师落在别人手里,我看你怎么后悔去。

我笑笑,当下就谢了校长。

其实,我和秦杜鹃之间,这段时间走过来,已经有点意思了。拿一句俗话来说,就差捅破那层窗户纸了。她拜我为师以后,我就像上足了油的机器,不知疲倦,又着实好好表现了一番。我带她上了两周示范课,也去听她上了几节课;在教研组里,我主持了对她的两场讲评;还跟她一道,组织学生成立了数学兴趣小组……所有这些,虽都是教学上的公事,但两人间那种微妙的情愫,已在举眉低眼之间,渐渐融进内心。

那些夜晚,唉,那些夜晚,现在想来,是何等的温馨。走教的老师,一一都回家去了;就留下少数几个住校老师,还在办公室埋头工作。我们数学教研组的灯光,亮着的时间永远最长。秦杜鹃常常拿了教案,坐到我办公桌一侧来,跟我一起备课。我闻得到她的呼吸中,有暖暖的、若隐若现的香味。她还常拿些小零食散在桌上,话梅、金橘、硬糖……趁我不注意时,悄悄拿起一颗,放在我手边。等我发现了,她就嫣然一笑……

我们似已进入半公开状态。有的老师甚至当面跟我俩开玩笑,问"啥时候吃你们喜糖啊"等等。每次听到这类话,秦杜鹃总是低下头,满脸绯红。不过看得出,她对同事们这类善意的玩笑,并不持反对态度。

然而，最终的结果是，她跟我并没有走到一道去。校长对我说的最后那句话——万一秦老师落在别人手里——不幸而言中。

事情起因，跟我换岗有关。

这年冬天，各地大面积推行一项政策：选拔乡校教师，充实乡镇干部队伍。不知怎的，上面就相中了我。他们派人来学校，跟校长商量，要把我派去党校学习，为我换岗做准备。这半年，党校书目开得很多，读得也紧张，教务处还安排了考试；加上去邻县调查，去外地考察，简直忙得脚板叉起。我原想借机会看些闲书，疗养一段时间，养精蓄锐，回去在个人问题上，好好向秦杜鹃进攻一番的，却不料读书读红了眼睛，人还瘦去了一壳。夏大的悲剧还在后面，半年后结业，我回到塔城中学准备移交工作，却听到一个坏消息，说秦杜鹃已跟学校隔壁的园艺场场长卫守一好上了；卫守一还在节日里把她带回家见了父母，两人是否在他家里过夜，那就不晓得了。

我一听这事，当下几乎厥倒。心想，一个女子怎么可以这样呢？看上去文文静静的，跟我眉来目去，那层恋爱的意思，彼此心里早就清楚了，怎么只隔开这些时日，就翻脸不认人，连招呼都不打一声，就跟别的男人跑了呢？

这事让我郁闷了几日，一宿宿地睡不好，躺在床上翻烧饼，肝竟痛得一丝丝的。直到那天一早，天蒙蒙亮，实在睡不着，披衣出门，登上教学楼楼顶，无意看了一次日出，思及宇宙洪荒，方才想通了一些。当时我就骂自己，你这人怎么这样没出息？怎么一点汉子气度都没得？跟一个女子较什么真？她要跟别人好，你有什么可怨的？她跟你怎么了？山盟海誓过，还是跟你上床了？亲过吻过了，还是交换了什么信物？都是没影子的事么！既然如此，那她对你有什么义务呢？又何必一定要等你回来呢？

说是这么说，可我心里毕竟是痛的。在校园徘徊的最后两天，老远见了秦杜鹃的背影，总想跺一脚。

校长真是个好校长，对全校所有同事都知冷知热。他晓得了这一变故，专门找秦杜鹃谈了一次，问了其中内情。

秦杜鹃第一句话就对校长说，对彭老师，我其实是很在意的。

校长问，既然在意，那你为什么又跟别人好了呢？

她说，彭老师去党校学习，我很想他；他走的第二天，我就给他写了信，信里倒没写什么要紧话，只是问候的意思，还要他在外保重身子，还写了希望我们继续联系的句子。信寄出后，我就盼彭老师回信，不想等了半月，信的影子也没有。我就急了，又连写了两信去党校，结果都石沉大海。

校长说，还有这事？如果真是这样的话，那就是彭永生的不是了。

秦杜鹃说，三封信没有回音，我灰心得要命。我骂自己，痴心女子负心汉，是我自己自作多情了；人家选去党校读书，马上就要高升了，要去官场奔前程了，还会跟你这样一个小女子相好么？

校长连声说，啊呀呀，怎么会这样，怎么会这样？

秦杜鹃说，也是凑巧，正好这时，隔壁园艺场场长卫守一来给我送电影票，还来跟我聊天，打乒乓球，上塔城老街去闲逛，一来二去的，我就跟卫守一谈上了。

校长把这些话一五一十告诉我。我不由得跺脚大叫，见鬼了不是！我哪里收到过她什么来信啊！

校长问，真没有收到过？

我说，真没有，一封也没有！要是说谎，我遭天雷打！

校长哦了声，沉默好久。

这三封信，遂成了一个谜。

秦杜鹃和卫守一的关系，发展得倒是迅速。守一调到镇政府后，他俩就上民政所领了结婚证。办婚宴前几天，他们正式向我发出了请帖。

我记得这是五一节前的那个晚上。我拿着请帖，人是木木的，不想走动，也不思茶饭。我努力开导自己，做个男人，百事都要拿得起放得下；无论从秦杜鹃与我的师徒关系看，还是从卫守一与我在镇政府的同事关系看，这婚宴都是必须去的，不去就坏了名声，就露出了小器相。

于是我就出席婚宴，送礼，280元，取两人发的意思。婚宴上，见了新娘子的美丽，卫守一的潇洒，又发现秦杜鹃看我时眼底那一层说不清道不明的意思，我心里就像刀剜一样。我装出满不在乎的样子，猛喝喜酒，来者不拒，还发疯一样拿着酒杯四处出击，结果宴会还没散场，我已经出了洋相，当众站不住，倒在桌下，吐了个昏天黑地。

是校长亲自送我回的家。其实校长也半醉了。扶我进门时，他劝我，说，彭老师，你这死人还想不通是不是？秦杜鹃嫁了人，你还怕找不到别的女人了么？唐诗里不是写着吗，天涯何处不开花，一花一花又一花，啊？

我笑他，接着却又落泪，总之毫无出息至极。这一夜的事情，至今想来叫人惭愧。

14

秦杜鹃此刻就站在我的面前。

我的目光只在她脸上停留了几秒钟，就慌慌张张移开了。我看到的是一张苍白的脸，白得透明，像一张纸；那双眼睛的周围，多了一层黑晕，让人一眼就看出，这女人沉在悲伤里。

我把她让进办公室。我的第一个念头，就是要让她坐在我办公桌这边的椅子上。我怕她看见我插在她丈夫抽屉上的那把钥匙。我喉结动了一下，轻轻说了声，你坐。

可她没有坐，木木地站着。

我说，守一的悼词我写好了，你看一下好么？

我把桌上的纸递到她手里。她看得很快。看完了她把纸递还我，说，你是不是把他写得太好了？

我一怔，说，你的意思……

她说，他没你写的这么好。

我说，是么？

她微微一点头。

她态度认真，我倒有些着急了。我说，这悼词是我根据商书记和尤老大的意思写的，县里纪县长对守一也有很高的评价。稿子给老大看过了，他就改了一处，还说这稿子写得可以……

秦杜鹃问，他改了哪一处？

我不想让她知道评价卫守一一事中的敏感之处，便支吾道，也就是一个用词的问题，不涉及原则性问题。

秦杜鹃脸上掠过一丝苦笑，说，你们想怎么写就怎么写吧，写得再好，也没有什么意思了。

我呆呆地看她，无言以继。

过了一歇，她突然问，他的交通事故，是你去处理的？

我点点头。

她说，辛苦你了。

我说，这是领导派我做的，也是我应该做的。

她问，事故有结论了么？

我说，还没出来。

她哦了声，又问，他有一串钥匙在你这里，有这回事么？

真是哪壶不开提哪壶！我心虚得喘不过气来，说，有这回事。

她说，那你给我。

她声音很轻，却有一种不容回绝的力度。我的心一下紧缩起来，目光贼一样地扫过卫守一的抽屉。

那串钥匙，就在中间那只抽屉上吊着，可耻地吊着！

我推托道，守一身上的东西，交警大队都交给我了；也许还有其他一些东西，我都整理一下，然后一起交给你，你看好不好？

她说，别的以后再说吧，我现在只要那串钥匙。

我怔了一下，想，怎么她也盯着那串钥匙呢？不会是尤老大撺掇她来找我吧？如果是这样的话，那情况就太复杂了。

这样想着，我偷偷瞥了她一下。我觉得，此刻我没有任何理由拒绝她的要求。她是死者的遗孀。她提出要一件死者的遗物，谁能阻拦。

我的目光又朝卫守一的抽屉上偷偷掠了一眼。我想了想，说，那好，守一的钥匙我马上给你。你能不能先出去一下？

她用狐疑的目光看了我一眼，随即退到门外，还带上了门。

我立即跳到卫守一办公桌前拔那串钥匙。也真是出鬼了，我只稍稍一用力，那钥匙就顺顺溜溜出来了，我长长地透了一口气。

我开门让秦杜鹃进来，把钥匙交到她手里。

她看了看钥匙圈上那枚象牙章，用手轻轻摸了摸，眼圈刹那间红了。

这伤心场面，看着真不好受，但我不知说什么话来安慰这个女人。

她把钥匙放进衣袋，说，那我走了。

我说，你不打开守一的抽屉看看么？

她抬起头，目光穿过泪雾，在我脸上停留片刻，说，以后再说吧。

我禁不住问了一句，那你要这钥匙干什么呢？

她说，我钥匙丢了。

我哦了一声。

她说，我昏头了，商书记和尤镇长找我谈话以后，我魂都丢了，家里开门的那串钥匙平时一直在我包里的，可现在就是找不到了。

她说着一扭头走了。朦胧的夜色里，她的背影风韵犹存，她的脚步声里，依然有着一种引人侧耳的音律。

这一夜，我没有睡好。卫守一和秦杜鹃两人的影子，交替在我眼前浮动。我听见了卫守一的笑声和秦杜鹃的哭声。沉沉浮浮的，还有那辆灰色的帕萨特轿车，连同一泓冰凉的河水……

一早，我昏昏沉沉起来，想上镇街茶馆去喝一壶浓茶，吃几块酱汁豆腐干。却不料门一开，眼前一黑，裘三宝一堵墙似的，堵在门口。

三宝轻声说，屋里有人么？

他脸色紧张，我的心也被吊了起来。我边让座，边问，你有什么鬼事，这样一大清早上门来。

三宝说，这两条烟你先收回，我们好说话。

我一看，就是那天我放在他警车后座的那两条中华香烟，心里就有些不快。

我说，你三宝披了这身皮，就算是个角色了是不是？我彭永生好坏也是一个人民政府的镇长，怕用两条烟来拉你下水不成？

三宝说，别的先不要扯远，你收回烟，我们再说话。

我一把抓过烟，远远扔到桌上，不料烟把桌上一只青花茶杯打下地，砰一声碎了，茶叶茶水流了一地，我也不去拾掇。

三宝说，彭镇长生气了不是？

我没有好气，瞪了他一眼，说，你不把我当朋友看，那就公事公办。有什么事情，公对公，说吧。

三宝摇头，自己摸出一支烟点着，说，事情紧急，我不跟你计较这个。告诉你，卫守一的事故出了新情况。要不是这样，我这么早来找你！

我说，卖什么关子，说吧。

他说，那辆帕萨特，昨晚从河里弄起了。你猜怎么个情况？车子副驾驶座那里，竟发现一只女人高跟鞋，咖啡色的。

我一惊，说，是么？

三宝说，同时发现的，还有一只女式提包……

我问，里面有什么证件吗？银行卡身份证之类。

三宝说，没有，只有几千元现金，还有些女人化妆品。

我坐不住了，站起来走了两圈，又往窗外看了好一会儿，才透过气来，问，照你们分析，这是个什么概念？

三宝说，这事就难说了，先前我跟你说的，这事故纯属单车交通事故，并不涉及旁人，现在看来，情况不对了。

我问，怎么个不对法？

三宝说，捞出了这些女人物件，结案就难了。车子出水后才弄清，副驾驶这一侧的车门已经被打开了。这就是说，卫守一驾车时，他旁边还坐着一个人，而且是女人；她在车子汆下河以后，打开副驾驶一侧车门逃了出来。

我倒吸了一口冷气，脑仁这里在扑扑乱跳，问，这么说，这女人还活着?

三宝说,那还用说。不然,那天打捞卫守一时,不也有她一份子么?

我说,可这女人,自己逃了命,也不报个警,就看着卫守一死在车里,什么人啊?

三宝说,也难怪,到了这种要命关子,都是自己逃命重要。何况又是个女人。

我说,她逃了也好。要是两个人都死在车里,一男一女的,还不成了守一的丑闻,成了塔城镇的丑闻。

三宝说,不说这个了吧,我们说正事。我要跟你说的是,既然现在已经确证,车上还有第二个人,那我们给事故下的结论,就不能简单化了;而且,还不能肯定仅仅是一件交通事故。

我说,听这意思,要把这当成一件案子来侦查?

三宝说,不排除这个可能性。你想,一个男的和一个女的在车上,车又砰一下冲进河里,这里的情况,就可能复杂去了。昨天深夜我们把情况报了县局,局长说,让刑侦科来帮你们一把。

我朝着窗外重重地吐了一口气。小镇已在晨曦中苏醒,老街上的行人渐渐多起来;菜农的叫卖声,居民的还价声,挑夫的吆喝声,粪车的摇铃声,摩托车的引擎声,煎饼师傅的敲锅声,邻居刷牙洗牙刷的搪杯声……响成一片。满世界都急急投入忙碌,有哪个来关心你们这里的事情!

我回身拿起那两条中华烟,对三宝说,你的意思我懂了,这起车祸的定性,你现在做不了主了,对吗?

三宝点头。

我说,可这跟你有什么相干呢?跟这两条烟又有什么相干呢?这两条烟你不拿去,我他妈的就跟你断交了!

袭三宝又推了一番,终于拿着烟离开了我的住处。

我身子软软的,像被人抽了筋;脑子迷迷糊糊的,早忘了此刻是什么时辰、自己又该去干什么。我像一捆枯柴似的,倒在床上。

卫守一这家伙的车上,又捞出了一只女人高跟鞋和一只坤包,这是什么意思呢?是不是卫守一当夜跟一个女人在车上搞什么勾当呢?

我就想起当年苗志高出事后,汽车班小马跟我说起的那些龌龊事。我想,怎么这些人都喜欢在车里干这种事呢?一时,脑子里就浮起了这样一幅场景——

深夜的县道上,卫守一开着车,一个女人坐在他右手边。他们边开车,边捏手捏脚,疯疯癫癫的。车子在黑夜里,载着两个人的狂笑,两个人的快活,还有两个人最后的惊恐,一家伙冲进河里。

或者是另外一种情况,会不会是女人害死了卫守一?她坐在他的旁边,趁他不备时,用绳子或电线什么的,勒住他脖颈,把他弄得透不过气来……卫守一一边挣扎,一边开车,把不住方向盘,就一家伙冲下河滩沉入河底。

可这女人为什么要勒死卫守一呢?两人有奸情,还是有着更隐秘的事情呢?在卫守一的尸体上,不知道有没有留下什么被害的痕迹?

也有第三种可能,卫守一本来想要结束这女子的性命,他故意把车子撞进了河里。可他没想到的是,这一家伙冲下去,女子没有死,他自己反倒丢了命。

我甚至想到了第四种第五种可能性,会不会车上还不止两个人?会不会守一这家伙半道上遭了劫?或者,他遇上了一个娼妇,带上车来嫖妓,就在狂荡的快活里,把自己的灵与肉,一道丢进了河里?

15

  胡思乱想中，我又睡了过去。睁开眼，阳光已照到窗角上，我自己也觉着，两眼糊满了眼屎，皮肤皱兮兮的，下嘴唇还有些开裂，一嘴的口臭，连唾液也粘了。我晓得自己被那些古怪荒唐的念头缠住，身体上火了。

  门外有狗走过的喘息声，还有猫用爪子抓门的声音。我翻身坐起，看着窗外，又把裘三宝的话咀嚼了一回，把沉车的河滩回忆了一遍，最后自言自语道，叱，尼罗河惨案也不过这样，不是你彭某人想当福尔摩斯吧？卫守一一个小镇长，夜间发生一件普通交通事故，有你想的那么复杂吗？

  这样自骂着，我就开门去茶馆。一路盘算：已经写好的那篇悼词里，说卫守一是"因公逝世"，现在怎么办？看来，再维持这个结论是困难了，因为车里捞出了女人的皮鞋和提包。一个男人跟这些劳什子一道沉下河底，还说是"因公逝世"，解释得通么？这件事，要不要抓紧跟商书记和尤老大去汇报一下？

  这念头，很快又被我按下了。我想，看来这事故的调查有得复杂去，女人物件这类情节，不妨先压一压，等裘三宝那里有了明确说法，再汇报不迟，也免得尤老大商书记又要怪我沉不住气。我还决定，这几天，先不去大院，镇上领导和同事也都一个不见，反正根据商书记尤老大安排，我的任务是在县里，为守一的交通事故做好善后工作，等我把各路情况都摆平了，再回大院。

  远远的，就闻到了茶馆大灶的烟气，还有煮酱蛋和茶汁豆腐干的香味。肚子真是饿了。我把步子放紧点，又摸出皮夹子准备好了若干零钱，却不料刚踏上镇桥，迎面就遇见了她——秦杜鹃。

秦杜鹃左臂上匝了一圈黑纱，看上去很刺眼。她的脸庞也似在一夜里瘦去一壳，颧骨这里亮亮地凸起；嘴唇也没了血色，一双眼睛深深眍进，像是刚病了一场的样子。

她见了我，先开口说，彭老师（从学校起她就这样叫我），我正要找你。

我说，有事？

她说，劳你陪我去一趟镇政府，我要把守一的东西理一理。

我有些犹豫，因为我已决定，这两天不去大院。

她看了我一眼，解释道，几天后就该办他的后事了，亲亲眷眷都要来，这里的风俗习惯，少不了要办豆腐席，总要花些钱，家里的存折都在他那里，我要去找一下，顺便把他的东西归置一下。

我想了想说，我上午要上县城，不陪你去了。守一的那个钥匙圈上，应该有办公室的钥匙，还有办公桌抽屉钥匙。你开了办公室，自己进去慢慢理。

秦杜鹃说，这事我想过。还是你陪我去一下好。办公室是卫守一的办公室，也是你的办公室，我一个人进去，总不太方便。

她的目光，悲伤中又添了几分哀怨。我见了这目光，心猛地往下一沉，是啊，你用这样的借口逃避好吗？你跟卫守一一个办公室坐了那么久，平时又走得这么近，现在他妻子提出这么个小小要求，你都吞吞吐吐、推推托托的，算什么呢？

我想了想，说声"好"，就进茶馆要了几块豆腐干和两只死蛋，又在家门口推出自行车，载上秦杜鹃，一起往大院蹬去。

世上没有不透风的墙。这时镇上干部都已晓得卫守一出了车祸的事情，见我和秦杜鹃骑车进大院，众人就都收拢眼光，齐齐地看我们；又看到秦杜鹃臂上缠了黑纱，都现出吃惊而同情的样子，却没有一个人主动走上来，跟我们打一声招呼。

我打开办公室门，请秦杜鹃先进去。那天晚上烧纸的烟火气，还隐隐地在，门一开，扑鼻而来，有些异样。我把南北窗都打开，跟秦杜鹃说，你在这里慢慢理着，有事叫我一声，我就在楼上广播站。

我承认我此刻很没种。我不敢看秦杜鹃是怎么打开她亡夫抽屉的，又是怎么面对卫守一突然间扔下的这一切的。说句实话，自从裘三宝清早告诉我车里找出了女人皮鞋和坤包的事情后，我对卫守一抽屉里锁着的东西，就更加重了几分怀疑。我想起他活着时，常有女人打电话来，他接听的时候，总是嗯嗯啊啊的，话说得一进一出，显然是有我在一边，他说话不方便。所以后来这类电话一来，我就知趣地出门去，让他一人敞开了说。我早就起了疑心，卫守一这家伙，在男女关系上有问题，他有对不住秦杜鹃的地方。

到了办公室门口，我见秦杜鹃从口袋里慢慢掏出了那串钥匙。我真怕一刻以后，她打开卫守一的抽屉，会翻出一些不三不四的东西，诸如照片啊、情书啊、信物啊，还有日记啊，等等，甚至还会有像苗志高车上丢下的那类肮脏东西。虽说这些事跟我不相干，但作为双方的熟人，我还是为所有这一切担心。

唉，死者为大，不要再折腾了吧！我开始有了这样的想法。论起来，卫守一人也殁了，他是最不幸的，也是最不容玷污的。他不是轰轰烈烈光荣献身，而是走得那样突然、那样悲惨；既然如此，那就让他太太平平、清清爽爽地去吧，不要再横生枝节，给他、给活着的人，再留下什么污秽印象了；尤其是秦杜鹃，她是个女人，还是学校老师，她的名声，更加玷污不起。

回忆起来，在我们大院里，卫守一秦杜鹃这对夫妻，一度是最让人羡慕的。人人都说他们是幸福的一对。婚后，卫守一曾公开宣布，几年内不要孩子，这在乡下就很先锋了。不要孩子是什么概念？就是两人工资两人花，小家庭天天度蜜月；天黑之后，在那套新房里，有多少诱人想象的快活景象啊。这种日子，大院里的人们都眼馋得心痛。刚结婚那些天，守一大院里开会一晚，出门时秦杜鹃必在大门口候着，刮风也等，下雨也等，从来不脱班的；雨路上，他们有伞也只撑一把，两人靠得紧紧的，像一个人一样。而秦杜鹃若在学校给学生补课晚归，卫守一必也去中学门口等候，有时还随身带些零食，给秦杜鹃垫饥。学校里那些老师见着，真正羡慕得要死。只是近两年来，这类景象渐渐不见了。众人的说法是，都老夫老妻了，还处得那么肉麻干什么，不怕乡里人笑话！只有我，晓得卫守一和电话里那些女人鬼鬼祟祟交往，猜得出其中的蹊跷；但事实究竟如何，又在五里雾中。可以肯定的是，办公室里发生的这一切，秦杜鹃是不晓得的。

不晓得就让她不晓得吧，我想。世界上有许多隐秘，就是随人死去而带到另一个世界去的，作为其他人，还是蒙在鼓里为好，即便他身边最亲密的人也如此。为此，我真的不希望秦杜鹃发现卫守一生前对她有什么背叛之处，或是见着其他什么令她不快的东西。毕竟，卫守一是个好镇长，他给镇里人带来过许多妤处；何况，他现在还静静躺在交警大队那间冰凉的停尸房里，还没有从这个世界消失……

秦杜鹃见我拿起茶杯要离开办公室，就有些着急地说，彭老师，你不要离开这里可以吗？

我说，怎么了？

秦杜鹃说，说心里话……开他的抽屉，我有些怕。你帮我在一边看着，好么？

她也怕！她怕什么呢？

我说，你在这儿整理守一私人的东西，我在，怕不方便吧？

秦杜鹃说，没关系，你坐着就好。再说，他的抽屉里，我估计会有些公家东西，整理时有你在，我心也定些。

我想想也对，便说，好。

遂拿起几张报纸，坐到窗下看起来。

说是看报，其实我心里是乱糟糟的。耳廓不由得竖起，听秦杜鹃的手脚已忙到了哪里；眼角也总是放出些余光，很紧张地看她已经翻到哪一只抽屉。

看来跟我一样，秦杜鹃对卫守一的抽屉也是很陌生的。她把钥匙轮番戳了很多遍，才打开第一只。那一排靠右的小抽屉，她看得很快，似乎随意翻翻就推上了；而当她打开正中那只最大的抽屉时，我看到她触电似的缩了一下手，随即又下意识地关上半个抽屉。

她呆了好一刻。这一刻，我的呼吸也屏住了。我想，是不是她看到了什么令她伤心的物件？或是发现了守一跟哪个女人合影的照片？

足足过了半分钟，秦杜鹃才说，彭老师，你过来一下。

我放下报纸过去。秦杜鹃慢慢把抽屉拉开，然后把眼光移到我脸上。

扑入我眼帘的，是一叠叠百元大钞，放得整整齐齐的，足足占了半抽屉！我一下子怔住了。

秦杜鹃说，他怎么会有这么多钱？

我说，我不知道。

她说，你数数吧。

我说，你数吧。

她就把半抽屉的钱数了数，一共42刀，看那些钱的样子，像是银行里取出后还没有动过，扎得很紧，扎钱的纸条上还盖着银行职员的小图章。那小图章的字样，倒是跟守一那只象牙私章有些相似。

我问，一共多少？

她说，42 刀，应该就是 42 万元吧。

我也年纪一把了，但在一个私人抽屉里看到这么多现金，还是第一次。在那么大一堆钱面前。我似乎只会说三个字不得了，不得了……

秦杜鹃说，他这么多钱，还常说没钱。

她声音轻轻的，凄凄的，有一层怨恨到了心底的痛苦。过了一会儿，她又问我，你说这么多钱，他到底是哪来的？

我说。我也在想这事。

秦杜鹃推上抽屉，问我，你有私房钱吗？

我苦笑一声说，我现在一个人过日子，无所谓私房钱还是公房钱。

秦杜鹃目光抽搐了一下，轻轻说了声，对不起。

我淡淡一笑。

不过我想，我跟胡兰萍还没离婚的时候，也从不刻意积累什么私房钱。我母亲说过，一个男人，手头总要握一张大钞，不然到不了天边。所以在我提包里，现金是常有的，不过最多也就千把元，那是为了在亲朋好友发生困难时，我可以多少给点帮助。

隔一歇，秦杜鹃看着那半抽屉钱，又说，这么多钱，我看不像是他的私房钱。

我说，那不一定。守一这人交际广，私下里又会做点生意，这些钱是他这些年暗暗攒下的，也未可知。

秦杜鹃没了声音。我站着，她坐着，从上面看下去，我最先看见的,是她头上簪的那一朵白花;我还能看见,她手在抖,两肩也在抖。

一时间,两人都不说话。办公室里空气凝滞而沉重。窗外有哪户人家传来的广播声,正是《梁祝》里那段要死要活的小提琴独奏。大院里偶或响起匆匆的自行车铃声,还有传达室老丁咋咋呼呼的叫喊。平时常有一群群鸟儿在古樟树里跳跃,叽叽喳喳地烦人耳根,现在却鸟去林空。整个大院,难得这样安宁。

又过了一会儿,北边某个很远的地方,传来了布谷鸟的叫声——布谷布谷,布谷布谷……声音很轻,但很明晰,令人想起晨光下的芦苇和田塘。

我看一眼面前的女子,突然想起她的名字——杜鹃。

杜鹃就是布谷鸟啊,这是从前小学许老师教给我们的。也许秦杜鹃本人并没有意识到这一点,可我却常常在想这件事情。在人们眼里,杜鹃是一种复杂的鸟,有人说它是吉鸟,也有人说它是凶鸟。当年许老师坚决不吃它,那一定是有道理的。苗志高用弹弓打死了那两只布谷鸟,后来吃了死罪,能说这是杜鹃鸟不吉的一个证明吗?卫守一占了杜鹃,野心不死,外面又搞女人,现在也死于非命,这是否也能说是杜鹃鸟不吉的一个证明呢?如果多年前,没有卫守一的插入,我跟这个秦杜鹃成了一对夫妻,我的生活会怎样?我们的家庭又会怎样?

……

我当然不愿意把自己跟苗志高卫守一摆在一道。我相信,如果我跟秦杜鹃结合了,我们的生活会平安,我们的家庭也会平安。我俩走到一起,是缘分,是天意,没有任何阴谋,也没有任何手段……

秦杜鹃轻轻叫我一声,彭老师。

我一怔,说,什么事?

她抬头看着我,两眼似有泪光,说,你帮我拿个主意,对于这些钱,我该怎么办?

我见了她的目光,心底掠过一痛,想,这女人,也是个苦命的女人,嫁了卫守一,没享多少福,朝后长长的日子,倒有得她受累的。难道,这也是老天安排的么?

我看着那半抽屉巨款,说,你既然问我,我就回答你,凡是守一抽屉里的东西,你都拿回去;你若不拿回去,又让镇上怎么弄。

秦杜鹃说,我能拿回去么?这么多钱……

我喷了声说,这有什么可犹豫的!从大处说,男人挣的钱,女人只管用就是。以前我家胡兰萍就是这样,我的钱,她用起来从来不问出处。

秦杜鹃说,你情况不同。

我说,再不同,你花卫守一的钱总是不错的。这钱放在卫守一这里,就是卫守一的钱。它上面又没落款,写着谁的名字。老实说,要是镇里有这么多的公款放在卫守一这里,尤老大和商书记早喊叫了。

秦杜鹃迟疑一刻,说,那好,我先把这些钱拿回去。以后若认定这些钱是公家的,我再送回来,你看好不好。

我说,好,就这样办。

秦杜鹃取个马夹袋,用报纸把那些钱分成几包,放进袋里,又把袋口扎紧,放在了办公桌靠墙的地方。

看得出,遇见这笔钱后,秦杜鹃的心思已经乱了,也已经散了。她再翻起其他东西来,就马虎多了。一直翻到最下面那个小抽屉,她才又惊了一下,像触到一条毒虫。

我顺着她眼光看去,那儿有三封信,信封都已经泛黄了。

秦杜鹃的脸色霎时变得煞白。她抓起那三只信封，一只只分开，目光像石头碰撞铁板，溅出冷冷的火光。

她对我说，你看，彭老师——

我简直不敢相信！那信封上，真真切切地写着党校的地址，写着我的姓名，还写着"亲启"两个字！

这是秦杜鹃当年的笔迹。灰暗而又伤感的往事，一下子从天边涌来，令我窒息，令我晕眩。

我呆呆地看着这三封信。

三封信都被撕开了，就像我心头被撕开的伤口；这撕开的口子像狗牙，看得出当初那人撕信的动作有多粗暴。我还是第一次看见自己的名字在秦杜鹃笔下出现。她的字迹清秀、工整，令人感到陌生，却又有一种把人从遥远地方唤回的力量。面对这样的唤回，我又能说什么呢？

两行清泪从秦杜鹃脸上慢慢流下来。她按着桌上的信封，连声说，谁想得到呢，谁想得到呢……

看着她头上插的白花，我长长地叹了一口气。这事现在想来并不奇怪。我们塔城中学和塔城园艺场，处在同一条官路的两侧，学校的报纸和信，都是园艺场传达室代为收发的。因为离镇街远，老师们寄信也都放在园艺场传达室，让乡邮员经过时顺便取走。秦杜鹃寄给我的信，要走的无疑也是这个途径。可她哪里想得到，她写的信还没有离开寄信处多远，就被人取走并撕开看了；那人并不是收信人，而是她后来的爱人。

秦杜鹃把三封信交到我手里，泪眼汪汪地看着我，既像要说明什么，又像要申诉什么……

多年前那种割心割肺的痛，又在我心口泛滥开来。我想，这就是命啊，命啊，如果这三封信顺利寄出，寄到党校我的案头上，我的生活就不会是这个样子了。我一定会跟秦杜鹃把恋爱关系继续下去，也许，我们就结婚了，就生活在一道了，也许，我们的孩子也出生了，按她的模样，孩子不管是男孩女孩，都会长得很漂亮……

整理完抽屉，我让秦杜鹃把卫守一的钥匙圈整理一下，把家里房门钥匙取走，把其他钥匙再交还给我。我把这串钥匙和卫守一的其他遗物，仍然放在那个纸袋里。我不想让别人知道，我已经跟秦杜鹃单独在一起做过什么事了。

我把那个纸袋重新锁进我的抽屉。我对秦杜鹃说，镇上要是有人问起你，你不要跟他们说，你已经清理过卫守一抽屉了。

秦杜鹃问，为什么？

我说，不为什么。

她问，是不是那些钱会有什么瓜葛？

我说，这不是你要想的事情。

她说，我就是担心，这笔钱来路不正。

我说，来路正也好，来路不正也好，反正跟你没关系。说句不客气的话，你这辈子，也许再也不可能得到这么大一笔钱了。在我没有通知你以前，你千万不要把这件事说出来，知道么？

她仰起脸来看我，微微点头。她的目光依然是当年那样温顺，那样毫无城府。

16

自从在卫守一抽屉里看到了那三封信，我想得越多，心里那个伤口便撕得越深，痛感也便越强烈。

这家伙真不是玩意儿，生生在我手里把秦杜鹃夺走了！我恨他的虚伪，也恨自己的无能。

耻辱，后悔，愤怒……

但是，我面临的当务之急，还得为他的后事奔忙。

我逼着自己这样想，这是组织上派给你的任务，不存在什么个人意气的问题；这件事能不能办好，不仅关乎你个人气度，对你的组织观念和自律意识，也是一个考验。

我又去了一次县民政局，详细询问了因公死亡的各种规定。负责接待的一位女干部对我说，要鉴定为"因公死亡"，这事说简单也简单，就是死亡与公事一定要存在因果关系，我给你举几个例子听听。她说，比如一个工程师试验新产品时意外死亡，一个干部在调解民间纠纷时意外被害，一个教师带领学生外出春游时遇到不测事故……这些都可以看作因公死亡。

我说，这些都是简单的。如果说复杂，那又复杂在什么地方呢？

她答，有些人概念不清，常把工作时间里的死亡，跟因公死亡混淆在一起。比如说。有人平时就患高血压病，值班时坐着看电视，看着看着病就发了，人就殁了，这样的情况也要我们民政上批他是"因公死亡"，那就太勉强了。

我又问，如果一个干部外出谈业务，晚上回家路上，一不小心，把车开到河里死去了，这算不算因公死亡？

她忽然对我一笑，问，你说的大概就是指卫守一吧？

我说，你怎么知道的？

她说：他这样死法的，世上有几个？你们塔城镇卫守一的事情，县里县外早传开了。

我就问，那你看一下，卫守一这样的过世，能不能算因公死亡呢？

她说，这里有许多因素，我们都还要深入探讨。如果确实属于组织上委派他外出，而且能证明他的死亡与公事有关——请注意，我这里已经放宽了尺寸，没说死亡和公事是因果关系——还是可以向县民政上申报的。

我接着询问了申报程序，她跟我一是一、二是二说得很清楚。

我谢了这位女干部，走出民政局。出门时我脑子转得飞快，那天卫守一夜出，是不是属于组织委派，这个好说，只要尤老大说一句话，商书记同意盖个章，就可以做成一个证明；但他的死因要与公事有关，这就有点难度了；若卫守一那夜喝了点酒，酒后驾车时，旁边还有个女人纠缠不清，这些个情况下要做成因公死亡，那就更难了。

我承认，我这样煞费苦心要把卫守一的死跑成因公死亡，很重要的一点，就是为了秦杜鹃。不说秦杜鹃过去跟我有过那样一段经历，就算她是镇大院里一位干部的普通家属，平时跟我关系很一般的，我也心甘情愿为她这样努力。一个孤孀女人，手无缚鸡之力，平时只有一把又一把的眼泪，组织上不为她跑，又有谁去为她跑呢？

这些天，无论在县里，在镇政府大院，我每走一步路，每问一件事，眼前总浮着秦杜鹃的影子，浮着她那双被泪水浸黑的眼睛。我说不清我对这个女子怀的是一种什么样的感情。但有一点可以肯定，看到卫守一抽屉里藏着的那三封信以后，我已经原谅了她。我俩最终没能走到一起，责任不在她身上。我只是一场小小阴谋的牺牲品，她也是这场阴谋的牺牲品。

这样我就踅到交警大队，又找上了裘三宝。

我问三宝，卫镇长的事故现在调查得怎样了？

三宝说，尸检有结果了，他杀的可能性被完全排除。酒后驾车是肯定的，不过他的酒喝得并不多，血里的酒精成分稀得很。

我问，那女人的高跟鞋和坤包的事情弄清楚了没？

三宝说，就这个事情烦人！你想，他杀的可能性一排除，刑队的人查起案子来还有什么劲？这事啊，我看多半要不了了之。

我问，"不了了之"是个什么概念？

三宝说，不了了之就是不了了之么。他不去侦查，也不作什么结论。女人的鞋子和坤包是什么意思，就由你们各人自己想去。

我说，悬案啊。

三宝说，什么悬案，这种无关紧要的小案子，查不清丢下来的，每年不知有多少。

我问，那我们镇上可以给卫镇长办后事了么？天热了，总这样把他冰着，也不是个办法啊。

三宝说，没人说不能办啊，你们塔城镇什么时候来人把他拉回去，我这里随时都可以提供方便。

三宝说得很轻巧，他的话听上去就是让人觉得不舒服。

我悄悄问，卫守一的悼词还没有最后定呢，我如果写他因公死亡，你说可以么？

三宝脸一拉，说，这个你不要问我。我是交警大队，不是县委组织部。

我看一眼三宝那张被烟熏黄的脸，心里就骂，你这个油子！

县城大街上，我无所事事地四处游荡。我忽然有个冲动，想去交警大队停尸房里，看看冰着的卫守一。为他跑了那么多天，我还没有见过他一面呢。无论从同事角度，还是从目前工作关系的角度来说，我去见他一面，都是理所当然的。

我转身又想去找三宝。我想三宝这家伙肯定对我腻烦得要死。但我管不着这么多了。镇大院里死人，多少年才一回，烦劳一下老同学，有什么可以腻烦的。进大门时，我又想到秦杜鹃。我想此刻也应该通知秦杜鹃一声，让她把卫守一上路的干净衣服也送来。听说秦杜鹃前些天已经来这里看过卫守一一次。陪她过来的张妇联说，人家秦杜鹃到底是读书人，哭起男人来也是文绉绉的，一不砸脚捶胸，二不呼天抢地，只是用手掩着嘴，嘤嘤地哭。我当时就想，你这个张妇联，你晓得个什么！

我进了交警大队传达室，借那个座机往塔城中学打电话。电话是通了，秦杜鹃人却没找到，学校里说她没来上课。她家里也没人接电话。她上哪里去了呢？如果就我一个人去看卫守一，总好像缺了点什么。

合上通讯录那一刻，忽然出鬼一样，末页有一行细字扑入我的眼帘。这行细字是用圆珠笔写的，笔迹已经有些化开了，却像一根尖刺，把我戳得一下子跳了起来。这行字是：

××××年1月27日下午，在办公室向卫守一商借人民币4000元，勿忘归还。

真是的！过年前不久，我要买一个彩电，因为县城商业中心来了一款新式的日本进口电视机，超出了我的预算，临时就向卫守一借了这笔钱。三天长两天短的，怎么就把这事给忘了！

看这事弄的！我一跺脚，心绪一下子躁乱不堪，去停尸房看卫守一的念头也灭了。我脑袋发胀，胸口一下子堵得透不过气来。我内心有一种急欲把污点洗清的渴望。我边出大门边骂自己没脑子，借了人家的钱居然不晓得及时归还。现在，人家人都殁了，你还欠着人家的债；要是到了追悼会上，你还怎么面对那个债主、那个死者！

我又想起了秦杜鹃。我清楚眼下唯一补救的办法，就是把这笔钱还给秦杜鹃。如果这笔债不还清，我会一辈子不得安宁。

我急忙租了一辆烂摩托，赶回镇政府大院取钱。进大门时，天已全黑了，整幢办公楼，只有尤老大那一间亮着灯。走过他这间办公室时，我却不经意间，听到了一番令我魂飞魄散的对话。对话的双方，竟是镇长尤老大和奔马房产公司老总汪双喜。

汪双喜说，尤老大，你不能怪我，我真的把钱亲手交给卫守一了……

尤老大冷冷地问，你什么时候交给他的？

汪双喜说，我记得清清楚楚，是上礼拜三，在天香阁的包房里。

尤老大问，你给了他42万？

汪双喜说，绝对42万！现钞！我跟卫守一说清楚，要他给你21万。

尤老大恨恨地说，21万你个魂！我连一张鬼钞也没见到。

江双喜说，他第二天就死了么！还没来得及给你么！钱，我真的是给他了。我要是说谎，就跟卫守一一样，今晚就撞到河里死去。

尤老大说，去去去，谁要你赌咒发誓。既然你把钱给了卫守一，那么，事情就让他给你去办吧，我是不会再管这烂事了。

汪双喜嗓音里有了哭腔，说，老大啊，你这话说绝了不是！我现在怎么说才能跟你说清楚呢……无论如何，老大，你看在我们这么多年情分上，西部三村这片地，你一定要把我们奔马公司放在第一位置……

尤老大打断汪双喜的话，说，你不要把话题扯开。你估计一下，卫守一这42万现金，会放在哪儿？

汪双喜说，多半会放在家里吧，家里毕竟保险。

尤老大说，放你的狗屁。我晓得他外面有相好。

汪双喜说，还有个可能，那就是放办公室了，他办公桌抽屉你能打开看看么？

尤老大说，他的抽屉我怎么能打开呢？私人物品，现在只有他女人能看到。

汪双喜说，那他女人来过没有？

尤老大说，这我怎么晓得？听彭永生说，卫守一的钥匙现在已经交给党委保管了，在老鞭子那里……

我的心跳得越发快起来。

过一刻，汪双喜又说，老大，我给你出个主意，一不做二不休，今天晚上，我们两人就把卫守一的抽屉给撬了。

尤老大没有说话，只听见他用手掌拍打脑门的啪啪声……

冷风吹来，我汗毛直竖。古樟上有猫头鹰的夜啼，像孩子哭叫一样。大院外的通潮河里，夜航的船走过，留下一阵摇橹声，还有船民在河上毫无顾忌的大声说话声。狗远远近近地吠着，把这远离县城的乡野，吠得死去一般。

我蹑手蹑足从走廊溜过，进了自己办公室，飞快打开抽屉，取出几千元现金，从另一个口子出了办公楼。

我立马拨通了商书记的电话。

我对商书记说，我刚回办公室，听见尤老大跟汪双喜在商量什么事情。他们说，他们今天晚上要撬卫守一的抽屉。

商书记也紧张起来，低声问，你听得真切么？

我用同样的口气说，绝对真切。

商书记说，要撬抽屉的原因，他们说了么？

我想了想说，没听清楚。

商书记又问，卫守一的钥匙还在你这里么？

我说，在。尤老大来问我要过，我没给他。

商书记沉默一歇，说，好，我晓得了。

我追问一句，今天晚上怎么办，要不要我当面跟你商量一下？

商书记说，我会安排，你不要管了。

不等我再说什么，他就挂了电话。

商书记就是这样的做派，他有些重要决策，绝不会让第二人参与。他有一种主宰局面的寡头风格。到了这时候，他自有一种逼人的气势。我想象他挂了电话以后，一定会点起一支烟，瞄着窗外某一处灯光，把今夜的计划考虑得严丝合缝，把对策安排得滴水不漏。他这条老鞭子，今夜会以怎样的手法，把他的鞭子一下子抽出去？

我精神不由得亢奋起来。我猜测商书记掌握了我提供的情报后，未来几小时，一定会运筹帷幄，调兵遣将，对准他的老对手，来一个致命打击。他会不会通知派出所的徐所长，今天晚上率领精兵强将，在大院里来个守候伏击？甚至他亲自出马，带上一批亲信，在汪双喜尤老大他们撬抽屉时，来一个神兵天降式的奇袭？总之，我已经预见到镇政府大院里，今天半夜肯定会有一出好戏。尤老大的龙头，说不定明天一早，就会缩在商书记的裤裆里。

跟商书记通完话，我又给秦杜鹃去了电话。我急着要还掉那笔钱。我在电话里对她说，我有急事找你，你那里方便么？

秦杜鹃说，家里来了几个亲戚，正在商量守一的后事。还是等一会儿我去你家里吧。

我说声"好"，就去了镇上老同兴饭店，胡乱买了一碗盖浇面，带回住处，边等边吃。

老同兴的盖浇面，现在是越做越寡味了。说起来，大肉还是那么大块的走油肉，炒酱也还是那么浓油赤酱的八宝辣酱，可是吃起来，就是没有当年跟苗志高、杜森一道狼吞虎咽时的滋味了。加上等秦杜鹃，想着要还卫守一那笔钱，我吃了几筷子面，就不想吃了，甚至还把剩下小半碗给扔了。这是我多少年来没有过的。

晚上十点敲过，秦杜鹃才过来。

她还是第一次到我住处来。进门那一刻，她的目光很快把我这个空荡荡的小两居室扫了一遍———一张单人床，一只书桌，一台冰箱，一架彩电，还有一副冰凉的锅灶。她似乎不忍卒看，两眼闭了一下。

我让她坐下，给她泡了一杯茶。

她说，这两年你就是这样过的么？

我故作轻松道，是啊，这样难道不好么？

她眼圈一红，背过身去。

我知道自己有点玩世不恭，也知道她心里是真的为我难过，但如果不这样说，我又能怎样说呢？

静默了好一会儿，她才问，离婚后，你没有再考虑过个人的事情么？

我呷了一口茶，说，我们不谈这个好不好？今晚我有两件重要事情找你。

她看着我，有些紧张。

我把事先准备好的一只信封拿出来，说，这里是4000元钱，是我年前在办公室问守一借的，买的就是这架进口电视机。没想到……唉，现在我只好把钱还给你了。你数一数。

秦杜鹃用眼角掠了一眼信封，说，这钱就算了吧。

我说，这怎么能算了呢？人殁了，债总是要还的。

说完，我才意识到这话有歧义。不过，我想秦杜鹃听得懂我的意思。我使劲把信封塞进她手里。

秦杜鹃有把信封按在桌子上，说，你欠卫守一的债还得那么清，那么卫守一欠你的债，要不要还呢？

我被她问住了。我知道我刚才话里的歧义引出了她的想法。

她见我不说话,又强调说,人死了,债不能赖,我看他卫守一活着时欠下的债,也是要还的。

我问,他欠什么债了?

她说,他欠了你的债。

我说,他人都殁了,你就不要说了。

她说,他扣了你三封信,就是欠了你的债;不单是欠了你的债,也欠了我的债。他欠了我俩一辈子债!

秦杜鹃的眼睛直直地盯着我,泪水在颤动,可那目光依然有火一样的热力。她脸色苍白,在灯光照射下,她的脸廓有一种被照穿的透明感。这女人,我没见她对人有这么恨过,何况那人还是她的亡夫!

她又说,那天我回去想了,若不是他扣了这三封信,也许我跟你彭老师早就牵手了,我们会一直走下去……

我的心又隐隐痛起来,说,这事都过去这么多年了,你再怎么想也没办法挽回了,我们不要再说了,好吗?

她沉默一会儿,又说,还有,那四十多万钱,我看也绝不是一笔干净钱。他卫守一拿是拿着,多半也欠着别人什么。

我心里暗暗赞叹,这女人,是什么眼风!

我说,说起这四十多万元钱,我第二件事就跟它有关。

她脸色又一紧。

我说,今天我要明白告诉你,这42万元,还真不是明道上来的钱。我也刚刚知道这个事情。它是奔马房产公司的老板汪双喜送给尤老大和卫守一两个人的好处费。汪双喜这家伙不是一盏省油灯,他这种人是不肯白白出血的。他花了这42万元,总要尤老大和卫守一为他办什么事——这个我们不去细说了。他们不可能想到,卫守一突然就殁了,这笔钱,只有来龙,没有去脉,到了卫守一这里，突然就断了！

秦杜鹃说，汪双喜做点生意也不容易，我把这钱还给他吧。

我霍地站起来，把她吓得一哆嗦。

我说，世上有你这样做人的吗？你以为把这笔钱给了汪双喜，他们就会变成好人吗？你的好心就会有好报吗？

秦杜鹃说，我不图好报，我只图自己心安。

我大声说，你心不安什么？你有什么可以不安心的？42万元对汪双喜来说，算个什么数字？黄牛身上一根毛罢了。他一年不知要造多少房、赚多少钱。告诉你，他一套商品房的赚头，就远远不止42万。

秦杜鹃冷冷地说，他赚钱是他的事，我不能因为他赚得好，就白白拿他的钱。

我说，如果你一定要还给他，我也没有意见。但我要告诉你，卫守一这些年不知给汪双喜办了多少事；汪双喜从卫守一这里，赚去420万、4200万都不止。这42万元，你还真的把它还到黑鬼手里去？

秦杜鹃说，你的意思……

我说，你先拿着，不要声张。汪双喜来问你也好，尤老大来问你也好，任何人来问你，你都回答，一百个不晓得。至于这笔钱今后怎么办，你听我的。

她看着我，隔了好一会儿，才把头点了一下。

17

第二天一早，我故意回避，不去大院上班。我晓得镇上翻了油锅，商书记绝对有惊人之举。我不忙去打听这事。我现在要走得远远的,免得人家对我起疑心。至于大院里翻油锅的事,不久自会有人来告诉我,原原本本不算,还会捎带许多细节。

我让秦杜鹃拿了一整套卫守一上路穿的衣衫,陪她去县城。在交警大队后面的那排平房里,我们见到了卫守一——

卫守一孤零零躺在铁床上,停在屋子正中。四周空荡荡的。他穿的,还是平时那一身,咖啡的夹克衫,藏青西裤;衬衫系着领带,不过领结已经歪斜了;脚上穿着皮鞋,还有一双白袜。这身衣服鞋子,多处沾着泥污,自从三宝把他从河里捞起之后,既没换过,也没擦过。想起这身衣鞋湿湿地粘在他身上,至今已有那么多天,就有一股寒意贯穿我全身,让我从头到脚觉得冰凉。

守一硬硬地躺着。他的眼睛没有完全闭下,半合的眼皮下,是直直的无神的死光。他的面孔呈灰色,看上去很薄很亮,仿佛用手指一戳,就会穿破。他的身体明显肿胀,看上去五官都已经陌生了。尤其不能看的,是他的一张嘴。他的嘴朝天张着,露出一个深深的黑洞,样子有些狰狞。看到这张嘴我就想,卫守一临死前,一定挣扎得厉害。凝固在他脸上的最后表情,是愤怒,是痛苦,还有一种扭曲了的恐惧和无奈。

外面不知何时吹来一阵阴风,砰的一声,把我们身后的铁门猛地关上了。在这突如其来的震响中,我和秦杜鹃都吃了一惊,抬头相看,两人都脸色煞白。

我走过去把门拴好。秦杜鹃又掩面而泣。她在亡夫面前喃喃低语,说的是什么,我一点都没听清。我们在卫守一身边默默站立了好一会儿,然后在交警大队办完手续,叫来县城殡仪馆的接尸车。

接尸车是一辆黑色的面包车,听说是县民政专门派人去上海买的,还在厂里改装过,外壳喷了"殡仪车"三个字,给人一种阴沉肃然的感觉。

接尸师傅跟司机一道下了车，围着尸床转了一圈，然后把担架放在地上，把守一抬上担架。担架上铺着一个装尸袋，卫守一一躺上去，师傅把拉链一拉，尸体就被裹住了。我看见秦杜鹃两手伸了一下，不知她想做什么，但看得出，她心里翻腾得很厉害。

师傅问，他换下来的衣服你们还要不要？

秦杜鹃说，不要了。

师傅又问，大殓定在几日？

我说，还没定，镇上要讨论。

师傅说，定了日子，一定要给我们来个电话，这一段时间我们忙得很，定晚了，怕厅堂安排不过来。

师傅面相很善，说话又很和气，跟司机一道搬动守一时，手脚也很轻，我看了便有些感动，摸出一张大钞来表示谢意。他跟司机一笑，谢绝了我们的好意，走了。

看那接尸车绝尘而去，秦杜鹃真是伤心了。她拉住我的胳膊，靠在我身上，放声呜咽起来。她的手死死地掐进我的皮肉里，随着哭声，全身都在颤抖。

我说，不要哭了，这样哭要哭坏身子。

她说，他可怜啊，他只有48岁啊。

我说，这种事谁能料到呢？你要想开才好。

她说，你看他的脸，实在是痛苦万分的样子。你说殡仪馆师傅给他化妆一下，会好一些么？

我说，应该会好些的。

她问，他那张嘴能合上吗？

我说，我跟殡仪馆再联系一下。我会请师傅尽量把这件事办好。

已经到了过午时分。我建议去老街哪家小店吃碗面垫垫饥。秦杜鹃却说她一点胃口也没有。我只好忍着饿，招手叫来一辆机三轮，噗噗噗又咣咣咣的，一路颠簸着，回到塔城镇。到了镇街口，该下车了，秦杜鹃却没动静。我这时才发觉，她靠在我的肩头上睡着了，睡得很沉。

下午进大院，我一路心怀鬼胎，满脑子都是看好戏的想法。我先到门房老丁那里，想探听一下有什么消息。老丁却一脸平静。我便想，这是商书记老辣，事件被他控制在极小范围里了。

我刚进办公室，商书记却来把我叫了去。

商书记说，卫守一的事处理得怎样了？

我便把几天来在县城的奔忙，特别是警方在车子里发现女人物件，又查无结果的事，跟他叙说了一遍。

商书记问，你怎么看待这些女人物件？

我说，这总归不是一件好事情。但卫守一人都死了，还能怎么样？何必事事都去查清楚，把卫守一名声玷污了，还把我们塔城形象弄坏了。你说呢商书记？

商书记沉吟片刻，说，也只能这样了。

我等着商书记跟我谈昨晚上的事，他偏偏不说，却又跟我讨论卫守一大殓的日子，以及到时要办的种种杂务。讨论到后来，又纠缠到了卫守一悼词里"因公死亡"这四个字上。

我就把去县民政局咨询的情况细细说了一遍。我说，尤镇长的意思是要定卫守一因公死亡，我看可以撇开县民政上那些框框，镇里定了也就定了；万一日后情况有变，再改结论也是可以的。

商书记说，你的意思，是卫守一有问题，只是现在还没有被我们发觉？

我赶紧说，我完全没有这个意思。我现在觉得，纠缠在是否因公死亡这件事上，意思不大。卫守一生前对镇上贡献不小，死得又这么惨，我个人意见，因公就因公吧。

商书记不言，站起来满办公室兜圈子，又皱着眉头抽烟，好一会儿才说，暂且这样定吧。

说完这些，他才压低了嗓音告诉我另一件事，昨天晚上抓贼，打草惊蛇，大事没有告成。

我惊问，这是怎么弄的？我的情报不正确吗？

商书记说，你的情报倒是千真万确，关键是我这里……

他摇着头，掐了一支烟，又点了支烟，说，派出所徐所长这小子，真弄不清他是个什么底细。我挂了你的电话后，亲自去了派出所，跟徐所长面授机宜，要他安排力量，生擒活捉，争取把两个撬抽屉的蠹贼一网打尽。我还表示，要和他一道守夜，亲自伏击。可这小子说，你商书记冒着倒春寒守夜伏击，难道不信任我徐所长不成？只要情报可靠，待我亲手把贼拿住了，你商书记再来犒劳我不迟。我就回去等电话。半夜三更，电话倒是来了，可这小子说的是，两个联防队员在黄杨树下埋伏得好好的，却不料尤老大和汪双喜走出办公室来，眼睛朝天撒夜尿，两段热尿正好浇在他们头上，两个联防队员就哇地叫出声来，当下露了马脚。尤老大还把派出所徐所长叫来骂了一通，说他们想窃取政府机密还是怎的。这件事，想不到就这样吹了！

我大失所望，说，天不助我，又有什么办法！

商书记说，我怀疑徐所长这小子，背后和尤老大有什么手脚。我真后悔昨夜没有亲自上阵。

我说，千日做贼，总有一日要穿，等以后再说吧。

商书记说，也好，水至清则无鱼，班子里有个对头星，百事做起来也可谨慎些，这也不是什么坏事。你说呢？

我苦笑一声，点点头。

卫守一的大殓定在四月三十日。二十八日那天，我特为又去了一次县城殡仪馆，看卫守一整容化妆的效果好不好。在一间排满了尸体的大堂里，我又遇着了那位在交警大队见过的接尸师傅。两人一见如故。我敬他一支中华烟，还在他口袋里塞了一包。

师傅说，你这人不错，又来看卫镇长了。

我说，我们同事很多年了。

师傅说，刚刚有一位女同志，也来看卫镇长了。

我问，是不是卫镇长的爱人，上次在交警大队你见过的？

师傅说，不是。这女人身材还要高些，手臂上封着石膏，脸相也破了……

我心一紧，突然想起了车厢里的那些女人物件。

师傅说，这位女同志话也不说一句，泪也不下一滴，只在卫镇长面前立了一刻，放下一枝白花，就走了。

我赶紧问，她没说她是哪里来的么？

师傅摇头。

我又问，你们师傅中有人认识她么？

师傅又摇头。

我走出殡仪馆，才发觉自己两腋下，流下一注汗，又冷又湿……

回到家，镇长尤百大又差镇办小叶过来，急急把我召去大院。

尤镇长从报夹上取下当天省报，说，永生，你看看这个——

我取过一看，好家伙，全省十佳乡镇长评出来了，卫守一的名字，赫然排在第一位！报上登的照片，用的正是我那夜在办公室烧掉的那一帧。

我对尤老大说，省报编辑真是糊涂，也不给我们守一加个黑框。

尤老大说，你这个人才糊涂呢，人家省里，是把十佳乡镇长当喜事评的，加个黑框，不是晦气了么？

我说，兴许省里的人，还不晓得卫守一已经过世的事情吧？

尤老大说，天高皇帝远，不扯这个了。我急急把你召来，是想让你拿了这张省报，再到县民政局去一次，跟他们说，我们卫镇长连全省十佳乡镇长都评上了，你们还不批他个因公死亡么？请他们抓紧批下来，后天大殓时我们镇上读悼词，也就可以名正言顺了。

我说，好，我这就去。

两位镇领导用的奥迪车，已点了火停在大院门口。我趸进办公室去拿文件。一踏进门，电话铃声正在大响。我拿起一听，全身汗毛顿时炸了起来——

电话里的女人，声音像从天上飘下来的，又像从一个百丈深洞里钻出来的，有一种颤颤悠悠的起伏，她问，你是彭永生彭镇长么？

我反问，你是哪位？

女人说，你不认识我，我认识你，我常听卫守一说起你。上午在殡仪馆，我和你是前后脚……其实，我在门口看到你的。

我哦了一声，再次想起沉车里的女人皮鞋和坤包。也模糊记起，这声音以前曾在哪里听到过……

女人说，彭镇长，听说你和卫守一关系很好，是不是这样。

我说，是，我们是多年同事和朋友了。

女人说，听说你为他跑因公死亡，跑得很辛苦啊。

我说，还可以吧。

说到这里，我突然想起，对了！过去我在办公室里为守一接电话，经常听到的，就是这个女人声音。显然，这女人就是跟卫守一相好的那个女人。

女人忽冷笑一声，说，彭镇长，我劝你不要再去为这个跑了。这个世界上，只有我一个人晓得，卫守一那一夜，死得不光彩……

我提高声气说，你有什么根据说这个话？

女人说，你晓得那一夜他在什么地方？跟谁在一道？告诉你，那天晚上，卫守一是在天禄宾馆，就是跟我在一道，我们喝了酒，还睡了觉……

我说，请问你贵姓？

女人说，看来你彭镇长也想认识我。

我大着胆子说，见见面不好么？

女人说，答应我一个条件，我就跟你见面。

我说，可以，你说吧。

女人说，那天晚上，卫守一开车，是要回办公室去拿一笔钱给我，不想半道上就出了事故。我晓得，卫守一的遗物是交给你的，他抽屉的钥匙，也应该在你这里……

我说，你说得对，是在我这里。

女人说，那烦劳你一下，把卫守一抽屉里的钱取出来给我。

我问，他抽屉里有多少钱？

女人说，42万。

我问，那卫镇长说过吗，这些钱他是从哪里来的？

女人说，这个我不管。

我抓紧电话，手里攥了一掌汗。

女人说，彭镇长，这个抽屉我不会让你白开。

我说，你的意思是……

女人说，你把抽屉打开，把钱交到我手里，我立马给你五万元辛苦费。

我没有再听下去，很平静地挂了电话。

卫守一大殓那天，我不知怎么的，嗓子突然失声，失去了为老朋友主持最后一次仪式的机会。我站在离卫守一遗体不远的地方，看到他的嘴依然张着，像一个很深的黑洞。面对这个黑洞，我很内疚。因为我没能兑现承诺，把卫守一的后事办圆满，以致当天，我不敢正眼看一下秦杜鹃。

追悼会改由商书记主持。这样反而提高了告别仪式的规格。镇长尤百大致悼词。我看到在众目睽睽下，尤老大用拇指根那块厚肉向上擦眼泪，读出了"人民的好镇长卫守一……不幸因公……去世"这一句子。

我的目光在会场四周巡视。我希望能看到一个手臂封着石膏、脸相已经破了的女人。我想她或许会吊着绷带、戴着墨镜，无声无息地站在哪个角落里。但是，直到大殓仪式结束，我也没有看到她的影子。

几天后的一个晚上，秦杜鹃找到我住处。她见我第一句话就问，彭老师，你怎么长了那么多白发啊？

我说，是吗？

我说着照了照镜子。我惊异地发现，我半头的头发都白了。这个样子，让我自己看了心就猛地一沉。

我问秦杜鹃，找我有事吗？

她说，按这里的风俗，我要去卫守一落难的地方，叫一叫他的魂。那地方你认得么？

我点点头。

翌晨天亮时分，县道12公里处那条小河旁，就有一女一男两个声音,向四野发出连续不断的叫声——

卫守一,卫守一……

女的声音凄厉、低迷;男的声音粗糙、沙哑。

纸烟在河滩袅袅升起。

轻纱般的薄雾中,布谷鸟又叫起来。它远远近近地飞鸣,和着一男一女的叫魂声,一声又一声——

布谷布谷,布谷布谷……

第三章

18

谁能想得到,我一个分管文教的副镇长,平时要跟老板们打很多交道;在老板当中,我竟还有若干"内线"。

那天的情况,就是内线告诉我的。

事情的缘起,是老板们一场聚会。

这场聚会,做东的是汪双喜。他是塔城镇的大户。除了奔马房产公司外,他还有三爿酒店,两家汽修厂,还有一处娱乐中心。这些年,他年年都是纳税首户。

已经吃过几盘热炒,汪双喜却还在席上叫,再来一盘香油马兰干星,杀杀火气!

老板们都朝他看,不解他用意。

原来前些天,汪双喜开的娱乐中心出了点事,惹毛了这位大亨。这天事情刚撸平,他就邀了些大户,到自家开的双喜酒楼碰头。一瓶六神大曲下肚,他滋出满脸油汗,心里毕竟松快了好些。

兰亭制衣厂老板马伯生,四十出头,颅顶先秃了,这时眨着一对小眼睛,说,一盘马兰头干星顶什么用,看你汪总烧得,血脉都暴起了,要不要叫两个女子来,照准依穴道下点功夫,杀杀你的内火?

众人都笑,等汪双喜下话。

汪双喜不吱声,只从红壳子里挖出一支中华烟,点起,狠狠喷出一大口。那烟,浓得化不开,团团把顶灯都遮了。汪双喜脸盘红着,底色却是黑的,猪肝样显得灰气,颜色很是不正;两只牛眼也红了,血丝很粗,把眼珠也暴起;话说得紧猛,嘴角不断扯动,唾沫就浓成两粒屎,粘在嘴角,白白的刺眼。他不理马伯生的话,只一个白眼,就把对方主意灭了,说,各位,都把野心归拢了,我要说正经事。

众人便敛了笑意,坐正,看汪双喜嘴角上那两砣白屎。

汪双喜说,你们大概已晓得了,这次我娱乐中心出了一点麻烦——中小学生进去玩,给乌龟举报了。正好镇上派出所徐所长调走,来了个新所长,还来不及打招呼,新官上任三把火,就烧到我头上。半月来,我花了牛大力气,才把这烂事撸平。

山里红饮料公司老板丁老冬说,汪总要说什么,直说。

汪双喜说,这次娱乐中心出乱子,我方寸有些乱,这才晓得当老板的,平时吃五喝六很神气,到关键时刻,却没有个分量;还有就是,一只鸟飞天,拉不了多大一颗屎,翅膀软塌塌的,到处遭人欺负。这窝囊废的日子,我心里想得很多。今天把各位聚拢,就是想商量一个法子……

联明电器公司老板杨四清说,汪总的意思,是想叫大家抱个团?

汪双喜说,是这意思。

饮料丁老冬说，抱团还不容易？搞它个协会不就成了？

电器杨四清说，镇里不有个私企协会么？

汪双喜嫌恶地说，不提这屌毛协会，高关根这家伙牵了头，能办什么事？只会拍政府马屁罢了。

制衣马伯生说，汪总说得对，我们这些老板，平时只管各人奔富，有时候还背地使绊子；手里票子是多的，心思却是散的。这样子下去，还能成什么气候。商量个法子抱成团，我赞成。

马伯生的制衣厂，也是塔城镇一等大厂，他和汪双喜两个大头，富户们都是敬着的；两人平时说什么话，众人也都要听。上次镇里成立私企协会，他俩都当选副会长，得票还不少。只是这私企协会空有一个架子，会长不开会，理事也不理事，众人并不把这协会当成一回事。马伯生和汪双喜开始还以为副会长头衔有多大分量，半年十月一过，才晓得它不过是个虚头，会员费却比一般会员要多缴几倍，更大失所望。后来再印名片时，就把这头衔也剔了。

饮料丁老冬说，镇私企协会确实不成样子，成立后为众人办过什么屌事？还是我们这几个人抱团好，大家贴心贴肺，遇上什么三长两短，众人就合伙上，人力财力拧在一起，还怕它办不成。

电器杨四清说，丁总说得好，你看地里的蛐鳝蚂蚁，也都讲究抱团呢。

汪双喜说，现在时兴一个名称——"总汇"，我们这些人就抱团搞一个总汇，大家看怎样？

制衣马伯生说，好，起个响亮名字，常来碰头喝个茶，商量商量大事小事，也是身后一个依靠。

饮料丁老冬说，茶和饮料，我包了。我起个名你们听听。各人都是响当当的老板，就叫"老板总汇"，看怎样。

电器杨四清说，老板总汇，好！我去上海时看到一个，在徐家汇。那总汇的徽标是个烟斗，翘得高高的。

制衣马伯生说，过去老板都用烟斗吸烟丝，这徽标有点意思。

汪双喜沉吟道，老板总汇，响亮是响亮，只是太张狂了一些，恐怕会引起大院里那些人反感，尤其是姓商的。我改一个字，你们看怎样。

众人问，怎么改？

汪双喜说，叫"大板总汇"。

众人问，"大板"什么意思？

汪双喜说，实际上也就是老板的意思，听上去响亮，还有大户派头，你们看好么？

众人抚掌说好。这时香油马兰干星端上来了，是个年轻女子端的，正好站在制衣马伯生旁边，马伯生就顺手牵羊，在她大腿那里捏了一把，那女子也不嗔怪，还一笑。

饮料丁老冬说，总汇总要弄得有模有样才好。你们说，要另起楼么？

电器杨四清说，另起楼就另起楼，我们四个大板做事，不起楼，算怎么回事。

制衣马伯生说，起楼！楼上弄几个小间，养些女子，到时在这里过过夜，碰头聚会也有些趣味。

汪双喜说，伯生，你这下作胚，你要弄女子，到别处弄去，我们这总汇，却是要正经做事的，你让一些烟花女子进来，不是坏了我们大事？

马伯生嘿嘿一笑，说，我也是随口胡诌。

汪双喜说，起楼的事，我看就免了罢。不是我小器不肯花钱，而是讲究实际，跟国际接轨。国际上的大板，真正成事的，都是节俭成风，不来吃喝嫖赌这一套的。他们有事出门，就叫出租车，连私家车都不肯养。我看这总汇，也要来新的一套，就在这双喜酒楼里挂个牌，我来做东家，看怎样？

电器杨四清说，不是你汪总做东，又有谁来做东？

汪双喜说，拣日我让人上牌子，带霓虹灯的，把大板总汇四个字高高镶在壁上，这就算公开启动了。

马伯生说，大板总汇四个字要写得好，写得有气势。

饮料丁老冬说，我看可以请彭永生写。他有一手好字。

汪双喜说，这点子不错。我给彭永生打电话，叫他立马来。

马伯生说，对，百事讲究趁热打铁，现在就叫彭永生来。

我就在十里外的乡野，接到了汪双喜的电话。

19

说我写一手好字，也没说错。

我从小就练欧阳询的字，中规中矩，不是泥草架子；后来读中学上大学，各种书法见多了，嫌欧阳询的字太过文气，又选了颜鲁公的字来强化笔骨。多年来我把玩各家法帖，竟自成一家，写出了点小名气。我的字，不仅塔城镇家喻户晓，周边三乡六镇也都晓得。街上开个店挂个匾什么的，都叫我写店招；有读书人要挂个小品条幅什么的，我的行书也拿得出手。乡里人传，说我彭永生这些年靠一手字，赚的钱早超过镇长工资了。我听后总是嘿嘿一笑。天晓得，我写字根本不提润笔，对方硬塞，我才收一点，从来不计多少的；说我收了多少多少，完全是瞎说。

我走近双喜酒楼时，老街已全黑了。有些店家玩新鲜花招装起的连珠灯，还有小霓虹牌，三三两两点起，很有些少妇媚眼的样子，醒目是醒目，却在乡风中平添了妖气。整条街上，拉灯的毕竟没几家，看上去还是暗多亮少，不成气候。惟有三层的双喜酒楼，上下大放光明，周围映得如同白昼。一眼就可看出，它的生意不同一般。那厨房里排出的川辣味，窗口逸出的烟酒气，还有人声歌声，热烘烘混在一道，让小镇人见了闻了，耳朵会像兔子那样一抖，且在精神一振间，从心底升起一股欲念来。

我从自行车上跨下，抬眼看那酒店招牌，抽着鼻子骂了句粗话。

小姐袅袅婷婷走上来，叫一声彭镇长你来了，伸手帮我提包。我也不推让，趁小姐在前面引路时，竖起一根指头顺顺头发，又悄悄验一验裤门拉链，直起胸上楼。

那一桌老板，本乡本土，都是我认识的。一见面，少不了一顿喧哗。夸张的呼叫中，透出乡情，又透出若干敷衍。我下午去几个村校调研，独自骑车赶回，肚子早已空了，一见桌面上摆着这样丰盛的菜水，目光顿时硬了。趁着众人热情洋溢的劝，狠狠搛了两筷子蒜泥白肉，把嘴巴嚼得鼓鼓的。汪双喜见了，就大度地看着我，跟老板们说，彭镇长真是饿煞了。

我不说话，喝了两口热茶，才说，在塔城当这个鸟镇长，把我骨头都饿细了。

大家就笑。

制衣马伯生说，看你这镇长当得这么苦，你若愿意，就跟我换肩，我来当镇长。

我直了腰，大声说，换！龟儿子不换！卸了这镇长，当你这制衣厂老板，要钱有钱，要楼有楼；你要换，我巴不得今天就换。

众人又笑，笑得包房里热烘烘的，可汪双喜脸上，却没笑意，目光也空空的。我当时就觉得奇怪。

电器杨四清说，你们这两个家伙啊，在这里白白嚼舌头。这镇长的位置，是人民代表选的，又不是草鞋，说换就可以换。要你当，你就当，不当也得当；不要你当，你就难当，想当也不让当。

大家连声叫喊，说这话说得好，要杨四清喝酒，又殷勤地给我搛菜。这酒水，渐渐就喝得深了；我的脸上，很快泛出热光来，额头上，滋出了层层酒汗。

眼看我筷子点得慢了，制衣马伯生就说了向我讨字的话。我一口应道，你们老板要我字，就算是抬举我了，不要说只叫我写四个字，就是叫我到各家府上，各写四幅中堂，我也屁颠屁颠的。

汪双喜乜我一眼，有看不起，甚至嫌恶的意思。我骨子一紧，心里说，不要说你汪双喜看不起我、嫌恶我，现在，就是连我自己也看不起自己、嫌恶自己。在老板们面前，我涎着嘴脸，摇着尾巴，满口说好话，我就像一条狗。可这又有什么办法呢？有求于人，我骨架硬不起来么……

又喝了几杯酒，说了些县镇官商轶事，汪双喜才说，彭老师到底老交情，好说话。等吃完这饭，我就让小姐把场子铺开了，我来磨墨，马老板递笔，看彭镇长当堂给我们题写大板总汇四个大字。

我摆手说，开玩笑了，我什么人，敢叫汪总磨墨、马老板递笔。

说到这里，我才放下筷子，看定汪双喜，说，汪总，上回跟你说的那事，你看……有谱吗？

老板们一怔，不晓得我跟汪双喜说什么暗话，都用陌生的眼光看我们两人，透出局外人的些许尴尬。

汪双喜不作声，先点起一支烟，慢慢吸一口，说，彭镇长，不瞒你说，你那是一件大事，靠我汪双喜一个人，恐怕做不大。今天晚上，趁塔城镇各位老大都在这里，你不妨把事情再往明里说说，也让各位老板都晓得底细，说不定，大家联起手来，就可以扎扎实实帮你一把。

我笑笑,把目光放温顺,扫一眼众人,说,汪总有这意思,那我就厚了脸皮,向众位老板开口了。事情呢,是这样,我们镇在上世纪七十年代,还是文革中吧,在各村陆续建了一批"戴帽子村校"——就是小学头上戴初中帽子,小学初中混在一起上课的那种。如今,这批学校都很有年头了,可校舍还是那么些校舍。各位都晓得,那年头造的教室都很毛糙,有的还是泥墙,屋顶用芦柴搁瓦。这些年一过,这批校舍都变成了烂房子……

饮料丁老冬说,我是急性子,见不得说话兜圈子,彭镇长你要说什么,就直说,这样三拳头不见放屁,吃力不吃力。

我有些难为情,便说,这开场白是必须说的。这批烂教室呢,一是苦了学生,二是苦了老师。年前下雪,井下村学校那排校舍,屋面竟被积雪压坍,压到了四十多个孩子,幸好没出人命;上亭村学校的北墙淋了点雨,正逢隔壁畜牧场一头公猪逃出来,在这墙上蹭痒,一蹭两蹭的,就把一片墙蹭倒了,窗架砸下来,伤了三个小学生,还把当班女教师吓着了。人家是城里来的姑娘,从此不肯再来村校上课。至于春夏漏水、冬天漏风、地面不平、采光不好……这些烂事,我都不说了。

制衣马伯生说,我晓得了,彭镇长是要派希望工程给我们做了。

我说,马老板聪明人,前些天我跟汪总说的,就是这事。要请塔城各位老板,大力支持镇上一把,无论如何,那些危房教室,是不能再用了。

汪双喜说,我让你回去造个预算,你弄了么?

我说,汪总叫我做的,我怎么敢怠慢?自然是弄好了。粗粗一算,把校舍危房都修一下,是这个数——

我说着，就把双手十个指头伸直，翻了三下，又从内衣袋里摸出一张纸，展开递给汪双喜。

汪双喜一边看一边吐烟，眯缝双眼，眼光却始终没离开纸。众人看我把十指翻了三下，都默不作声，目光在我与汪双喜之间游来游去。

足足烧去半支烟，汪双喜才说，三百万元，不是个小数目。这希望工程，若都摊在我们这些老板身上，你彭永生不是把我们都当成瘟生么？

我连说，不敢不敢！我们镇政府方面，肯定也要配套投入的。但究竟能投多少，眼下说不出个准头来。

电器杨四清说，你们镇上到底块头大，拿出几个钱来修校舍，还不是牯牛身上拔根毛。

我摇头说，杨老板啊，你不晓得，镇上那些企业，现在没剩下几家是好的啦。上回去木器厂，我冒冒失失责问他们厂长，怎么教育附加费几个月都不交上来？为这句话，差点吃了他们老拳。一个领班的说，还教育附加费呢，老子都三个月没开工资了！

马伯生鬼鬼祟祟把嘴凑到汪双喜耳边，我听见他说，这点子钱，我看没有什么大问题……

汪双喜在桌下踢马伯生一脚，截断了他的话头。

我又说，镇里商书记和尤镇长，这些天都成了救火队长。尤老大去塑料厂，那里资金亏空，停工待料好几个月，发放库存的塑料拖鞋顶工资，一对夫妻领了一百二十双拖鞋，扬言要去县政府静坐，还要把塑料拖鞋送给县长穿；商书记去灯泡厂，那里上了一条新流水线，一下子减员几十人，闹到镇政府，把大院里月季花拔了个精光，还把我们食堂老孙养的两头大猪打死了，说，我们吃不成饭，也让你们干部吃不成肉。千言万语总一句，没有钱，天上下雨也打你窟窿。

正说得起劲间,包里手机响起来。我拿出一看,当场说,不好,商书记发我短信,说今夜有暴雨,要我马上下学校实地巡查,特别关注危房教室的情况……各位老板,我要先走一步了。

饮料丁老冬啧啧道,看彭老师这镇长当得,连一杯安乐酒都喝不上。大院里这口饭,看来确实不好吃。

我起身,在桌子中央水果盆里拿了一片哈密瓜,边吃边说,这还算是好的,有时半夜救火一样呼你,你也得把自己从热被窝里拔出来。

马伯生低声说,做你的老婆,倒也不容易。

我说,我和老婆离婚了。

汪双喜作证道,彭镇长说的是真话,他至今还是单过。

老板们都看着我,眼光里百感交集。

电器杨四清说,这个商书记,手机早不来晚不来,就这个时候来,生生把我们彭镇长的书法表演搅黄了。那四个字——大板总汇——什么时候写啊?

我说,一个镇上住着,抬头不见低头见,我彭永生还能逃走吗?字么,我得空就写,写了就给你们送来。

众人笑着,感慨着,一窝蜂把我送下楼。

他们以为我走了,接下去的情况我就不知道了。恰恰相反,当晚就有人把酒楼里的实况都告诉我了——

重新坐定后,汪双喜开口就骂马伯生,你这混账,说话也不看个场合,什么这点子钱问题不大,彭永生听了,不是要说我们老板来钱容易,以后镇上拔毛要加码么?

马伯生连声说,对不住,对不住,我冷猛里跳出个好主意,头脑就有些发热了。

饮料丁老冬说，什么好主意，说来大家听听。

马伯生不看丁老冬。他嫌丁老冬养鸭出身，又不识几个字，前两年暴发了，竟还交了桃花运，一个城里来的大学生——论年龄丁老冬女儿也做得的，应聘在山里红饮料厂试工，起始当化验员，后来又技术主任，又工程师，又副厂长——现在成了丁老冬的二奶。这女大学生姓董，白嫩得像一支茭白芯，现今落在丁老冬这秃毛狗手里，马伯生的心里，总是愤愤不平。

马伯生说，镇上不是有土政策么？谁给希望工程捐资，就可以减免谁的税。我看，把钱交到税务所，水花都溅不起一朵的，与其这样，还不如把钱捐给希望工程，税免了不算，也可以立身扬名，给后代积德。

汪双喜说，你这想法虽有道理，但也未免太浅薄。单单扬个名、积个德，你扔那么多钱下去不是太冤吗？我倒是想起一件事，大家看看，在不在理上。

众人就说，汪总，我们听你的。

汪双喜说，刚才听马老板跟彭永生说换肩当镇长的事，我七窍一下子开通了。我们这些人，苦了这些年，票子房子车子是一项也不缺了，可是往细里想想，究竟还缺一样东西。

杨四清问，缺哪样？

丁老冬看看汪双喜，说，是不是还缺点说话的分量？

汪双喜一拍桌子，说，就是这个意思！我回头想想，要是我们老板说话有点分量，那派出所新来的小所长，能斜眼点鼻子，大声武气呼我汪双喜大名么？能竖起一根烂指头，戳着我的脸像训狗一样训我么？

制衣马伯生点头，说，是这个道理。像我们这种人，看来很神气,其实也不过是在穷人面前神气一下罢了,骨子里,我们的腰板还是软的,在社会上办个屁大的事,也要低声下气求人。

饮料丁老冬说,是这样,我们见了大盖帽,见了乡官,说起话来,心头总是虚虚的;银行里去贷款,他们也总是不肯照顾我们私企,怕我们跑路,坏了他们的账。

电器杨四清说,我赞成汪总的意思。手里这钱,绝不能糟蹋了,单单扬个名积个德,没有意思。真正用在刀口上,是要换来一点更要紧的东西。

饮料丁老冬有些紧张地问,听你们的意思,是想花钱弄个什么位子坐坐啊?

汪双喜说,你丁老板说得这么白,就没有意思了。混了这么些年,凡事就讲究个"点到为止",不是么?

饮料丁老冬说,那你汪总究竟是什么意思?

汪双喜只是吸烟,不作声。过了一会儿,才用夹烟的手指点着一盆残汤,说,这事,就像熬这老鳖浓汤,要一步步来,懂么?

众人点头,但内心,并不是都懂。

20

当夜暴雨下来时,我已走在去村校的路上。

我带了个年轻助理小王,各骑一辆破脚踏车,在泥泞里挣扎前进。雨披一次次被风吹翻,扑盖到头脸上;王助理又是个近视眼,好几次滚到垄沟里,两人都跌成泥冬瓜一样。商书记借给我一只无线对讲机,这是镇上最好的一只,灵敏度不错,对讲距离也最远。我一路巡查,一路就用它来给商书记报告各个村校风雨飘摇的情况,几乎每座村校都没有好音讯。商书记后来也听烦了,就说,彭镇长,你不要再一路看一路报了,我就在大院里坐等你回来,底下诸种情况,你回来一并报我。

这商书记,当过县委书记的秘书,文墨是很不错的。他秘书当到最后两年,县里已任命他当了县委办副主任;换届前,县委书记晓得自己另有任用,要去市里工作,想得也很周到,把秘书等一干人都提早安排了,司机当了县府三产的花木公司副经理;这商秘书,则征求他本人的意见,准备放到乡镇去,担任镇党委书记,先锻炼锻炼,日后再图大计。这样,他的职级就比县委办副主任高上半个台阶,属于正科级。商秘书什么头脑,没有几天工夫就下了塔城镇,还看定了镇上的住房,准备把家眷一道迁来。可后来不知为什么,他的家眷没有跟着来,于是,他就单身汉一样,平时很少回县城,甚至周末也在各村滚,很像是定下心来要苦干一番的样子。

商书记有阅历,又在一把手身边待了这么些年,耳濡目染,这镇党委的书记,当得就很有模样;加上他在县里那些经历很快传开,这就蒙上一层神秘色彩,从大院到村组三级干部,个个对他都很佩服。

只有我,暗地对他有些不恭。我也算是个教书出身的小知识分子,论文化根底吧,也不算太浅;我能写一手好字,古文底子也不错,党史国史近代史,也都懂得若干;数学,更是我的第一专业。对商书记的那些经历,我是钦佩的;不过对他的有些做派,我有些看法,不时地,背后还会发出些嘲笑。

不过话说回来,我理解商书记的心思。我从来不在明里笑他。我在大院拿到"商批"的文件后,只回办公室暗笑;开会听商书记做报告时模仿领袖的口气和手势,则闷在心里笑,实在憋不住,也低下头笑,正襟危坐,绝对不让商书记发觉的。在商书记面前,我只是装憨,百事点头照办,跟其他乡镇干部一样,乖乖当个土包子就是了。我晓得，人家把这领导做得很得意的时候，你态度不恭，就会把人家惹毛了；且你自己位子要坐稳，除了真要做些实事外，还得给第一把手一种安全感，让他觉得你这人各方面都在他之下，对他根本不会造成什么威胁。这样当干部，论实干有种种业绩，说瓜葛却一丝没有，组织上就会大胆放心使用，让你一路顺风走下去；不说官运亨通，起码年龄到线时，会给你个安全着陆。

是夜，我就在村校廊檐下，用对讲机跟商书记汇报灾情。耳边是漫山遍野的大雨声，心里是百千师生忧虑的面孔，听见商书记在机子里说"底下诸种情况，你回来一并报我"，那口气，就不免令我想得很多。

五六个村校巡查下来，我和王助理两个人，就都成了泥潭里的活鬼。回到镇政府大院门口，门房老丁养的那条大狗又突然窜起来，朝着我们猛叫，吠声夹着夜半风雨，平添了许多惊惧。

王助理把破车停下，吆喝着大狗名字，骂道，元虎，瞎了你狗眼，也不睁眼看看，是谁人回来了！

我看着王助理笑了笑，晓得这年轻人难得下村扞腾，黑暗中风雨交加，跌爬滚打，他的心里难免有股子怨气。进得大院，满目乌黑，只有商书记的办公室一灯独亮，凄风苦雨中，这简直算得是辉煌，我心里陡地升起一阵暖意，对王助理说，这么晚了，商书记还在等我们呢。

商书记听见声响，出了门，站在廊檐下，迎接我们。我一看，商书记披一件夹克衫，两手插腰，夹克就像船篷一样撑起，背着灯光，看不见头脸，身子一周的轮廓，却是亮灿灿的，很有些油画的效果，就想，商书记这会儿，是把塔城镇的大院，当成当年红军的八角楼了。

商书记啧啧着把我们迎进办公室，拿出两碗康师傅牛肉面，亲自冲开水泡了,一边摇头道,人在乡里,真个是风声雨声狗叫声,声声入耳啊。

我原想跟他对个下联——"人事农事村校事,事事忧心"——转念又一想,做副手的,凡事不能太露锋芒,遂嘿嘿一笑,装出一副轻松样子,说,这么晚了,商书记何必等我们呢?有什么事,不能放到天亮说。

商书记说,睡不着啊。我早就听你说过学校危房的情况,一见这样的鬼天气,心里就坠坠的,透不过气来。

王助理饿狠了,早在我和商书记两人对话间,龙取水一样,把一碗速泡面吸了个精光,连纸碗里的汤水也不剩半滴。我见了,就笑着把自己那碗也推到王助理面前,说,年轻人胃口好,这碗你也吃了吧。

王助理有点不好意思,说,彭镇长,你在风雨里奔了这一大圈,必也饿了,还是你自己吃吧。

我摆手一笑,想自己黄昏时,早已在双喜酒楼老板们面前,实实在在把肚底垫扎实了,经风见雨奔波一阵,虽然酒气已经散尽,但腹中那些鱼肉,眼下消化得正好,完全有精神在脸上摆出一副宽厚样子来。却不料商书记见了,以为我是客气,又取出一碗"康师傅"来,还是亲自泡了,递到我手上,说,我这里没有山珍海味,可夜点心还是吃得起的。来,吃面!

我一边谢着一边接过,也低头吃了两筷子,身子到底暖和了些。接着,我就跟王助理你一句我一句的,把大雨中各个村校危房的境况叙说了一遍,还添枝加叶,把现实情况说得更严峻了几分,直讲得商书记坐立不安,最后站起身来,篷一样撑着那件夹克衫,在办公室里搭角踱来踱去。

他连声说,屋漏偏遭连夜雨,屋漏偏遭连夜雨啊。

我把剩下的大半碗面条统统倒给王助理，对商书记说，我跟那些值班的校长老师，当面锣对面鼓地强调了，明天——哦，不是，已经算是今天了，凡属于危房的教室，一律不准开课；若出了事，校长负全责；如果发生伤亡事故，一定交司法处理——在这方面，镇上处理一定毫不留情。

商书记连连点头，说，彭镇长，这点强调得好，你说的也正是我想跟底下说的，勿谓言之不预，这个很有必要。

我说，井下村学校，还有桥东村小学，那一片校舍，我看都危险了。气候又进入到雨季，师生这样长时期停课，也不是个办法。作为镇上，商书记，我们总得拿出一个中心意见来才好。

商书记说，彭镇长，你不要逼我。现在我们面临着一个非常时期。镇上财政的情况，你也不是不晓得。下个月你我的工资，也都没有着落呢。真正是手中无粮，心中着慌，两脚踏空，徒唤爹娘啊。

我说，商书记这两句说得好，韵脚也押得响亮。

商书记说，我是步毛主席诗原韵，反其意而用之。

我笑出声来，商书记也笑出声来。尽管眼前风声雨声依然，空气中充满了无奈与苦涩，但听得出，在吟诵这些字句时，商书记还是有些得意的。

王助理这时又把碗里的面吃完了，只剩下一些渣土样的汤脚，他摇着碗底残汤，抬起头，用很渺茫的目光，看商书记和我的脸。

商书记说，上回，我们曾经说起，请镇上的大户们来支一把教育，不知道事情有些进展么？

我说，正要向你汇报呢。黄昏时，我跟汪双喜他们几个大户碰了头，谈了初步意向。我前些日子造的危房改造预算，也给了他们。

商书记问，你预算造了多少？

我说，三百万元。

商书记摇头，说，太少了，大可翻它一番。

我愕然问道，你还嫌少？

商书记说，钱多不压身么，要多了，你还怕花不掉？一样向老板开了口，你不多要些干什么？

我说，商书记你不知道……

商书记说，我怎么不知道？这些老板，钱都是潮里来浪里去的。汪双喜那小子，奔马房产公司一年的利润有几千万；三家酒店两家汽修厂，年净利也有几百万；娱乐中心，少说也有几十万进账。不引导他们做点善事，还不把钱都花到歪道上去了。

我说，商书记心里一本账啊。

他笑笑，说，有些事别人不晓得，我当书记的还能不晓得？其他人不说，就说那个制衣厂老板马伯生吧，他在市里嫖一夜，扔的钱就上四位数。这是什么概念？就是说，他跟女人睡一晚，抵得上我们村民风里来雨里去干一年。这些人啊，钱多得血脉胀呢。

我说，可就是我报的三百万元预算，他们也没接嘴。

商书记摇头说，为富者不仁，为富者不仁啊。

我说，钱在他们兜里，你又能拿他们怎样？

商书记咬牙道，没有改革开放，他们能发什么财？还不都是一帮草民？现在求他们做些事，倒眼睛朝天，搭起架子来了。老一辈说我们要改革开放，让一部分人先富起来，这个实践，现在有人说是养猫咬自己卵子，我看真是一点也不错！

我从包里拿出那只对讲机，用干布擦了擦，还到商书记手里，说，若说他们真个一毛不拔，倒也不是的。刚才我们查到井下村学校，看那房子实在不得过了，我当下就给汪双喜通了个电话，请他无论如何先支一把，拿一笔钱出来给我们救急，我说，井下村毕竟是你汪老板的故乡，这村校也是你汪老板当年启蒙的地方……

商书记问，他怎么个态度？

我说，他说可以考虑，只是有几件事想见你商书记，要当面跟你谈。

商书记就现出不悦之色，说，你不是跟他们谈过了么？镇上不是全权委托你了么？你是我们塔城的文教镇长，有关文教方面的事情，你彭镇长说了算数，他还要见我干什么？

我说，商书记，这个你也要理解他们。我彭永生只是一个教书出身的镇长，还是个副的，说话能有多大分量。在塔城镇，你商书记说的话才真正算数，所谓一言定乾坤，只有你才有这个力道。这是全镇男女老少都知道的。大小百事，尤其是要他们掏钱的事，汪双喜他们只愿意跟你谈，我看这也合情合理。

商书记啧一声，皱着眉，又搭角在办公室里踱头回。我知道，虽说我刚才的那一番话说得苦恼，又有些怨气，可这恰恰是商书记愿意听的。

桌上的电话铃突然响起来，三个人不由得一惊，想，现在都什么时辰了，谁人还会打电话来？

商书记拿起电话，嗯嗯了几声，说了一番正在办公室处理急事的话，啪嗒一声就把电话挂上，而后是满脸不快。

我和王助理一旁看了，呆呆的，也不敢问。倒是商书记自己憋不住，叹口气，自我介绍来电情况，说，你们看看，我这书记当得难不难，老婆在县城，叫她下塔城镇来住么，她不肯来；不下来吧，对我又是一百个不放心，怕我起野心思，养野妹子，常常半夜三更的，把电话一个个打将过来，不是袭你宿舍，就是袭你办公室；这夜深人静的，你们说烦人不烦人！

我就说，商书记，我理解你这苦处。前些年我跟胡兰萍一起过时，她也是这样子；现在我单过了，就没这烦恼了。

商书记说，可我是第一把手，不能为了这事就闹离婚呀，你们说是不是。

我说，那是那是，我是属于特殊情况，自己又没处理好，不足为训。

商书记说，你们不知道，我这里要是两处地方都没人接电话，哈，第二天就有得热闹了，我老婆那个审问，跟县公安的刑侦队差不了多少，从几点几分排到几点几分，可以把你身上的汗毛都数清楚，你们看这种生活无聊不无聊。

王助理先是笑起来，说，商书记做这么大的官了，家里也有这种烂事。

我说，也难怪嫂子要这样，你商书记正当盛年，文武双全，软活硬活都拿得出手，前程不知道有几多远呢，加上你的人模样又生得这样周正，嫂子放心不下你一人在乡下，这是爱你入骨呢。

商书记说，我在这个位子上，忙都来不及，还会起野心招野妹子睡觉去吗？惹这一身骚，也忒不合算了。

我说，商书记说得好，对我们底下人，也是一种教育。

商书记又摇了一番头，忽而把手一挥，很果断的样子，看着电话机说，天要落雨娘要嫁人，她要作怪，就随她去罢。

我说，不过你也要劳逸结合，常回县城去看看才好。

商书记苦笑两声，两肩一耸，抖了抖船篷一样的夹克衫，说，凄风苦雨，百姓的水深火热都来不及解决呢，谁还有心思想这个。

我沉默一会儿，喝了几口水，说，那商书记您就拿个主意，跟汪双喜他们，您是见也不见？

商书记抬起头，望着黑黢黢的窗外，在风雨声中沉思良久，终于说，共产党死都不怕，还怕见几个私营企业老板么？你传话给汪双喜，只要他们能够解决实际问题，帮助镇上发展教育事业，我意可以一见；具体时间，具体地点，一并由你酌定。

21

天亮之后，雨还在下，只是小了些，仍然滴滴答答，落得人心里发烦。

我早想跟汪双喜他们打电话，把商书记与他们见面的时间定下来，可一想，这些老板都是什么人，过惯了夜生活的，百事都喜欢在黑夜做，现在作兴还落了窗帘，睡得正好呢，便一直熬到午饭过后，才跟汪双喜通电话。

汪双喜那头听说商书记这么快就肯见面，高兴得什么似的，即刻就把约好的一个上海小老板回头了，说改日再见面，却跟我定下来，晚上就请商书记到巨龙酒家——他的另一家酒店，与老板们碰头。

商书记有心把这件事做成，吃过早饭后，就叫上镇办主任，到大院附近的村校去走走，意图是掌握些第一手情况。不料才到第一座村校，就出了事故——

那校舍的屋顶，原来是用芦柴搁的瓦片，雨下久了，烂柴吃不住力，湿瓦便坍下一半来。其中一片，不偏不倚的，正打在商书记额头上，砸出了蚕豆大小一个洞，当下血流如注，把商书记半张脸都糊住了。

也是奇怪透顶，正在我们七手八脚给商书记止血时，天上传来一阵布谷鸟的叫声——布谷布谷，布谷布谷。

我就想，早不叫，晚不叫，偏偏在商书记额头流血的当口，这鸟却叫了，莫非，古人说的"杜鹃啼血"，是真有其事？这布谷鸟，真是一种令人敬畏的鸟儿？

镇办主任大呼小叫，拿出对讲机来大喊，让办公室马上叫卫生中心来医生，带上急救药品。商书记却很镇静，对镇办主任喝道，你出什么洋相，卵大一个伤，捂紧一会儿血就停了，你叫什么医生，还急救药品！

镇办主任说，这瓦片都是陈年烂货，怕商书记破伤风呢。

商书记说，我哪里有这么金贵！人家村民不是也有皮破血流的时候么？他们的日子就不过了？

又坚持看了两座破学校，一干人才回大院。其时商书记捂在额上的手帕，已满是血迹，大半边还都发硬了。镇办主任好说歹说，才把商书记架进镇卫生中心。

中心主任正坐在药房里跟女药剂员调笑，见商书记满脸是血走进医院，先是吓白了面孔，又是叫医生，又是喊护士，像撞翻了粥锅一样。商书记一脸阴沉，不断摇头，临走时摸着头上的纱布，对中心主任说，你们一遇事，就显得紧张有余、准备不足！等我把村校的这一块理顺了，回头再来整改你们卫生中心。一番话，说得主任两脚发抖，满脑门都是汗珠子。

天黑时分到了巨龙酒家，商书记那一头纱布，又让汪双喜这些老板们吃了一吓。

汪双喜说，这是怎么说的，商书记在哪里碰了不巧。

我就在一边作了简单解释。老板们啧啧感叹，说，商书记轻伤不下火线，这样的领导还有什么话说的。汪双喜尤其感动，说，商书记受伤包了头，还来这里跟我们这些人谈工作，我们不拿出点诚意来，老天怎么会答应？

这时小姐鱼贯进来，把托盘里小碟一样样摆上来。她们见在座的有自己的老板，还有大院里第一把手，临场表现就格外拘谨。商书记用眼角掠过桌面，见上来的冷菜依次是芦笋、鸭舌、蜜汁红枣、香油黄瓜、辣白菜、酱汁豆腐衣，还有一碟黄泥螺，足有拇指那么大——都是清淡开胃的，便晓得后面上的，必是浓脂厚膏的大菜，就说，汪总，我今天下村挂了点彩，原想早点歇下，因为要跟各位见面，信用要紧，就硬着头皮过来了；但我头有点晕，不想吃什么东西，浓油赤酱的大菜上来，更怕要恶心，你看把菜式弄得简单些，可以么？

汪双喜说，论菜单，今晚倒是要上些好菜的，还专门叫了个师傅，来做红烩鱼脑，想在书记面前露一手，略表我们的敬意。不过你既然这样说了，我们就一定少弄几个菜，还要弄得清淡些——炒几个素菜吃吃怎样？

制衣马伯生说，请书记吃素，像什么样子。红烩鱼脑大补，书记又是伤了脑门这里，吃一吃补补，应该是最好的。

商书记笑笑说，要吃你们吃，我没有胃口。这与你们不相干，不要扫了各位兴致。

汪双喜说，喝些小酒活活血，总是可以的吧？

商书记摆手说，我伤口还是新的，止血就不易，喝酒不是要了我的命。就来一杯清茶吧，龙井、毛峰、铁观音，都可以。

老板们就摇头，纷纷感慨商书记不烟不酒，说像这样的官人，就是全县全省，也找不出几个来了。

我抓住机会，说，商书记的头，就是今天上午下村校去视察时，被屋上烂瓦砸了的。各位想想，这学校的设施，已经危险到了什么地步。商书记一路还说，这烂瓦幸亏砸在他头上，若是砸翻了哪家娃娃，不是又要闹得家翻宅乱，若罡惹怒家长，一齐闯到大院来搏命，也是有可能的事。你们听听这话说的！

饮料丁老冬说，这是什么话，砸翻十个娃娃，也没有我们一个书记金贵。他家翻宅乱又怎样，到大院来闹事又怎样？书记有个三长两短，我们一镇几万人还要不要过日子了？

商书记说，丁老板这话不对，我们共产党历来讲群众第一。我们都是有岁数的人了，哪有祖国花朵那么金贵。不信，你烂瓦砸死一个干部，跟砸死一个学生比比，哪个会更轰动。砸死个干部，最多是条社会新闻；可砸死一个学生娃娃，那就是一个了不得的政治事故啊，它可以牵出许多部门许多领导，折腾起来没个完，弄不好，一连串干部下台，也是作兴的。

电器老板杨四清说，商书记左一个事故，右一个下台，说得我汗毛都竖起来了。这种不吉利的话，现在不说好不好？

我有些紧张地看商书记。商书记却轻松一笑，对杨四清说，共产党人，就是彻底的唯物主义者，不信那一套的。我商某人做官不怕下台，就怕老百姓吃苦掉眼泪。

我赶紧接口说，各位老总看看，商书记为了这学校危房，命都豁出去了。各位前些日子在迎春座谈会上，不是说有钱出钱有力出力么？大家都来帮镇上一把，也不枉商书记一路淌的这些鲜血。

商书记笑笑说，彭镇长，你也不要把老板们逼得这么急，我们都是朋友，有事慢慢相商么。

汪双喜也笑着说，我也恨不得立马带人去村校翻房子呢。可心急吃不了热豆腐，商书记你说是不是？支援希望工程的事，我们一定认真考虑。这是关系子孙后代的大事，我们搞企业的怎么会马虎呢？——来，书记你先吃菜，彭镇长也吃菜。

汪双喜说着，就热心为商书记搛菜，也不忘为我搛菜。商书记不知是真的没胃口，还是摆架子，只一口口呷茶，对那些冷菜热炒，并不热心；即使吃上一口，也是浅尝辄止，很恬淡的样子。我却是好胃口，一天一夜折腾下来，肚里油水早就枯去了，原来想，既然来吃了，不吃白不吃，对老板们撺菜，准备来者不拒；可一看商书记吃得这么文雅，便也不敢狠吃，怕露出猴急相，惹书记和老板们看不起，便只得小口小口抿酒，还煞有介事的，一次次把筷子搁下，心里却实在毛糙得不行。

小姐进来打开电视，画面上正走着些泳装女子。商书记捧着茶杯，眼睛有了着落处，很有兴味地看那荧屏。这一景被制衣马伯生落了眼，他就悄悄跟汪双喜说，有没有更刺激的？拿出来放放，也让我们书记散散心。

汪双喜看看商书记，放大嗓门说，什么刺激不刺激，下作东西我们从来不弄的。精神要文明，商书记你说对不对。

商书记说，守法自重，注重文明，我很赞成。

汪双喜在桌子底下，又踢了马伯生一脚，眼睛却看着镇上领导，说，商书记，你今天肯到小店来，给足了我面子。我想给你说句心里话，不知道是否合适。

商书记说，你汪总今天是怎么了，竟说这样的客套话。我们都是一家人，有什么事不能说的？

汪双喜扫了老板们一眼，说，今天我见商书记伤成这样子，还坚持工作，心里真是很受感动。商书记把共产党的样子，做到我们眼皮底下来了。我从商书记这里，对共产党的认识又多了一层，冷猛间冒出个念头，这里不能不说——

商书记看定汪双喜，微笑点头，鼓励他大胆放言的样子。

汪双喜说，我汪双喜说一句没轻没重的话，我也想加入共产党。不晓得商书记看得上么？

商书记脸上顿时生动起来，站起来，跟汪双喜紧紧握了一下手，说，好啊好啊，我个人对汪总这个想法非常欢迎。

汪双喜说，现在我若提出申请，这事今年办得成么？

商书记看看汪双喜，又回头看看我，脸上笑容依然，说，汪总，这事用得着你刚才说过的一句话了，心急吃不了热豆腐。入党这个事，有许多准备工作，要上党课，要学党章，要写入党申请书，组织上要找你谈话，还要到各处调查你的历史表现和现实表现……方方面面都成熟了，才发给你入党志愿书。你有这个愿望，很好；至于什么时候能进党，我个人真的不好说。

汪双喜说，进个党原来有这么多麻烦事，我倒是第一回听说。毕竟是党外人。听他们说，进党还得有介绍人，我若是请商书记当我的介绍人，不知你肯么？

商书记说，这有什么不肯的？你信任我商某人，这是再好也没有的事了。不过我跟你说了，选定入党介绍人，这是后事，要紧的还是你先向党组织表示这个愿望。你们不是有一个私企协会么？高关根还兼着这个协会的支部书记，你可以先找他谈一下。

汪双喜说，找高关根去谈？跟他能谈出个什么名堂来。实话对你商书记说，我看不起高关根这个人。要我向他申请进党，我宁肯不弄这事了。

商书记笑说，只晓得你们之间有些矛盾，不想矛盾还很深呢。

汪双喜说，现在不是讲究特事特办么？像我这样的人，全镇纳税第一位，对塔城镇贡献也不能算小的，不能向镇党委直接申请么？

商书记想一想，说，不是说绝对不可以，不过事情总得一步步来，尤其支部这一层，是万万不能跳过去的，回头我们镇党委讨论一下，给你个说法。你看怎么样汪总？

汪双喜说，有说法就好。

商书记又说，不过不管怎样，我们党的大门总是向你敞开的，这一点你放心。汪总你好自为之。各位老板也好自为之。

汪双喜说,书记说好自为之,我们也是真想好自为之。前些日子,彭镇长提出要我们支援希望工程,我们就准备有所作为。我们几个商议了一下,筹它个三二百万元,帮助镇上把危房校舍更新一下,问题应该不是很大。不过我们有个想法,要跟商书记聊一聊。马老板你说说。

制衣老板马伯生就朝商书记和我笑笑,说,其实,这也不是什么大不了的事情,井下村学校不是危房情况最严重么?我们几个议下来,想集中财力,帮助镇上解决这个学校的问题……

我一拍筷子,叫一声,好!井下村的村民要向你们几位叩头了。

商书记也说,伤其十指,不如断其一指,集中财力支持最困难的学校,这个办法,我看可行。

制衣马伯生说,不过我们有个小小的要求——

我中气十足地说,不相干,你们有什么要求大胆提,今天商书记在,镇上一定帮助你们很好解决。

商书记呷着茶,说,马老板,但说无妨。

马伯生扫视一下酒桌,说,井下村学校不是有几个名牌班级么?黄继光班,雷锋班,焦裕禄班,刘胡兰班,老师也都是全镇最好的,学生考初中高中,录取率也都是全镇最高的。我们想,我们几个人合资给学校建一栋新的校舍,三百万元,一幢教学楼应该造得很登样了;学校方面呢,就把那四个班的名字改了,改成我们兄弟四个的名字,你们看,这个可以不可以。

马伯生说得很平静,说完了又拿起酒杯,细细地咪了一口,一副不动声色、静候回音的样子。我听着却觉得不是滋味,筷头上搛得很好的一块五花肉,卟一声掉在醋碟里,溅了半桌子。我看看马伯生,又看看汪双喜和商书记,仿佛等待空气爆炸。

商书记仍笑容可掬,悠然颔首一笑,侧过脸来问我,说,彭镇长,用大板们的名字来命名几个名牌班级,你看怎么样?

我不懂商书记为什么这样问我。我认为,大概他自己也觉得不好回答,想放一个缓兵之计,或者想把这些事情都推在我身上……想到这里,我心里就有些嘀咕。

可这个商书记,就是当着众人面,一直微笑着,盯着我。面对这逼上梁山之势,我再也不能装聋,遂咽了口唾沫,说,井下村学校这几个名牌班,都是墙内敲鼓墙外响的,前两年命名时,县教育局领导都来了,还来了一位副县长;现在要是把黄继光刘胡兰的名字都拿掉,改叫汪双喜班、马伯生班、杨四清班、丁老冬班,别人不说,先请在座诸位想一想,这样叫起来顺么?

商书记笑着说,问你呢。

我就看商书记脸色,想从他目光深处,从他脸上皱纹的细小颤动里,寻出某些信息来。然而商书记笑得一如既往的平和,目光也恬静得秋水一样,须眉之间,还有一种居高临下的宽厚相。我便觉得自己一下子又被推上了悬崖,四下里空落落的,没有一个人伸来援手,舌头就莫名其妙地大起来。

我说,这个事,恐怕还要……跟县教育局通通气吧。

商书记说,乡镇学校双重领导,业务归教育局,其他归我们乡镇管。我认为学校的事情,还是我们乡镇自己决定为好。跟县教育局相商,他们也正穷得眼珠子发红,又做惯了那种雁过拔毛的事情。他们若截留下一半钱款,你怎么办?在座各位会同意么?最后的结局,不是打了兔子喂白狼么?

汪双喜说,商书记就是老辣,到底在县里工作了这么多年,说出话来,有理有据,令人信服。

丁老冬说，这里只有商书记，一眼能看到县城官府骨子里。

我尴尬地笑说，这是自然，商书记在县城那么多年，八卦炉里炼成金，谁人有他对县里那么深刻了解呢。

商书记摆摆手，表示不想听我们好话，说，各位老板，如果我们镇上不同意名牌班改用各位名字，你们又会怎样？

电器老板杨四清说，我们是生意人，习惯一手交钱、一手交货。你们要是不改名牌班名字，我们就不付钱。

汪双喜赶紧说，倒不一定做得这么绝，还可以相商着办么。钱总归是要拿的，希望工程嘛。只是改名有改名的付法，不改名有不改名的付法。

我说，我谈点个人看法，不一定中听。名牌班改名的事，我认为还是慎重为好。黄继光刘胡兰，到底是英雄名字啊，全国人民都叫顺了的。我有个侄子在井下村学校读书，问他在哪班，他小胸脯一挺，说，雷锋班！骄傲得不行。若是改了名，小孩子能回答得这么骄傲么？

电器老板杨四清说，这也是个习惯问题，时间一长，叫起来就会顺口的。我说一件事吧——上个月，我到上海的交通大学去。那里有一幢图书馆大楼，十几二十楼那么高，名字就叫"包兆龙图书馆"，大学生叫起来，都脱口而出，很顺口。这个包兆龙是什么人，你们知道吗？

我说，你考谁？包兆龙是香港船王包玉刚的父亲，谁不晓得呢！

杨四清说，那就是了，船王不就是老板吗？只是他是香港城里的大老板，我们是内地乡下的小老板，性质上没有什么不同。用老板名字来命名校舍，又不是开天辟地第一回。小学生将来说顺了，说我在汪双喜班，杨四清班，不是也很响亮么？

我笑了笑，不过笑得有些干涩，有些尴尬；而商书记的笑，却依然显得那么和善，那么宽厚。

汪双喜沉下脸来，说，不改名，当然也可以，不是非改不可的。不过我倒要问一句，黄继光能给我们村校带钱来么？雷锋同志能解决村校危房的翻修资金么？焦裕禄刘胡兰，他们能拿出三百万四百万，帮助镇上解决火烧眉毛的实际问题么？

我被戗得一句话也说不出来，看汪双喜的脸，发现这老板也真是动了颜色，嘴唇抖抖地发紫，两颊却泛出白来；那牛眼似的眼睛，不看别处，只红红地看定桌中一盘大王蛇肉，目光很毒。

商书记一摆手，说，这事，就暂时说到这里吧，再说下去，双方怕要动气了。我去下卫生间，各位先自便。

他站起身，走到门口，转身朝我招招手，说，彭镇长，你出来一下。

老板们相视一眼，都知道商书记是什么意思。商书记上了走廊，也没有进卫生间，却把我带进隔壁一间雅室，又把门轻轻关上。我心里惴惴的，想商书记这回要批评我了，却不料，他用手势再次把我招近，一副要跟我密商的样子。

我说，书记有什么吩咐？

商书记说，你刚才那几句话说得好。说明对于名牌班改名这件事，连我们两个镇领导，都还有不同意见；如果镇里同意名牌班改名，那是付了代价的，是一件大事情。

我说，听商书记说法，你是要同意他们改名了？

商书记说，我不是在跟你相商么？

我说，把英雄班改名老板班，我总觉得心里不踏实。

商书记摇头说，你我胆子还是太小，思想还是不够解放。

我叹口气说，这话越发听得出，商书记要答应他们了。

商书记笑笑，说，老板们刚才说了两件事，是不是？一件是入党的事，一件是改名的事。关于入党，这里有一个原则问题，我们一定要按《党章》规定办，我意可使缓兵之计，慢慢来，让他们作出贡献在前，我们研究他们入党在后。这里的意思，你懂么？

我脸色稍解，点头想，商书记到底是机关出身，有手段有办法，汪双喜要入这个党，不知还要花多少心思呢。

商书记又说，至于名牌班改名的事，我提出个看法供你参考。不用黄继光刘胡兰的名字，这又有什么大不了的？黄继光刘胡兰的英名，会就此在人民心里消失吗？

我呆呆地看着书记。

商书记说，不会么，根本不会么！烈士英名，万古长青，这是我们共产党的历史财富和精神动力，是永远不会消逝的。

我说，你说得也是。

他透口气，又说，可是另一方面，老板们到底是拿出了三百万元巨款啊，到底是造起了一幢崭新的教学楼啊。这钱，他们不是偷来的，不是抢来的，而是一笔笔生意做出来的，说起来也是来之不易的钱。而我们一个穷乡镇，一下子拿得出这么多钱来搞教育吗？共产党不图虚名，人民却需要实惠。说心里话，我准备答应他们。不知彭镇长意下如何。

我犹豫道，我是怕……大院或县里，有人说难听话。

商书记说，怕有人说难听话，那我们就不干事了？改革开放就不要搞了？老百姓的生活就不要改善了？你这同志胆小么。我们的事业，就是在难听话中发展起来的么。比起农民子弟在危房里上课，我宁可听几天难听话，就是担一辈子骂名，这事我也要做好它！

听了书记的话，我胆气也一下壮了起来。我把眼光落在他少数几茎白发上，说，你书记腰板这样硬，我也决不当软蛋。我今天跟你一道上！

商书记拍拍我的肩，连声说，这样好这样好，在大事上我们观点一致，我把你引为同志！

说到这里，商书记顿一顿，若有所思的样子，又说，稍过一歇，就由你去向老板们宣布，镇上可以考虑名牌班改名的事情。不过，话不要说得太满，知道吗？

我说，知道了。

他又说，我们办事想问题，总要留些余地才好。还有，关于这三百万元钱到账后，怎么使用，我也有些想法。这笔钱的使用，要由镇上说了算，而不是老板们说了算。这意思，你也要跟他们说清楚，不能含糊。

我连连点头。我是文教副镇长，只要村校危房抢修的大事能及早解决，让我说什么都行。

22

塔城镇的人们，不能不佩服汪双喜这些老板。镇上一答应可以用他们名字来命名村校名牌班，他们立马就去银行，把三百万元款子划了出来。汪双喜真是狠角色，还故意把钱款划到镇政府账号上，而不是划到我分管的镇教办独立账号上。等我想到这一点，赶去找汪双喜时，汪说，钱款昨天就已经划出，我哪晓得镇教办还有独立账号？难道镇教办和镇政府不是一家子么？难道你们在一个大院里还分彼此吗？

我目光直直地看汪双喜，像被他抽了耳光，想说什么，却说不出来。我跺了一脚，转身就走，一边直呼，迟到一步，迟到一步！

汪双喜在我身后，只是暗笑。

我走出奔马公司，怀着最后一丝希望，赶到街上农业银行储蓄所，找到所长，要他查一查汪双喜他们三百万元款子处理了没有。所长一查，说昨天下午就做了，现在钱已到了镇政府账号上。我不死心，把这钱来龙去脉说了一遍，恳求所长帮帮忙，把这三百万元款子改划到镇教办独立账号上去。所长说，我吃豹子胆了，你们镇政府会计胡秀云是个多厉害的女人，要是晓得我听你话，把镇政府账号上的款子划到账外去，报告你们尤老大，不抽我的筋剥我的皮！

我说，叱，我不也是镇长么。

所长嘻嘻笑着说，彭老师，你是镇长，但你是副的，还是管文教的。我只认你们镇上财政一支笔。

离开银行，我如丧考妣，跌跌撞撞闯进商书记办公室。我说，商书记，大事不好，那三百万元钱，汪双喜他们划出了，可没有划到我们手里。

商书记一拍桌子，说，难道有强人半道劫去了不成？

我就说了一遍去银行询问的事。商书记回透一口气，说，我还以为是什么不得了的事呢，钱在镇上就好，肉烂在汤里，又不会给别人夺了去。

我说，事情没这么简单呢。商书记你去跟老大通个气，说明这三百万元是私企老板捐给希望工程的，专款专用，谁挪动谁负责。

商书记见我一脸紧张，方才意识到可能遭遇的麻烦，说，我立马找老大说去，估计不会有什么情况。你只管放心请建筑队去，最好天一放晴，就开始危房改造。

我骑个破自行车，唏哧唏哧跑了几个村，还上了一回县城，终于选定一家资质好、要价低的建筑队，双方达成口头协议，下礼拜就进场，发车运石料。一直忙到傍晚，才回到大院。正拿个脸盆撅着屁部在井台洗脸，商书记来了。

商书记说，彭镇长，我给你赔不是来了。

我盯住书记的脸，问，是不是那笔款子出了毛病？

商书记说，你交给我的任务没有完成，那三百万元款子，镇政府看来要雁过拔毛。

我说，这事不作兴啊，我好不容易求来的救命款，怎么就这样倒霉呢。你找到老大，就没有把我们教育口的苦处多说说么？

商书记说，你这就是冤枉我商某人了，我怎么能不说呢？不过我先纠正你一个说法，这笔救命款，怎么是你一个人求来的呢？跟老板们谈判拍板，不是我跟你一道去的么？说这个，倒不是我要跟你抢功，而是说，我也十分着重这笔钱。难道我愿意我们一道求来的救命款，半道给人截去么？

我脸上就有些挂不住，说，那是，那是。

商书记说，我看尤老大说的，也不是没有道理。他说，有钱进账，正好，我下个月大院干部工资都没着落呢。

我心里暗暗骂了句，强盗。

商书记说，我给尤老大解释，说这是我们求爷爷告奶奶，从老板们那里求来的款子，专门用来抢修危房，是希望工程的专款。我还说，危房危到什么程度，你看我商某人头上的伤口就晓得了；这一笔钱，镇上若是挪用了，危房还怎么修？老师学生万一上课时出了纰漏怎么弄？

我急问，尤老大怎么说？

商书记说，尤老大倒也通情达理，说，我也不是狮子大开口，三百万元一口就给你吞了。他说，大院干部工资每月是十五万，我只留下三十万元，应付一下这两个月的开销，要不然，干部们闹起来,大家吃不了兜着走,面子上也不好看;其余二百七十万,你拿去修危房,我没意见。

我带着哭音,说,老大这一截,就截去了好几处危房抢修款啊。商书记你倒忍心点这个头。

商书记一脸无奈,叹口气说,我不点头怎么办?尤老大是镇政府的当家人,他也是一个难,你说对不对?你想想,你我两人的工资,不也是没着落吗?难道你愿意再拿一个月白条吗?

我说,我宁可再拿一个月白条,也不愿老大动这三百万元救命钱。

商书记说,彭镇长,你也要体谅一下我的处境么。你想,我跟尤老大是镇里党政一把手,是我跟他的关系重要,还是我跟你的关系重要?

我赌气转过身去,双手把脸盆里的井水掬起,一捧捧往上泼,直泼得一头一脸,鼻孔里直喷粗气。

商书记冷冷地看着我,等我直起身子来用毛巾擦脸,才又说,关于抢修危房的事,尤老大还谈了一个意见,他说,二百七十万元钱,不能一下子全给井下村,只翻那一幢教学楼。他说,各村的学校都有危房,都要抢修,这笔钱,要阳光普照大家暖和,不能小狗撒尿只湿一摊。

我说,这是怎么说的,井下村的困难是特殊困难,特殊困难就应该特殊解决。商书记你忘了,当天在老板们面前,你不也主张"伤其十指不如断其一指"么?

商书记怔一下,说,伤其十指,确实不如断其一指;但现在是十指俱伤,我们能只医一个指头吗?

他顿了顿,又说,彭镇长,具体情况具体分析,这是马克思主义的精髓。

我咕哝道，你说的都是精髓。

商书记说，彭镇长，我在塔城镇干的时间没有你长，许多情况还要拜你为师。尤老大警告我说，这种事情镇里有过教训，各村的钱给得不均，将来有些村的村干部就会到大院来造反。

我急问，照尤老大说法，井下村学校能拿到多少钱？

商书记说，利益均分吧，第一批九个村校先修起来，井下村和各村一样，都分三十万。三九廿七，这就把账轧平了。

我一跺脚，说，真是要命，这事叫我怎么交代啊。不瞒商书记，老板们同意给钱的那一天，我已经给井下村学校的苏校长报了好讯。这苏校长还不舍得那几个名牌班级改名呢，说不知该怎样给老师学生做工作。现在完了，雷锋黄继光的名字改掉了，老板的名字也上去了，他井下村学校拿到手的却不是三百万元，而是三十万元！这苏校长晓得了，不是要跟我搏命么？

商书记说，彭镇长，不是我批评你，你这人就是缺少个组织观念。镇上还没有最后决定的事情，你怎么能往下面传呢？谁又给了你这个权力呢？我早说了，办事想问题，要留有余地，你跟苏校长这么一说，不是把自己的退路断了么？你这个同志啊，还是书生一个。现在好，你自拉的屎自己清去，这事引出的麻烦，你自己去了断吧。

我本来还是胸膛鼓鼓的，充满怨恨，此刻却一下子疲软了。我想，这位商书记真是了得，不愧是县城机关炼出来的，一刻钟之前，我还占着理，光火发脾气，腰板硬硬的，让他给我连连赔不是；可经不住他三言两语一说，我这里就转成下风，现在是低声下气，在他面前反而变成了孙子！

我说，商书记，你批评我接受，不过，有个问题，你还是要给我一个答案——

商书记说，你说。

我问，老大截留的那三十万元钱，以后还会还给我们镇教办么？

商书记说，这个我不敢打包票。不过我看老大这人，不是那种借钱不还的角色，等镇里财政好转了，他加倍偿还你，也未可知。

我心里说，那要等日头从西天出来。商书记就笑了。

洗完脸回到办公室，我拿出纸笔细细盘算，看那二百七十万元分到九个村校，能办多少事情。算完这账，我拿起电话，拨通井下村村校苏校长。我跟他说，到镇街口老同兴来一趟，有要事相商。

我自己先到老同兴，要了几盘小炒，一瓶绍兴加饭。天暗了，苏校长才披着一身暮色踏进饭店。他扫一眼桌上酒菜，脸色有些紧张，问，彭镇长找我？

我指指凳子，说，坐下，边喝边谈。

说实在的，我本人哪里又是一个好糊弄的角色。这些年文教镇长当下来，也早已炼成人精了。老板捐助三百万元的大事，我怎会随便告人。之所以在商书记面前说已经透露给苏校长，只是想给他施加些压力，让镇里少扣些钱罢了。不料商书记抓住这个把柄，狠狠把我批评了一通。不过想来想去，我还是觉得这样说没有吃亏，至少给商书记造成这样一种印象，我是风箱里的老鼠——两头受气，日后在大院里，也可多得他一些支持。

我给苏校长斟酒，笑着说，这顿饭，本该是你请客的。

苏校长是个泥腿子校长，一边教书，一边还帮老婆养猪，一身的猪屎味。这时他眼睛一眨一眨的，说，你彭镇长请我吃饭，我都莫名其妙；你还说应该是我请客，那我就更不懂了。

我笑起来，说，苏校长，今晚我是专门来给你报好讯的。你交好运了！镇教办准备拨给你一笔钱，帮你解决一下学校危房问题。

苏校长听了，一时不敢相信，眼光拔直了看我，说，彭镇长，你我都是教书出身，不作兴骗人的。

我说，这么多年交道打下来，难道你还不了解我？我彭永生什么时候骗过你？

苏校长突然站起来，一手猛拍胸膛，抬头看墙上那个颠倒的福字，说，盼星星盼月亮，老天总算开眼了，你给的，是我们学校的救命钱啊。

我说，你这人还当校长呢，说话没有个政治觉悟，怎么是老天开眼呢，是镇里帮你争取来的。

苏校长笑着，立马改口说，该死该死，我该给镇政府烧高香，给你彭镇长烧高香。

我说，倒也不是我一个人的功劳，商书记也是出了大力的。他下村视察学校时，头颅都给烂瓦砸破了，这你晓得么？我们两人跟汪双喜这批老板谈了几次，总算争取到了一笔钱。这是抢修危房的专款，一定要专款专用。

苏校长点头不迭，说，专款专用，当然专款专用！就不晓得这专款有多少钱。

我说，给你三十万，怎么样？

苏校长放下酒杯，两眼睁得大大的，像已见了那笔钱，目光竟是傻傻的，说，天啊，一下子三十万元，这么大一笔钱，能修多少校舍啊，你叫我怎么感谢你才好。

我说，钱是汪双喜他们的，你还要感谢那批老板。

苏校长脸笑得一朵花一样，说，感谢老板！感谢老板！

我说，老板们这笔钱，也不是白给的，他们还提了个条件。

苏校长问，什么条件？

说这话时，他依然满脸是笑，似乎从这一刻起，他这张脸只会笑了。

我说，汪双喜他们四个老板提出，你们井下村学校的四个名牌班级，要改成他们这几个老板的名字。

苏校长脸一紧，第一次敛了笑容，说，怎么改？叫汪双喜班、马伯生班？

我不无紧张地说，就是这意思，你看呢？

苏校长只稍许沉默了一歇，就说，改就改吧，名牌班级用那些英雄的名字，不过图个响亮罢了，经济效益是半点也没有的；今天老板们花了这么多钱，只买了几个班级的虚名，我看我们还是划算的。

我透了口气，心里松快了一些，举起酒，跟苏校长碰了杯，说，老板们的名字，是要在学校长期用下去的。也许师生们对这个会有意见，你要把这个工作做好。

苏校长说，这个工作我做，没问题！班级改成了老板们的名字，日后他们兴许会对学校更加照应。你说是不是这样。

我说，这个我说不上。但改名的事，你们不要后悔。

苏校长说，不后悔，后悔什么。汪双喜他们只要肯出钱，不要说买我几个班级的名字，就是把我校名买去，我也一百个乐意。

看着苏校长脸上的笑，我心里忽然酸了一下，一句话也说不出来。我端着酒杯，在杯沿上看了苏校长好长时间，慢慢的，那校长的影子就模糊了。我咬咬牙，一仰脖子干下了那杯酒，自己觉得有水一样的东西，从眼角这里滚落下来……

23

我联系的建筑队，说好是建造井下村学校一幢新教学楼的，现在变了卦，钱分成九份，又不是建新房，而是抢修危房，时间又紧，我只好跟他们重新打招呼。那建筑队包工头说，我们这样的企业出马，只是翻修你们村校几间危房，你把我们当游走木匠啊！话说得很牛气，一口回绝了我的"小业务"。

我没得办法，只好唧哝唧哝骑着破车，再找另外的建筑队。找来找去，没有哪家肯承当，都说眼下遍地是工地，造新楼的业务都做不过来，谁有空给你修危房去，把我气得只有翻白眼的份。我无头苍蝇似的，各处乱转，一天破车骑下来，裤子都磨出洞来。回大院时，忽然想起，自己这样弄，不是既包结婚又包生儿，何苦来着？既然争到了这笔钱，那就已经大好了，何不一家三十万，直接分到村校校长手里，让他们自己找施工队去？这样一来，既发挥了基层村校积极性，我自己又乐得省心省力，各村校平白拿得这笔钱，自找施工队去，还不高兴得屁颠屁颠的？

不过这事我也不敢自作主张，怕商书记又要批我。回大院后，我立马向他作了汇报。不料他当即摇头，说了两个字，不妥。

我问，怎么不妥？

商书记说，建楼造房这事，是眼下最容易出纰漏的，没听说"楼房矗起来干部倒下去"这句话么？村校都是穷得眼睛发了红的，你一下子放那么大笔钱下去，下面还不纷纷给你做手脚放水，你管得住他们吗？

我说，怕不会吧？

商书记说，你彭镇长不要书生气十足，这种事我见多了。

我说，这是我们镇里千辛万苦搞到的钱，他们要是再在这里做手脚，也太没有良心了。

商书记说，基层干部和村校的校长教师，好的是大多数，但一旦穷急了，保不准会有几个人，上灶偷鱼当馋猫。倒不是说他们一定会明火执仗搞贪污，就怕他们拿了这些钱，给你玩障眼法，偷工减料，以次充好，假公济私，移花接木……学校危房是改造了，新的隐患又给你埋下了。截下的钱，也许给老师发一点奖金，也许留一点在小金库里，也许呢，就进了某些人的腰包；你去查吧，一时又查不清。事情要是弄成这样，你怎么交代？

我虽然皱着眉，却不能不连连点头。我说，你商书记到底老辣，刚刚说的这些情况，打死我也想不到。

商书记说，为什么说"树欲静而风不止"？这世上百事，就是不能书生气十足。我倒是建议，这种翻修危房的小业务，技术要求又不高的，完全可以交给本镇建筑公司去弄，我给他们队长打电话。以后呢，你就让王助理三天两头下村去看看，代表镇上当监理，这也是让年轻干部熟悉基层的一条途径。等全部危房改造工程结束，我跟你一道下去验收，不怕他们打马虎眼。

我一听就笑了，说，有商书记这话在，我就放心了。那就请你跟建筑公司通电话，我立马去落实。

本乡本土的，到底好说话，加上商书记打电话作交代，塔城镇建筑公司就把这危房改造当成了"一号工程"，兵分九路，力聚一处，进展得很有样子。那建筑公司经理还叫人在工地四周拉了横幅，写的是，"再苦不能苦孩子，再穷不能穷教育"；还有，"保质保量改危房，面貌一新迎'人代'"。

所谓"人代"，就是镇人代会的简称。塔城镇数年一届的人代会，眨眼间又要开幕了。镇里为此成立筹备组，商书记亲自当组长。今年的人代会非同小可，涉及换届大事，县里规定，各乡镇都要书记挂帅，筹备得越细越好。

就是这个筹备，牵出了商书记一件大事。

那天，商书记到县城去，参加全县乡镇人代会的筹备工作会议。他去时还好好的,两天后从县里回到大院,却已经大变了样子。脸灰灰的,气色很枯;头发也散了,不像以前那么黑亮,不梳也很精神的样子;眼睛明显凹下去,眼圈还乌乌的,像生了一场大病。原本,他在大院里爽爽朗朗的,见人就打招呼,从来没一点架子,可这次回来,却绷着一张脸,让人见着,一时竟说不上话去。

大院里众人问,商书记怎么了?是病了么?

没人应得。

只有镇长尤老大还敢开玩笑。他说:三十是狼,四十是虎,人家商书记十天半月才回一趟县城,不跟女人搏命干上两个通宵啊?看样子,商书记是在床上脱了元气,你们放心,三日五日就补得回来。

三日五日过去了,商书记精神是略微好些,但那病恹恹的样子,却没有完全缓过来。我有些担忧,中午吃饭时就跟商书记坐一桌,叫商书记有空去看看中医,调理调理。商书记只是摆手。尤老大一边用胳膊捅我腰眼,让我不要再说下去。我疑窦重重,不晓得究竟发生了什么事。

饭后,尤老大把我叫到他办公室,跟我说了商书记的事。

原来,商书记这天去县里开会,他家里人并不晓得,不知为的什么,他事先也没通知他女人。这天开完会又在招待所吃晚饭,书记县长齐来敬酒,很是热闹了一番;接着,县文化馆还来放了一盘美国碟片,很刺激的,商书记回家就晚了。他自己也没想到,打开家门,他女人竟跟一个男人睡得正好,两人都脱得剥皮青蛙一样,在床上一丝不挂。商书记当下寻了一柄拖把,扑打这对狗男女。也许是急火攻心,用力也过猛,商书记扑打时,一跤跌在床口上,把胸骨跌伤了。那男的他认识,是县剧团的乐队指挥。他们结婚前,女人跟这指挥恋爱过多年。商书记跌在地上,吐了两口鲜血,叫喊着让那指挥滚出去；第二天，他就跟女人说离婚的事……

我就想起那个风雨之夜，他女人深更半夜往大院打电话的事，还有商书记叹的那番苦经，就问尤老大，商书记这婚离成了没有？

尤老大说，没有，女人一把眼泪一把鼻涕的，死活不肯离。

我说，既然不肯离，为什么又要偷汉呢？

尤老大说，她说，她跟商书记还是有感情的，她跟那指挥睡觉，只有这么一次，为的是要还他那些年欠的相思债。

我说，这话不可信，谁晓得他们睡过几次，商书记平时又不回去的。

尤老大说，是这话，而且这种事情，有一次跟有十次，又有什么区别！

我说，那是，偷十只鸡是黄鼠狼，偷一只鸡也是黄鼠狼。

尤老大说，商书记一向精神头十足的，这次回县城受了大刺激，形状也脱落了，都是这女人造的孽。

我们两人就不住摇头，一声接一声叹息。

我说，这些天，我连话都不敢跟商书记说，有几件事，正想请他出面呢。

尤老大问，什么事？

我说，九所村校的危房，都已经抢修得差不多了，商书记以前答应过的，他要跟我一起下去验收。

尤老大说，这你就大胆跟他说去，他一定会去的。这个同志，这点我了解。

第二天，我早早来到大院里，见商书记做完早操开始散步，就把要去村校验收的事跟他说了说。他哦了一声，说，工程进展神速啊，就不知道镇建筑公司的活儿做得怎么样。

我说，王助理天天在各村转呢，他说质量还可以。

商书记就一拍手,说,好,吃罢早饭我们就下去。建筑公司经理你通知。这次若校舍改造有问题,我当场撤他的职。

我出发时还担心商书记情绪不好呢,却不料一下村,看见村校改造的那些校舍,一间间有模有样的,黑板是黑板,课桌是课桌,又高爽又亮堂,跟新盖起的一样,还散发着新木料和泥灰的香味,商书记的眼睛就亮了,笑容也上来了,几次拍建筑公司经理的肩膀,说,想不到你一个土木匠,房子修得还真可以,九个村校的面貌焕然一新,我要好好表扬你一番!

镇建筑公司经理兴奋得满面红光,说,你商书记亲自给我打电话,我哪里还敢偷懒。凭良心说,抢修这些危房,我建筑公司一个子儿都没有赚,有两个村校,我还倒贴了不少材料。

商书记说,这话我信。你遭受的损失,以后镇上找机会补你。

建筑公司经理说,补不补无所谓,有你商书记这句话,我就心满意足了。

商书记又看到建筑队在工地上拉的几条横幅,心里更高兴,口口声声说建筑公司经理是个有头脑的人,还当场承诺,日后镇政府要是翻建大楼,或有了其他什么工程,一定先考虑镇上建筑公司。

建筑公司经理听了,大声说,一言为定,一言为定!你商书记真的让我建大楼,我如果不把它建成宫殿样,割下头来给你商书记当夜壶。

大家就笑。验收就在笑声中进展得很顺当。

一干人验收到井下村学校,正好碰上汪双喜马伯生这一班老板。商书记见了他们,就像见了老朋友一样,大声跟他们打招呼,起劲地跟他们握手,还后退几步,站住,拱手向老板们作揖,说,我代表塔城镇三万父老乡亲,向你们四位老板鞠躬敬礼——

汪双喜赶紧上前拦住,说,这怎么敢当,出了几个小钱,就要受你商书记这么重的礼，不是愧煞我们。

商书记说，你们四位老板真是顶真，还亲自下来督办工程。

汪双喜实话实说，主要是看看那几个牌匾，写得是不是好。

商书记顺着汪双喜的手指，看见那一排四间新教室的门楣上，早已钉好四块横字牌匾，上书"汪双喜班""马伯生班""杨四清班""丁老冬班"，一律仿红木底，铜绿色阴文，平添了古色古香。只是，这些匾他们没有叫我写，令我有些失落。

商书记一一仔细看过，说，好，用老板的名字来命名名牌班级，这在我们镇里，也是个新生事物。

半天巡察下来，商书记出人意料地高兴。回大院路上，他一手扶自行车把，一手舞舞扎扎的，大声跟我说话，话题不离校舍、教育和为民办实事。我发觉，以前那个商书记又回来了，他脸色透红，两眼很亮，说话中气十足，一个个手势也都做得十分上劲，骑车的速度也比平时快了。我暗自庆幸，这半天工夫，算没有白花。

可不过才几小时，一到晚上，商书记的脸又阴沉下来。他一个电话把我叫到他办公室，问，电视里的县办节目你看了没有？

我说，我只看中央台《新闻联播》，其他节目我一概不看。

商书记说，你这个人，没有一点政治敏感性。

我问，发生什么事了？

商书记两手叉腰，外套又像船篷一样撑起，目光冷冷地看着桌上的电话，说，汪双喜他们这几个人能量不小，把县电视台的人请来了，拍了一个《名牌班改名》的专题片，把事情放得很大。他们这些人，到底想把这事做到哪一步啊？

我说，还有这事？

他看看我，不吱声。

我就解释道，当老板的么，哪里肯做蚀本生意。他们出了钱，自然不会放过宣传自己的机会。

商书记冷笑一声，让我浑身打了个寒颤。我从一侧看去，他脸色严峻，两片嘴唇抿得很紧，额头上新结的那块伤疤，在灯下发出冷冷的青紫色。看得出，他是真的生气了。

几天后，县报上也登出了以老板姓名命名学校班级的新闻，标题是《如此改名为哪般》。市报上接着还以《这样改名是否可取》为题，展开了一场大讨论，每天发表两组观点相对的文章。一组说改名不好，老板名替代英雄名，是我们时代的悲剧；一组说改名并没什么不好，市场经济，老板就是当代英雄。讨论持续了好多天，自然就惊动了市委县委的领导。县委书记把商书记叫了去，谈了一上午，到底谈些什么，谁也不晓得，但一看商书记那张铁青的脸，就晓得，这场谈话并不愉快。

这时恰恰又发生了一件事，给商书记的火头上浇了一勺油——

市报派了两个记者，到大院来找商书记，说，本报《这样改名是否可取》的读者讨论，准备告一段落；最后阶段，想请商书记作为当地负责人谈谈看法。商书记晓得记者不好得罪，可心里又实在不愿意再掏这粪坑，就借口县里开紧急会议，来了个溜之大吉。记者们等到天黑，不见书记回来，又找尤老大和我。我们早晓得班级改名这事上面领导不高兴，都避得远远的，不愿意接谈。报社记者等毛了，一不做二不休，又去采访汪双喜那批老板。汪双喜就在双喜酒楼设宴款待记者，觥筹交错之际，一篇访问记有了着落。三天后，市报登出了这篇文章，标题做得大大的，叫做《私营业主的新贡献》。商书记这天正好到门房取报纸，看了这篇文章，火冒三丈，想找我发一通火，不料我已去村校核查危房改造款的账目。商书记就回办公室，拿起笔来，在报纸空白处作了个批示——

请彭镇长即刻下村作一调查,汪双喜一干人等究竟意欲何为?查清后,速书面报我。勿迟为要。

我在塔城镇教了那么多年书,桃李满天下,调查那几个人还不容易?查了两个半天之后,不等王助理写出调查报告,我就匆匆来找商书记,准备作个口头汇报。不想找遍大院,却不见商书记影子。

尤老大从外面骑车归来,满头大汗。一见我,就把我拉到一边,悄声说:商书记家里出了大事!

我急问,怎么了?

老大说,他女人自杀了!

我说,是吗!

尤老大说,商书记离婚态度坚决,他女人就在家吃了老鼠药。昨天一早,女方单位领导找上门来,把商书记叫去县中心医院。他女人就在那里抢救。你看这烂事!

我问,还救得起来么?

尤老大说,难说。

我说,商书记怎么样?

尤老大说,他究竟狠不下心来,昨天上午一听女人自杀,当下急白了脸,脚花都乱了。我昨晚去医院看他,又见他脱落了形状,还当我面落了泪。

一听商书记落泪,我心里也有些难受。在我心目中,商书记到底是男人中的强者,他也被弄到这步田地,可见事情不是一般棘手。我问老大,女方家里人,也在医院闹吗?

老大说,倒没看到。

我说,这女人真是作死,逼商书记让步,竟走上了这一步。也不知那老鼠药,是真还是假。

尤老大说,这个不管,病危通知总是真的。

我说,不是我说话刻毒,这女人要是活过来,商书记没有好果子吃。

尤老大说,这么说,你彭永生希望她死?

我说,我是什么人,敢要她死?

尤老大说,清官难断家务事,这种男女纠纷,外人怎么说也说不清的。现在她人都快殁了。一个好好的家庭,怎么想得到。

我说,这就叫自作孽,不可活。本是好好的夫妻,男人做到镇党委书记,已经很好了,女人偏要起野心,找汉子,生生坏了一个家庭。唉!

尤老大叮嘱说,这事,大院里只有你我晓得,事关商书记个人隐私,外面说不得的,晓得么?

我说,这个自然,到此为止。

两人散后,我就到办公室,催王助理赶快写调查报告。他报告一煞尾,我又马上动手修改润色,把汪双喜这一干人的动向,梳理得清清楚楚。

24

这时的汪双喜,正折腾得起劲呢。他们哪里想得到,这些天的动向,早已落入我掌握之中——

这天傍晚,汪双喜把马伯生等一干老板叫来酒店,商量下一步怎么弄。

电器杨四清是最后一个到的,他进门就喊,汪总,我来给你报好讯,我被选民们选上去了!

汪双喜笑笑，只挥手叫他坐下，还亲手给他泡了茶。

马伯生说，你杨老板叫个什么。我马伯生又哪里没被选上呢？丁老冬在饮料公司也选上了。

丁老冬得意道，会抓老鼠的猫，都不叫。

大家都笑。

汪双喜满面春风，难得这样快活。他发了一圈中华烟，舒舒服服坐下，说，谁说我们这些老板名声不好？我看这次各人的结局都不错，真像是油炸臭豆腐，闻上去臭烘烘，吃起来却是香喷喷的。

老板们哈哈大笑，升腾了半屋子的烟雾，被笑声冲得四处乱舞。

汪双喜说，原先我想，冲过村选这一关，起码要投一百万。现在回头一算，上一个代表平均才几万，真是太便宜了。

马伯生说，我们制衣厂大多是本镇女青年，我跟她们明说了，只要选我马伯生当人大代表，我给你们每人增发二百元奖金。二百元算个什么钱啊，四百多号人，我八九万元就拿下，事情想不到这么顺当。

丁老冬说，你马总还做了个发奖金的形式，我却是当场兑现的。他一手在选票上画我丁老冬的圈，我一手就给他二百元。一手交钱一手交货，厂里工人那个高兴劲啊，就像过节一样。有个师傅还说，选举选举，总归要选个人的，选丁老板有200元进账，我们夫妻俩一次选举就拿了400元，哪来这样的好事啊。

杨四清说，其实，若不给工人钱，要他们选我杨四清当代表，也是没有问题的。我给他们一份工做，就是养活了他们一家子，他们感激你都来不及呢，叫他们在我名下画个圈，没有什么不肯的。

汪双喜说，照你说的这话，你没花钞票就弄成了这事？

杨四清说，你汪总给我经费，我为什么不用？就算买肉喂狗，也要乐得做一次好人么。

汪双喜就伸出一根手指头，点杨四清的脑门，一副大人不计小人过的样子。

马伯生说，杨总说得有道理，我看我们这些老板，在工人中都还有些人缘。毕竟我们是吃新社会的奶长大的，不是旧社会的资本家。谁不晓得"想要马儿跑，就要喂草料"的道理啊。

丁老冬说，我们几个给村校抢修危房的事，现在看来做得真是漂亮。有几个工人就说，就是不给钱，看在老板们给学校孩子抢修危房的份上，也该投他们一票。

杨四清说，这次成功，汪总舆论造在前头，也立了一大功劳。底下人都说，塔城的老板联手支援希望工程，出了那么多钱，又做企业家又做慈善家，连党报和电视台都表扬了，我们不选他们选谁？

汪双喜愈发得意起来，大笑道，老话说得好，行得春风有夏雨，意思就是这个意思。你们以为我汪双喜那三百万块钱，真是无偿奉献啊？没有的事。那就是用票子铺一条路，比做生意的路子还要重要的。这些钱撒下去，我说一定会生根开花。不然，老百姓怎么会对我们这些老板这样叫好呢？还有一件事，我还没有告诉你们诸位呢，这三百万元钱划过去，我还把他们镇政府玩了一把。

马伯生眼睛一亮，起劲地问，怎么玩一把的，汪总说说。

汪双喜鼻孔里喷出两股烟，脸是笑着，眼睛却闭着，像品着什么味道，等鼻烟淡了，断了，他才睁开眼，说，塔城镇里穷得，只剩下裤裆里两颗烂蛋啦！大院干部的工资，不知在天上飞着，还是在水里游着。镇财务走投无路，到处借钱。大院里各个部门，眼睛一个个都红着，要是能搞到钱，命也搏得。我若是把那三百万元援助款，一笔划到镇教办，不是忒便宜了那个彭永生，大院里连水花都不见一朵，那多没劲！

丁老冬说，那是那是。

汪双喜说，我一样出血，那天就把钱划到了镇政府账上，让镇教办跟政府抢去，让书记跟镇长抢去，让副职跟正职抢去！

杨四清说，他们怎么抢的，你再说。

汪双喜说，他们怎么抢，不关我事，我还懒得看呢。那彭永生后来送字过来，就埋怨我划账时怎么不给他打个招呼。我去几个村里一问就晓得，那三百万元其实并没有全部到村校，必有一大笔钱，给尤老大截走了。行路的留下买路钱，做这种事，尤老大是一把老手。

丁老冬说，彭永生差远了，他斗不过尤老大。

马伯生说，他书蠹头一个，怎么斗得过尤老大。不过大院里真正有根基的，我看还是商书记。

汪双喜说，那是，不然为什么叫他老鞭子。

杨四清说，汪总，你若今后进了大院，就要当老鞭子这种角色，万不能弄得像彭永生那样，说话没人听，指挥没人跟。你没听人家说么，文教副镇长，放屁也不响。

汪双喜笑着说，你这话说早了，我进大院，不知道还有几关呢。

丁老冬说，管他还有几关，我们一关关都要闯过去。手里只要有钱，还怕它不能过五关斩六将。

马伯生白了丁老冬一眼，问汪双喜，你进党的事情搞得怎样了？

汪双喜说，申请书早叫人写下了，送到商书记那里也有些日子了，就是不见有一个回音。

杨四清说，这事没有盼头。有人从读书郎的岁月申请起，一直申请到白胡子那么长一把,都还没有进党。往往是急巴巴等上几十年,没有音讯;临咽气了,党组织倒来宣布,批准他进党了。

丁老冬说,这种事情是听说过。

汪双喜说,进党的事,我已经撂下不想了。想也是白想。好在现在有政策,不是共产党员,也能进政府;镇长县长里头,不是都有党外人士么?

马伯生说,不要说镇长县长,就是市长省长里头,也总有一个非党人士。

汪双喜说,所以当务之急,不是进党,而是进政府班子。进了政府班子后再进党,不是更方便么?

丁老冬说,很蹊跷的,说不定你不入党,反而容易进政府班子;一入党,反而进不了政府班子。

汪双喜转过脸,眼光讶异地看定丁老冬,说,丁老板,你说了几十年活,就数这话说得有水平。是不是那个姓董的女大学生最近调教的?

众人大笑。丁老冬得意地嘿嘿着,点头不迭。他眼光扫过马伯生时,方见到这制衣厂老板非但没笑,眼里还有火星子。

汪双喜敛了笑,坐正身子,说,现在,第一关已经过去了,各位都成了人大代表。我研究了选举法,如果有十人以上代表联名推荐,就可以有一人进入候选名单。

马伯生插嘴说,这不难,我们这里已经有四个人了,到时再拉六个代表,联名推荐你汪总就是了。

汪双喜说,这是不难。难的是进了候选名单后,真正选进班子。这个票数,要过半才能选得。

杨四清说,全镇人大代表总共二百来人,也就是说,起码要有一百多人画你的圈,你才选得上。

马伯生目光硬硬地说，一百多人算什么，我们一个一个去做工作。只要把钱甩出去，就是一百多个碉堡，也要把它们一个个轰下来。

汪双喜说，钱的事情，大家放心，我早准备下了。你们看，这次攻代表关，行情是个什么行情？

丁老冬说，各人各性，不能一刀切的。有的代表，土老鳖一个，给他五百元，他就眉开眼笑了；有的代表，见多识广，胃口就大了，说不准三千五千打上去，也拿不下来。

马伯生说，还有些人，连话也说不上去，你拿多少钱给他，他都不会动心。这种人，属于"油盐不进"。

杨四清说，天下没有不吃腥的猫，你把票子一刀刀加上去，不信他脚花不乱。

马伯生说，这你就不懂了。塔城镇里头，一定会有些软硬不吃的角色。他也许穷得叮当响，但若你给他钞票，要他办不愿办的事情，他就一口臭水，唾你个满脸。

众人不由得沉默了一下。丁老冬说，我们的钱，是一笔笔生意做出来的，也不是轻巧钱。这选举，也是一笔生意，也总要掂一掂分量，合算不合算。我看一个代表，若要价超过一万元，就不要谈了。

大家点头，认可了这数目。

马伯生说，还要防止有人拿了你的钱，去画别人的圈。

杨四清说，做这种事，若给我们晓得了，日后就让他见血。

汪双喜却大度地说，无记名投票，你晓得他的圈画在谁个名下呢？只能凭他良心来办事了。做生意么，总要担一点风险的。

丁老冬说，照这样计算，我们要攻关的人，必须超过一百十个。不然出了几个反水的，汪总得票就过不了一半。

汪双喜点头说，丁老板提醒的这个事，要紧。我们一样出了钱，宁可咬咬牙、做过头，也要保证成功。

马伯生说，还要注意防备一种人，我们花票子去拉他选票，他当面对你一笑，背后就去揭发，说你用钱收买他。这样的人要是出一个，就会坏大事！

汪双喜连连点头，说，这事更加要紧！我提醒众人，攻这一关，一定要多动脑子。一是要向对方多做宣传，让他晓得私企的功绩；二是要吃准对方心里有缝，塞得进钞票；三是最重要的，就是要选口风紧、靠得住、不会坏事的人，做我们的对象。有了这三条，我们一个个碉堡轰过去，没有不成功的理由。

杨四清拍了一下巴掌，抬头看着吊灯，目光很痴迷的，自己先笑起来，说，哎呀，汪总你要是这回当了镇长，哪怕是个副的，那也是件不得了的大事啊。

丁老冬说，怎么不是！有个人在大院里说话撑腰，我们百事都可放开手脚做，各人把盘子弄大，放心发哇！

汪双喜说，这事要是放几年以前，我还不敢说；现在看，有些把握了。那三百万元抢修校舍的钱扔出去，报纸电视广播，文章都做足了，老百姓个个拍手，干部也称好。这时碰上选举，天时、地利、人和，我们都占了。

马伯生看着汪双喜踌躇满志的样子，说，汪总，你当了镇长，过河拆桥、卸磨杀驴的事，是绝对不能做的。若也像有些官人那样，翻脸不认人，我们可不答应。

汪双喜说，你马老板这是说的什么话，没有你们支撑，我还不是烂木头一根吗！何况，我汪双喜为人，你们都清楚。若我上去忘了本，让你们兄弟受委屈，那我汪双喜就是个忘恩负义之人，不是让共产党抓了，就是让天雷劈了！

众人连忙掩他嘴巴，要他喝水漱口。汪双喜就顺着众人意思，漱口吐茶，弄得像真的一样。又重新招呼小姐进来，上精巧点心，重新沏新茶。忙完这些，大板们接着商量下一步事情，选择哪一百多个对象去做工作，各人又都承包哪些人，在这些人面前，都说些什么，缺口怎么打开，票子又怎么付法，等等，一一都议得滴水不漏。汪双喜心劲十足，当场要把支票分发了，说可以马上回去开展工作。老板们说，急什么，等你选进政府班子，我们再去你那里报销不迟，还怕你汪总赖了这笔钱不成。汪双喜就大笑，又跟众人碰杯，喝光了好几瓶塔城大曲。

25

要我赶写的调查报告，早已写成了几天；可急着要报告的商书记，这两天却一直没在。那几页纸便一直锁在抽屉里，不见日光。

说实在话，我平日对商书记看法不少，可这些天不见面，却有几分念想。我觉得他这人在一把手位子上，坐得还是正的，没做什么让人戳脊梁骨的事，这就不容易；看人、用人，他也有一定之规，从来不搞裙带关系；虽说是机关出身，但他对底层百姓有感情，办实事抓得最紧。故而每次走过他办公室，我都要伸长脖颈，看有没有他的人影；晚上回大院，第一眼也要看那窗口，灯是不是亮着。可惜这些天，这办公室一直黑黢黢、冷清清的，过去那一番风景，就格外令人想念——

商书记坐在灯下，仄着头，学领袖的姿势，用毛笔批文件；间或站起，把夹克衫撑成船篷样，在办公室里搭角踱步；有时站在窗前，凝望高天，那满脸皱纹里，都刻着忧国忧民四个字……

眼看人代会近了，我真想把老板们的情况，先跟镇长尤老大通通气。几次想说，终于没有开口。主要是考虑，老大又没布置你这个任务，要你去打什么小报告；还有个考虑，就是商书记尤老大之间，关系一直很微妙，日后商书记若晓得，他布置的事情你竟先向尤老大汇报，岂不又要惹出麻烦来。这样想来想去，心里就搅成了一锅粥，整日坐立不安。我甚至有一个冲动，想独自去一趟县城，看看商书记，顺便把调查情况汇报了。但想起他女人吃老鼠药正在医院抢救，他心里必然烦躁不堪，若贸然上门，也不是应有的礼数，遂断了这个念头。

这天晚上，轮到我在大院值班，百无聊赖，就觅了本《大决战》，躺在值班铺上，看得入神；半卷看罢，无意中对商书记批文和办事的风格，有了一些体会，甚至还晓得了他平时用的某些文词的出处。这书一翻，不觉夜深，倦意全无。正想起身做点笔记，电话却响起来。抓起一听，意外一喜，电话那头，正是商书记声音。

我大声说，商书记，这么夜深来电话，你好么？

商书记的回答，声音哑哑的，我不由得一惊。

他说，见面再说吧，请你帮我办件事；让司机小陈来趟县城，接我一下。

我说，这么晚你还赶过来？要不明天一早再说？

商书记说，你不要管，叫小陈马上过来。我就在县城新街口等着。

我说，那好，我也一道过来，你看好么？

商书记没表示什么。我即披衣出门，到镇上叫醒司机小陈，开出那辆刚刚大修过的奥迪，亮起大灯，直奔县城而去。

商书记早在新街口等着，车灯长长的光柱里，他直挺挺站着，身边还竖着一只小小的拉杆箱。那车灯一定有些刺眼，他手搭凉棚遮了一下。这时我看清，他左臂衣袖上，佩了一匝黑纱。我的心蓦地一沉。

打开车门,三人都不说话。夜色浓浓地笼罩一切。寂静的县城大街上,只有这辆汽车燥热的喘息声持续响着。商书记爬上车来,重重跌进后座,动作显得有些迟钝,又极为疲惫,甚至显出了老态。他坐正身子,用手拍拍小陈的肩膀,又拍拍我的肩膀,依然没说话,只长长透了一口气。

我又掠了眼那片黑纱,目光悄悄移到商书记脸上。他脸色很暗,眼光也很暗;法令纹硬硬的,看上去有一种版画样的晦暗与沉重。车子启动了。他直直地看着挡风玻璃,身子木木的。小陈偶尔一抬眼,从反光镜里看一下商书记,眼光里有些畏惧。这一阵沉默,好难受啊。车子开出县城好几公里,商书记才突兀地问一句,彭镇长,我家里的事情,你们都晓得了?

我想了想,说,晓得一点。

商书记叹口气,说,她殁了。

我喉咙口动了下,自己也不晓得是否发出了声音。

商书记又说,她娘家来闹啊,把家具都砸了,把我的肋骨也打伤了。要不是公安出面,我今天就不晓得能不能活着回塔城了。

我在黑暗里连连叹息,问,要紧吗?你伤得要紧吗?

商书记说,问题不大吧。

我说,中心医院近的,你应该去查一查。肋骨受伤,要住院治的呢。

商书记说,顾不上了,镇里事压了那么多。

我又叹息。

小陈问,那商书记你痛吗?

商书记没回答,我敲了下小陈后背,说,会不痛吗,这么多人打他。

商书记摇头，忽然问，有烟么？

我还没反应过来，小陈抢着说，我有。

商书记就抽起烟来。

商书记平时很少抽烟，班子开会时，他往往是唯一不抽烟的人。但他也能抽几支，尤其是工作紧张的时候。此刻我看到，他吸烟吸得很猛，样子甚至有点贪婪，吐烟也吐得很长；颠簸中，他的手指在颤抖；烟头在他猛吸时，燃得很亮，那张黑硬的脸庞，就在烟头的火光下，映成古铜色。

吸完一支烟，商书记问，上次让你搞的调查，进行得怎样了？

我说，已经弄好了，等你安顿下来，明早再向你汇报。

商书记说，有什么好安顿的。吃了一点皮肉苦，地球不是照样转么。现在你就把情况给我说说。

我看了他一眼，心里很感动，就压低声音，把前些天调查到的情况，扼要叙说了一遍。商书记又点着一支烟，却不怎么吸，只用指头夹着，眼光专注地看我。

我说，明天一早，我就把书面报告给你。

他嗯了声，背脊向后一靠，头枕在椅背上，沉重地透了一口气，闭下眼睛。

我想，真是难为他了。跟我一样，他也是个读书人，到乡下当个镇官，荣华富贵、飞黄腾达，都跟他不沾边；家破人亡、家翻宅乱，却都占了。女人一殁去，必是整个县城都晓得了这事情，亲家上门造反，姑舅大打出手，他一个文弱书生如何招架得住，应付出一副狼狈相也是可想而知。幸亏眼下是女方犯贱出丑闻，要是反过来，他偷奸搞女人，那满城风雨，事态必然更加不可收场：女方来人闹得鸡飞狗跳不算，县里撤销他职务、开除他出党，上下共诛之、里外共灭之，也未可知……

唉！这种烂事我虽没有亲历过，但人到中年，想也想得到。这几天的混乱与创伤，流言与巷议，对他来说，是何等的煎熬；这一阵子折腾下来，他必力疲神劳、心力交瘁，说是精神崩溃，也不差几分了。沉默中，我轻声示意小陈把车开慢点，免得一路颠簸，再加重他伤势。

到了镇政府大院，因难得半夜有车，车灯又开直了，整个大院就被照得如同白昼。大狗天虎从门房间的草窝里跳出来，扑向我们车头乱吠。我正厉声喝它时，猛一回头看见，商书记正把左臂上那匝黑纱狠狠扯下来，一扬手，扔在了路边垃圾桶里。

翌晨上班，大院里干部都惊异地看商书记，跟他打招呼。众人的声气都轻轻的，眼神也是虚虚的，仿佛商书记一下子变成一件碰不起的瓷器。我注意看他表情，竟是意外的镇静，不由得让我暗生敬佩，这家伙，生活里受了那么大一个打击，内伤外伤都还新鲜着，眼光却已经沉着了。上班铃声还没响，他就吩咐镇办，马上通知班子开会，讨论人大筹备诸种事宜。那会一开场，他两眉又挺起，两颊肌肉又生动了；看人时，目光又硬硬的，直逼人的心底；叫底下干部回答问题时，又一句紧似一句，不容对方有半点含糊。食堂老孙烧完饭，热了两遍菜，坐到了门槛上，撸着大狗天虎的脊背，就着吐烟叹一口大气，说，商书记回来了，这开饭时辰又没有定规了！

镇人大换届的日子，眼看越来越近；汪双喜一干老板的心劲，也鼓得越来越高。隔三岔五的，他们就有些动向，不断传到我耳里。虽说我是个副镇长，管的又是文体教卫计划生育，行当都是软软的，手中其实没有多少实权。但我在中学教过那么多年书，塔城和附近乡镇，有我数不清的学生；尤其是学生当中，还有几个是老板身边的人，这就等于布下了若干耳目。这些天，汪双喜他们日夜串村走户，忙得走马灯似的，所有这些，都落入了有心人眼睛。我这里便常常有人来、有电话来，告诉我许多蛛丝马迹。我掂掂分量，若是上面要我再写一份调查报告，材料也够了。

只是商书记没有布置，我也没有再写。又想，占有这么多新情况，只要平时注意给商书记做参谋，不断提建议、不断提醒他，就可以了。书面也好，口头也好，都可以把自己的才干表现出来。商书记平时不是常批评我吗，说我是读书人一个，书生气十足，值此政府换届关键时刻，生杀大权都在书记手里，我必须往深层次方向再努力一把，让他对我刮目相看，起码，在大院里的那点地位，我怎么也要为自己保住。

汪双喜等一干人马，拳脚施展顺当，手里又有足够资金，一个个腰板铁硬，渐渐的，所作所为就失了分寸。那天接到一个学生报告，说老板们分了工，各人寻门路，暗暗拿了一刀刀票子，在做人民代表的"公关"。我听后大吃一惊，心想，这些老板，也真是钱多得血脉胀了，全县各个乡镇，都没有这么大胆的。

这个动向太重要了！我穿过走廊，悄悄走向书记办公室。

商书记正伏案修改《政府工作报告》。我瞅个空，言简意赅，把老板们拿票子攻关的事情，说了一遍。我原以为，商书记听了，一定会拍案而起，把汪双喜等人痛骂一通，然后下令采取措施，要他们悬崖勒马。却未料到，商书记平静如常，听到这情况时，只是抬头哦一声，接着嗯嗯地敷衍，目光仍落在那份《工作报告》上，仿佛，他没有听到这密报；眼前，也没有我这人一样。

我说，这是个重大动向，必须引起我们高度注意。

商书记嗯了声，不抬头。

我说，我还有个想法想说一下。

商书记继续看文件,说,你说。

我心劲一下子泄了,口气是软软的,说,我认为,镇上应该制止汪双喜他们,否则换届期间,我们塔城镇可能会出丑闻。

商书记无动于衷地看我,复又低下脸去,右手放在桌上,几个手指不断掂那工作报告的纸角。

我说,从全镇大局着想,应该拿出果断措施来。不然到时候,镇上定的选举方案,会坏在他们手里。

商书记没有理睬我,只顾自己在那纸上写字。

我一下子觉得很没劲,脑子里空空洞洞的。我站起身,准备告辞。

商书记放下笔,对我说,彭镇长,你说的我都晓得了,今后几天,你该干什么干什么,汪双喜他们那旦怎么弄,你就不要管了。只是有一点,他们去攻了哪些代表的关,各用了多少票子,哪几个攻下了,哪几个没攻下,诸如此类,你要继续了解、坐实。至于人大的筹备工作,一如既往,不受任何干扰,这个意思你懂么?

我点头,随即出门。

之后,我总是打不起精神来。我意识到自己多事,在商书记面前跌了水平。我想,商书记这人,近来已给女人自杀的烂事搞昏了,塔城的事情,他哪里还有心思管啊。既然如此,我又何必干着急,出些馊主意去让他烦心呢?我自己,不也可以乐得轻松,在全镇大忙的时候,当个游手神仙么?

镇人代会开会的气氛,越发地浓厚起来。汪双喜他们打通了各方关节,把那部《名牌班改名》的专题片,在电视里播得更加紧猛。还有大小报纸,也夹泥夹水的,发了好些赞扬老板的文章。我想,谁说这些老板智商不高,他们都准备得有模有样呢。照这样下去，他们舆论也造好了，民心也理顺了，更重要的是，选票也抓到手了，汪双喜挤出镇里定的候选人，利用差额选举一步跨进镇领导班子，看来为时不远了。

这些天，我心里是一千个不痛快。虽然拿了汪双喜他们三百万元巨款，村校的危房一下子修成新教室，我一块心病是除掉了，但我还是不喜欢汪双喜他们这一帮子人。我确实暗暗羡慕他们，却又从心底鄙视他们；我厌恶他们的作为和腔调，却又不知为什么有些怕他们。我甚至有一种预感，汪双喜一旦进入差额候选的行列，那个将被排挤出局的倒霉鬼，就是我彭永生。下一届镇领导班子名单里，恐怕不会有我彭永生的名字了；我将会以"老板们手下败将"的身份，载入塔城镇的镇志。

我真想找商书记再谈谈，提醒他，汪双喜这些人，暗地有野心，而且是不一般的野心；不是我嘴臭，你若放任他们，让他们钻空子进了大院领导班子，将来真的用得着一句老话：养了老猫，咬下自己的卵子。

可奇怪的是，商书记这些天又不见了。尤老大说，他又回县城去了。我想，他大概又去处理那些烂事了。死去的女人那一家，据说也有些背景，亲亲戚戚是绝对不肯善罢甘休的。在这节骨眼上，商书记会离开关键岗位，我实在没有想到。有句古语，天灭我也。这是多少英雄失败前的喟叹。我现在就是干嚎，跳脚，也无法改变这个局面。

镇人代会终于开幕了。果然不出所料，汪双喜进了镇长候选行列。这成为全县各乡镇当天头号新闻。

那一晚，镇上双喜酒楼灯火通明，半条镇街都弥漫着塔城大曲的酒香。更多的老板聚拢一起，大板总汇显出从没有过的辉煌。汪双喜这家伙，兴奋得满面通红、两眼放光，就在酒宴旁边放上卡拉OK，扯起嗓子吼——

  几度风雨几度春秋
  风霜雪雨搏激流
  ……

  我心里烦躁透顶，踏着夜色去大院找商书记。在大狗天虎的狂吠中，我看到，那个曾经多么明亮、多么温暖的窗口，今夜又是黑洞洞的；整个大院，显得死气沉沉。我想，县城里邦女人，死得真不是时候啊，塔城镇的一镇之主为了她，灵魂都散了。这局面，怎么收场啊。

  我吐了一口恶气，在古樟下狠狠跺了一脚。

  第二天一早，商书记两眼乌乌的，很疲惫的样子，出现在大院里。他从县城回到镇上，赶上主持上午召开的换届选举大会。

  这是镇人代会的焦点时刻。汪双喜他们这些人到得特别早。礼堂门口，还聚起好些不相干的村民，他们想最早晓得新班子里的人马有哪些。作为大会工作人员的干部们，在会场内外来往穿梭，热闹的表面上，暗暗涌动着一股紧张气流。

  商书记带着主席团成员，从后厢鱼贯上台。他们显然刚结束一个短会，走上台时有的主席团成员还在耳语，商量着什么。

  商书记咳一声，对着话筒，严肃地说，在大会议程正式开始前，我先说一件事情——

  根据群众举报，塔城镇奔马房产实业公司董事长汪双喜、兰亭制衣厂总经理马伯生、山里红饮料公司总经理丁老冬、联明电器公司总经理杨四清等四人，在本届人民代表的选举中，对选民进行利诱，骗取了人民代表的光荣称号；接着又在人大换届选举前，相互勾结，斥巨资贿赂代表，企图各个击破，用不正当手段赢得选举，从而达到进入政府领导班子的目的。县镇有关部门组成了联合调查小组，对此进行专门调查，查明群众举报的情况属实。

根据《中华人民共和国选举法》有关规定，镇人大研究决定：汪双喜、马伯生、丁老冬、杨四清四人，人民代表当选无效。

鉴于这四人已经触犯法律，县有关部门将对他们进行进一步的审查。审查结果，将及时向全体代表报告。

这时我才发现，县里已经来了两辆公车，就停在礼堂后门。两名干部模样的人在镇办干事小叶的指领下，把汪双喜等四人从代表席上一一叫起、带了下去。

会场上一阵骚动。走过主席台时，其他三人都低着头，惟有汪双喜瞪着那双牛眼，恶狠狠地看着商书记，还朝台上重重啐了一口。

塔城镇人代会的换届选举，仍按党委预定的方案，依次进行。镇政府班子的组成人员，没有太大的变动。

我还是当原来的文教副镇长。但不久后我又多了一个党内职务，镇党委让我担任党委委员。我知道，这是商书记的安排。

我的办公室，就搬到了商书记办公室的隔壁。

刚搬进去那天上午，正好商书记接电话，大院里房子都不怎么样，隔音效果差，商书记打电话时我就在隔壁听得清清楚楚。听的时间一长，就听出了一些名堂。

原来县里有个什么人，要调他回县城去，还要给他介绍什么女人。商书记嗯嗯的，不置可否。我听了，不免想得很多。

隔几天商书记到我办公室来串门，抱着个紫砂茶壶，难得一见的悠闲，进门就说，彭镇长，现在你不对了。

我问，什么不对？

他微笑着说，你又是副镇长，又是党委委员，情况不一样了。

我听了一怔，说，这是什么话，没有你商书记关照，我怕是早已回中学教书去了。

商书记拍了拍我的肩，把船篷一样撑起的夹克衫很见气度地往上一耸，笑出声来。

日子一天天过去。商书记既没有离开塔城镇，也没有再娶女人的信息。

他那个窗口，一直亮着，亮了好几年。

第四章

26

换届后，我在大院里又干了一年多。

汪双喜他们给的那笔三百万元修房款，被镇政府截去了三十万，这事已经过去很久，镇长尤老大就是不吱声，看样子，他是不想把这笔钱归还给我们文教口了。我对此耿耿于怀，在大会小会上很发了几次牢骚。不承想，这就得罪了尤老大。那年春播时节，尤老大找我谈话，说，镇上准备让我到下盐户村去蹲点。

大院里有个规定，干部隔几年就要下村去蹲一次点。这蹲点不是蜻蜓点水，而是实打实，正式把铺盖搬到村里去住的。若去落后村蹲点，那就是要你设法改变面貌；而若去先进村蹲点，那就是要你去虚心学习的意思。盐户村属于后者，把我弄到盐户村，这里还有一层惩罚的意思,就像我当年当知青那样,去那里"接受再教育"。

跟尤老大谈过后,我原想找商书记再谈谈,争取把局面再挽回一下。可一想到他曾经说过"是我们党政一把手两人间关系重要,还是跟你副镇长关系重要"的话,就觉得局面挽回的希望不大;而且我想,让我去蹲点这件事,尤老大肯定也跟商书记通过气,何必再去自讨没趣呢?

这样我就定下心来。我想,反正是单身汉一个,一人吃饱了全家不饿,走吧,下乡去,有啥大不了的!

尤老大在干部会上宣布了这事,会后还叫我先把东西理一理,让镇办主任派个车,第二天把我送去盐户村。我才不吃他这套呢,散会后,我随即去宿舍把铺盖卷了,骑个自行车,风快就下了盐户村。我在村里见了村长支书,随便挑个小房间安顿下来。离开镇政府大院时,我跟谁也没打招呼,连商书记那里,也没去告别一声。

我这人就是这么个臭脾气。我想的是,一个大男人,换个地方,难道就不活了?天下之大,哪儿的黄土不埋人呢。

盐户村在我们镇政府大院东南十二里,是塔城镇的模范村,人称"江海明珠"。中央和省市领导都来过,来了就题词,题词积了几大本。这村的支书是女的,叫苏玉芹;村长是男的,叫石庭升。

我到盐户村这天,正是农历清明,这节气在我们塔城说来,就是个"鬼节"。

盐户村两套班子,这天午后就开紧急会,临时决定的。正的副的,一共来了七个人;他们尊重我,让我列席会议,这样在会议室就有八个人。除了苏玉芹是女人,其余都是男的。男人们的烟枪一齐燃烧,把整个村委会议室烧得云山雾罩。村长石庭升问支书苏玉芹,这烟熏的,你吃得消么?苏玉芹说,只要烟熏能熏出一条生路来,我死在你们烟头里也没一句怨言。

这时的盐户村,真是走到了绝路上。

盐户村这些年办了不少厂,但村里真正有规模的骨干企业只有一家,名字很响亮:长江塑料制品有限公司。

长江公司专门为省里的彩电集团配套生产电视机外壳,还为一家汽车厂配套生产前后保险罩。省里的彩电、汽车都闯出了名牌,销路极好,长江公司的塑料配件自然也搭上了快车。几年来,不算税收,长江公司已为盐户村赚下近一个亿的利润,还给县上镇上交了好几千万。盐户村一千多名劳力,八成以上都靠在长江公司干活养家致富;村里盖俱乐部、敬老院、托儿所、幼儿园,还有造桥、铺路、种树、栽花,直到各家各户拆老屋建新居给的大笔补助款,无一不是出自长江公司的盈利。

在市里、县里,若单说"塔城镇盐户村",大多数人都不知道;但若说是"长江塑料公司",那就男女老幼,几乎个个都晓得它大名。它是塔城镇的骄傲,也是我们县的骄傲。别看它是村办企业,来钱比一般大企业还厉害。盐户村两套班子领导,几乎都在长江公司兼职,苏玉芹当董事长,石庭升当总经理。他们不懂制塑生产,这不要紧,他们自有一套"借鸡孵蛋"的高招:从省里聘请制塑专家,来盐户村指导生产。总工程师、副总工程师、总会计师,直至几个分厂的厂长,都是城里请来的。每请来一个高人,村里都按职称高低给房子,教授级高工给一套别墅,高级工程师给四房两厅,一般工程师给三房一厅;老师傅也按资历、技术,分给两房一厅或一房一厅。省市制塑行业的骨干,这些年里都像候鸟似的,扑棱棱飞到盐户村来。县里搞宣传的弄出个新名词,说这就是"高枝引凤凰"效应。这事更震动了省城的经济界理论界,报纸还专门展开了

讨论，我记得那讨论题目就是——《"高枝引凤凰"：专家离城对全省经济发展是利是弊？》

当时，省报的编辑记者不远数百里，摸到盐户村，想叫村里的领导作为当事人，也一道参加报纸上的讨论。村长石庭升说，我们是农民，脚杆上的泥还没有洗干净呢，写什么文章？况且我们也写不来。省报编辑说，写不来不要紧，我们报社派人来帮你们写。支部书记苏玉芹说，帮我们写也不行，小平同志说了，不争论，我们听他老人家的，有劲也是埋头苦干，集中力量，摸着石子过河。省报的人好说歹说，村里人横竖不接这副热挑子。编辑记者碰了一鼻头灰，只好空手而归，背后发议论，说盐户村那些当家的，看上去是朴实乡下人，其实很有心机，狡猾得很。

事后我们几个闲聊，石庭升对我说，吃饱了撑的，磨夜写文章，就是在报纸上写扇子那么大一篇，又能有几个钱？

苏玉芹说，倒不在乎钱多钱少，主要是看写什么文章，若是宣传我们盐户村的发展，贴钱也是要写的；现在这种文章，正一篇，反一篇，不三不四的，谁写？盐户村眼下接的单子都来不及做，忙得四脚朝天，谁有空去干那个？我跟底下员工都说了，现在我们就是要多干少说、只干不说，闷声大发财——这就是我们的方针！

石庭升笑出声，指着苏玉芹对我说，彭镇长，你看看！这改革开放真是了不得，鸡窝里飞出了金凤凰。要不是小平同志发话，农村大变样，像她这种养猪场里走出来的女人，口气敢这么大吗？

我笑笑，并不表态。到了盐户村以后，我的情绪明显低落，跟村里人也很少说话。无人独坐或半夜睡醒时，我对自己这些年在大院里的所作所为，尤其是跟尤老大的关系，也有所反省；待人接物，低调得不能再低调。我估摸大院里早有人跟村干部说过我来这里蹲点的原因，我便也借着这势，口口声声对村里人说，"我是来接受再教育的"。谁知道村里人背地里，对我彭永生是什么看法呢？

这时，苏玉芹就说，要不是改革开放，你赤脚医生石庭升，敢这样跟省城来的大编辑说话，还把对方挡得灰溜溜回去吗？

说完两人就笑。我听着他俩得意的笑声，就想，时代不同了，知识分子和农民比，智商不一定高到哪里去；至于胆量和冲劲，那就更不用说了。于是，也跟着笑，气氛真是轻松愉快。

可在这个清明节里，村班子紧急会议一开场，气氛就大不一样了——

原来，盐户村长江公司这些年一直干得很兴旺，不料最近风云突变：石化供销公司方面传来话说，主要原料——塑料粒子——眼下供应十分紧张，他们公司也没有办法，只能优先考虑供应国有企业；长江公司的原料问题，今后要自己另谋出路了。

苏玉芹跟石庭升商量说，什么优先不优先，我们每吨粒子多出几千元，还怕他不优先供应我们？

信息传过去，供销公司负责农村一块的业务员余国新说，加价也不行，现在粒子生产供应实在紧张，缺口大到什么程度，我们也说不清楚；反正这个产品，现在是无米之炊，你叫我们有什么办法。说完，他慎重建议，你们还是抓紧时间，另找方向吧。

石庭升急问，另找方向，这是什么概念？

余国新说，一是到上海大连方向去开辟新的粒子货源；还有一个，就是企业加紧调头，转产。

正好这时候，原料仓库来人说，粒子的库存只有三天半的量了，再不进货，车间里就要停机了。

石庭升头上冒着急汗，说，要么派两个人，连夜去上海大连找找货源看？

苏玉芹这女人却沉得住气，说，没用，整个国家原油吃紧，上海大连的粒子又怎么会不吃紧？就是那里有货，水路来陆路去的，也是远水不救近火。再说，就是那运费，你也吃不消啊。

石庭升愤愤地说，余国新这家伙竟叫我们转产，放他娘的狗屁。

苏玉芹说，不考虑他这馊主意。这些年，我们几千万元投资都下去了，生产也已形成了规模，一转产，不是我们自己抽自己的桥板么？几千万元的厂房设备固定资产，也白白丢进水里。

石庭升说，最重要的是，一转产，大批专家怎么办？他们是我们最宝贵的资源，也是村里最大的投资点。这些专家，一辈子扑在塑料生产上，公司转产了，叫他们干什么吃去？转产后，势必还要收回他们的房子，把他们赶出盐户村，这样一来，天下人还不把我们盐户村的人都笑死、骂死？

苏玉芹说，这种卸磨杀驴的事情，万万做不得的。

石庭升说，要么把专家们聚起开个会，问问他们有什么办法？

苏玉芹说，问问可以，不过我估计也不会有什么结果。马总不是早说过么，他们这班人只管生产技术，其他事情，他们不经心。

不过石庭升还是下了分厂，把专家们找来开了会。问下来，果然没什么结果，这些能人，技术上一套一套的，再难也难不倒他们；可一说起搞公关、找关系、跑原料这类烂事，他们就皱眉头，说不出个子丑寅卯来。石庭升还顺便跑来找我，说彭镇长你在外面路子广，帮我们跑跑粒子怎么样。我马上跟省里市里的朋友通了电话，可惜这东西实在太边缘，我的熟人朋友圈里，没一个是干这行的，实在无能为力，只能如实告诉石庭升。

石庭升回办公室，苏玉芹劈头说，你不用告诉，我晓得那些专家没戏，对不对？

石庭升点头。

苏玉芹说,我现在想的是另外一件事,是不是我们给余国新这家伙,攻关攻得还不够得力啊?

石庭升说,那还要怎么得力啊?我们驾驶员老铁把他家的门槛都踏烂了。土产水果,我们都是一车车送的;老鳖一拎,就是五六个;大闸蟹也都是论箱送;逢年过节,他三姑六婆的年货,我们都包圆了。

苏玉芹一笑,说,现在只有我们乡下人,才这样送法。这公关的方法,早就不合时了。

石庭升说,那你说说怎么才合时。

苏玉芹说,我也不忙下结论。今晚你先带个人,去一趟余国新家里摸摸底,回来我们再细细商量。

当晚石庭升就带个副村长石小毛,去石化新城余国新家现场踏访。还没上楼,就见余国新和他女人两个,一前一后,把一筐烂水果拎下楼。石庭升暗自庆幸,没听石小毛的烂主意,买库尔勒香梨和美国蛇果带上去。进了余家,两个乡下大汉竟坐也不是,站也不是。余国新叹气,说,石总你见笑了,我这小庙,容不下你们两尊大菩萨,就委屈两位坐这里吧。说着,递过两只小凳,让石庭升他们在厨房门口,靠墙壁将就坐下。

石庭升石小毛坐下抽烟,连个摆烟灰缸的小茶几都没处放;里屋余国新读初中的女儿在做功课,两个平时大大咧咧惯了的村干部,连打个嗝放个屁都不敢有声音,不久就逼仄得再也没法坐下去了,赶紧起身告辞。余国新把他们送出门时,连说了几个对不起。

两人回到村里,石庭升就把余国新家的实情跟苏玉芹说了说。苏玉芹眼一亮,两手一拍,说,有了。

石庭升问,什么有了?

苏玉芹说，听话听音，锣鼓听声。余国新缺的，不是水果土产和老鳖补品，而是——房子。

石庭升问，你准备送他房子？

苏玉芹说，怎么，房子送不得吗？

石庭升说，可以啊，为什么送不得。专家们进村建厂，我们不就是送房的吗？我看余国新家，缺的就是房子！他家老小几口，住的是个小套间，那房子逼仄得，抬脚就能碰人；两个人一进门，连个屁股都转不过来。老实说，这房子还没我家灶间大呢。

苏玉芹沉吟片刻，说，送他个三室一厅，看怎样？

石庭升说，就我们村里的房子？他一家搬来住这儿？是不是太显眼了？

苏玉芹说，谁这么戆，把村里房子给他。我们去市里买公寓房给他，另外再给他一笔钱，供他装修用，你看怎样？

石庭升说，只要他有种拿下来，这个关我们就算攻成了。

苏玉芹说，是这意思。我们攻他这个关，最多花个几百万。可长江公司一停机，一天就要损失一百多万。这个账，再笨的人也算得清。

石庭升说，这事，要不要在班子会上商量一下？

苏玉芹说，当然要，现在就通知开会。

又一个紧要会议就这样开起来。会上一说起要给余国新送房送钱的事，马上就起了争论，班子里的人几乎为此翻脸。

意见最对立的，就是副村长石小毛。石小毛是石化专科学校毕业回村的，大专生，在这乡下也算是秀才了。在村里土生土长的这一拨，就数他最懂塑料这一行。虽然才二十多岁，村里还是任命他当了长江公司副总，分管外销和生产技术。

此刻，他脖颈上血管暴得老高，说，余国新不过是个小小业务员，我们凭什么要给他送这么多钱、这么大的房子？他占着那个位子，进进出出用粒子差价给我们做生意，已经赚大了，而且我们给他明送香的暗送辣的，一年四季没有亏欠过他。

石庭升说，你石小毛嘴上没毛，到底嫩了点。会国新这家伙，虽然只是个普通业务员，但他背后靠的是央企，手里有货源，这就是他腰板铁硬的资本。他现在就拿你一把，不给你粒子，你能咬下他个什么来？

石小毛说，现在市里房价这么高，象样的三室一厅公寓房，开价就要三四百万，另外再给他几十万装修费，那就是四百多万了。这个待遇，比我们专家组马总都要高，你们觉得余国新这个人值么？

苏玉芹说，小毛这账，算得对，也算得不对。我们给马总他们的房，虽说是四室两厅，但这些房是造在我们村里的，地价低，人工低，标准低，一套也就是几十万，你说给余国新的待遇高过马总，这话没错；可你说我们送余国新这些不值，这又错了。他是背靠央企供给你原料，现在要卡你脖子，你不服还不行。说句不中听的话，他眼下的身价比十个马总还要高。我们还是要算这笔账，买个余国新，不过三四百万；可要是救活了长江公司，那一年就是一个亿的利润啊！

石小毛横竖不服气，说，他余国新卡我们脖子，我们就不能找他上级去告他？中国这么大个国家，还怕没有讲理的地方？

石庭升说，你石小毛敢！我们村办企业，出娘胎就活在人家夹档里，靠的就是社会上的熟人朋友。我们跟余国新是什么关系？肉连着筋，筋连着肉。遇到一些小风浪，你就去告人家，以后全省全市的石化行业，还有哪个人敢跟你们盐户村来打交道？这种断子绝孙的事情，我们绝不能做的。

虽然意见对立，但石庭升说的这一条，众人听了都点头，连石小毛也无话可说。

村支部组织委员苏永生，是两套班子里岁数最大的，吸了半天闷头烟，说，玉芹算的那笔账，人人心里都该明白。不过我还是要说句不中听的话，众人不要嫌我思想保守。

苏玉芹说，永生哥不要这样。我们班子里，就数你岁数大，办事稳当。你有主意尽管说，我们听你的。

苏永生说，我们盐户村这里是一片好心，给余国新这家伙又送房子又送钱的，可我真的有些担忧：我们做的这事，会不会给余国新挖了个坑啊？

我在一旁悄悄点了点头。

石庭升说，你这话是什么概念？

苏永生说，你们看啊，一套房300多万，另给几十万装修费，这就是400多万了。这笔钱今后万一败露了，我们不是让余国新吃个死罪吗？

宣传委员刘福说，管他死不死啊，只要长江公司活起来就行了。

苏玉芹摇头说，你刘福说屁话。永生哥说的在理。我们既然送了余国新的，就要对他负责；人家上有老下有小，你不能送了人家，又害了人家。

苏永生说，是这个意思。

全场就一片沉默。

这时候，汉子们把烟抽得更狠，只听得烟丝被火烧得嘶嘶响，好几副鼻子嘴巴都像烟囱似的，呼呼地冒烟。苏玉芹低着头，手里那支圆珠笔转啊转的，把人转得头昏脑涨。透过浓雾，似乎能看到这样一幅画面——

刑场上，早已聚起人山人海的围观民众。午后时分，闹哄哄的人流中，忽闪出一条大路，余国新背上插一块木牌，名字上打着红叉，被五花大绑地押进来；押到一个白粉画的圈子里，一个警察悄然走近，在接近余国一两步路的地方，这警察忽然拔出手枪，把黑洞洞的枪口，对准余国新的后脑勺……

离盐户村不远的"化人滩"，就曾做过刑场。盐户村的村民，不管男女老少，都去那里看过死囚行刑。只要一想走这场面，人人都会毛骨悚然。

刘福说，灶上有腥，就有不怕夹的猫。这么好的房，这么多的钱，我看他余国新就是下油锅，也会上我们的船。你管他那么多！

苏玉芹呸了一声，说，我们送房送钱，只是手段；原料进我们厂仓库，才是目的。余国新是场面上的人，混了这么些年，也成人精了。你弄得毛毛糙糙的，他就不会来站在你这一边，那我们安排的一切，就都是白费劲。我们一定要想个万全之计，让他安安心心跟我们走，还要他十年八年地做我们盐户村的人。这样，巧妇做饭，白米不断，长江公司才会越干越兴旺。

众人当场绞脑子，想这万全之计。商量结果是，由长江公司出面去市里买一套三室一厅公寓房，连产权一道送给余国新。纸面上看，产权仍属长江公司，实质上主人是余国新；装修费的事情也是这样，在本村信用社办一个活期储蓄，写上个假名，任余国新取用。这样，人不知鬼不觉，他余国新房子也住了，钱也到手了，可后顾之忧，一丁点儿都没有，还怕他小老鼠不上灯台。

苏玉芹说，仓库里只有三天原料了，给余国新买房办存单，这些事情都要抓紧。时间就是生命，这话现在用得上了。明天白天，买好房子，办好储蓄卡；晚上，我和石庭升就把余国新请出来，我们一道去市政府招待所，当面就把房产证、钥匙还有储蓄卡，一齐交给他。

苏永生到底有经验,又问一句,他余国新若是不收,你们怎么办?

众人大眼瞪小眼,一时说不出话来。

苏玉芹说,做他思想工作,叫他一百个放心就是了。他再不信,我们就说,这是我们两套班子慎重定了的。村委会和党支部,大小也是一级组织;组织上送你房子送你钱,你还有什么不放心的?

石庭升说,要么就写个赠送文书,再盖上村委会大印。

苏玉芹说,可以写一个,不过不要马上拿出来,备着。他实在不肯收,我们再拿出来不迟。

苏永生只是摇头,说,玉芹啊,我横想竖想,总觉得这事办得有些不妥。我们这样弄,说好听一点,是赠送;说难听了,就是行贿。党纪国法,都是有条款的,行贿与受贿同罪。我们这是犯条款的啊。

到了这当口,我不能不说话了。

我说,我到这里来,是向大家学习来的,按理说,在这会上我也没有什么发言权。长江公司原料上有困难,生产不能维持下去,这是事实;但我觉得,老苏刚刚说得有道理,法律是个大事情,大家一定要慎重考虑。

石庭升说,彭镇长,谁不晓得这送房送钱是犯条款。可是这世界,就是撑死胆大的,饿死胆小的。凡事不冒点险,盐户村能有今天吗?

石小毛说,彭镇长,实话跟您说,这件事我本来想不通的,现在也想通了。什么叫胆子大一点,步子迈快一点?意思就是这个意思。您要是前怕狼后怕虎,那我们连老米饭都怕吃不上了。

听了这话，我就不好再说什么了。

苏永生狠狠白了石小毛一眼，嘴唇像鱼嘴巴那样一动一动，显见他对石小毛的张狂很是反感。

刘福说，你们说这是犯条款，我看倒是不相干的。商品经济，就是八仙过海，有办法尽管拿出来。送钱送物，场面上多去了。南边还有送别墅送汽车的呢，我们送这点东西，算个什么。

苏玉芹说，也不是我们盐户村的人骨头生得贱，要去捧人家大腿。逼上梁山，没法子的事情啊。没有原料，你叫我们怎么弄？长江公司一千多个劳动力，喝西北风去呀？

苏永生说，我出个主意，要么打个电话去县委，向葛书记请示请示？

葛书记名叫葛本超，县委副书记。盐户村这个样板，就是他当县委农工部副部长时，来这儿蹲点蹲出来的。这两年，葛书记仍然时时关心盐户村，三天两头来问情况；中央和省市领导来县里，他也总是推荐去盐户村参观，还亲自陪同前来当解说员。社会上说，盐户村是葛本超一手扶持起来的典型，一点也不过分。

苏玉芹想想有理，就当着众人面，拨通了葛书记家里电话。苏玉芹先叹苦经，说粒子库存马上就要见底，眼看长江公司要停产，你葛书记有没有办法，在这节骨眼上，搭帮我们一把？

电话里葛书记说，这是个大气候问题，有好几个企业都来找县委，可我们县里能有什么办法啊？

苏玉芹说，县委县政府出面也不行吗？

葛书记说，你以为县委县政府有多大？论起级别来，只是个县处级。可人家石化公司什么级别？总经理是中央任命的副部级干部呢。不要说我们县委，就是市委市政府去打招呼，也不见得顶用。

苏玉芹哪里不晓得这些道理？装戆罢了。接着她就说了村里走投无路的情况,以及村委会讨论准备给石化业务员送钱送房的事情,问葛书记这样做是不是可以。

电话里沉默了好一刻。葛本超说,这种烂事,你们不要来跟我说好不好?市场经济,命运掌握在你们自己手里。

说完,他咔嗒一声挂了电话。

苏永生一边摇头,一边说,到底是县委副书记,老辣。

27

万万没想到的是,这次紧急会上讨论的事情,后来闹大了,甚至还闹出了人命官司。这当中许多事情,都是我离开盐户村以后,乡亲们才陆续告诉我的——

清明节过后第三天,苏玉芹和石庭升约了石化的供销员余国新,就在市中心的天府宾馆碰了头。

余国新40来岁,瘦长条子,西装革履,很精神的样子。这些年,石化公司成了央企在当地的最大产业,余国新这样的业务员,也就成了热点人物。不过,石化公司生意做得大,余国新个人倒并没有怎么暴发。他原在县里一家小厂当采购员,托了许多门子,才调到石化供销公司。石化到底是一家国有企业,工资奖金比县里小厂翻了一番多,余国新觉得已经够意思了,平时工作就很卖劲。公司念他熟悉农村,就让他分管县乡企业一块,他也很经心,公来公往,公事公办,没有胡吃海喝、吃拿卡要之类的坏作风。然而这一段时间,粒子供应忽然紧俏起来,余国新见同一办公室的几个业务员,接电话时突然都拿起了腔调,接客时还都鬼鬼祟祟,出了门去附近咖啡馆谈,他心里就一亮:来戏了。他后悔以前跟长江公司这些乡村企业打交道,怎么没让他们见一点颜色。这次机遇来了,他要卡一把乡里人的喉咙。

接到石庭升来约见的电话,他就晓得自己前两天放出的"鹞子",现在见了动静。混了这些年,他已知道乡村企业这一摊,其实是个肥头。村里人发家心切,制度又松,胆子又贼大,出手往往没有尺寸。跟他常联系的两个乡企大户,一个是邻县的昌都塑料厂,一个就是长江公司。这些天,他跟两家都打了招呼,大背景有变化,粒子货源紧了。看来,还是长江公司块头大,经不起折腾,加上他们人也灵醒,眼见得是先来朝拜他了。

说好下午五点碰头,余国新故意延宕到五点一刻,才姗姗来到天府宾馆。

他走进大堂,远远见到,盐户村两个头儿已坐在会客区的沙发上,伸长头颈看大门,显见是等急了。这两个头儿,他早就认得,石庭升在村里威信很高,为人也很直,一眼能见肚庑,比较好打交道;苏玉芹则是个机灵女人,若有两人同时见她,她握着张三的手,笑脸却会朝着李四,嘴里说的,还是两人听了都会感到舒服的话。余国新见她第一面,就晓得这女人是乡下"头一个脚色",而不是一般的女干部;跟石庭升他们在一起,显见她是掌舵的。

春天的傍晚,暮色中带着慵懒的气息。余国新穿过晚风,踏进大堂,自知是一尊菩萨,端起架子,眼光从两个村里人头上滑过去;他还矜持地摸着西装扣子,抬头四下看。苏玉芹和石庭升一见他,飞快地相视一眼,说声来了,有一种如释重负的轻松。两人一同站起身,朝余国新迎过去,脸上笑得很是殷勤。

石庭升说,余经理,我们上去聊,房间都订好了。

余国新说,见面吃个便饭,随便聊聊多好,还订什么房。

苏玉芹说,余经理,你是我们长江公司的大客人,怎么好一般接待——上去坐,那里安静。

余国新心里一顿，想，跟他们打交道，日子也长了，从没见过用这种架势来碰头的，莫不是有什么特别节目？胸膛里，当下就滚过一阵热浪。

天府宾馆原来是市政府第一招待所，老饭店了。客房特别大，天花板又高，面积足有40多平方一间，有老式的地毯、吊灯、丝绒窗帘，走进去有股隔宿味，不过并不难闻。女服务员开门泡了茶，退出时轻轻把门带上，一种隔世样的寂静便笼上来。余国新还是第一次到天府宾馆，这里特有的一种官方气息，又沉厚又贵重的，着实把他震了一下。他想，都说长江公司的乡里人，跟当官的关系很好，有时还通天，看他们挑的宾馆饭店，就跟别人不一样。那股老宾馆的贵族气压上来，让余国新的脚步不由得迟疑了一下。他想，到这种地方来说事，长江公司会有些什么名堂？

石庭升拿出一盒中华烟，敬了余国新一支，自己也点起，长长地喷了一口，说，余经理，前两天我和石小毛到你家来，看你家住得那个逼仄，心里真不是滋味。回到村里，我马上向苏书记汇报了。苏书记批评我，说余经理是我们多年朋友，你们这些人，对余经理的生活没个起码的关心。

余国新说，这是说哪去了？我个人的事情怎么能让你们来操心呢。我自己不争气，这么一把年纪了。

石庭升说，苏书记交代了，要我把你请来，跟你见个面，想个办法帮你解决一下。

余国新连连摆手，说，不需要不需要！我业务上的事没能给你们帮上忙，怎么好意思让你们来帮我解决什么困难呢。

苏玉芹把笑一收，一本正经说，余经理，今天我们不谈业务，好不好？要说业务，你余经理已经帮了我们不少忙。没有你余经理这些年的关照，长江公司能有今天这样的架势吗？

石庭升一边说，那是，这些年你余经理经手给我们的原料，万吨轮怕也能装好几船了吧？

三人就笑。苏玉芹说，世界形势变化，国家宏观吃紧，你余经理又有什么办法呢？这一段拿不出粒子来，我们不怪你。

余国新摇头，脸上笑出许多歉意。

苏玉芹说，这些年，有你余经理跟我们接头谈业务，我们心定了许多。你是我们在石化最靠得住的老大哥，我们真的是要从心底感谢你。说实话，我们村想做一件事，就是要聘你当我们盐户村第一个荣誉村民。

余国新说，谢谢了，谢谢。我余某何德何能，让你们给我这么高名誉。

苏玉芹说，余经理你客气了。凭你的功劳，不要说荣誉村民你当得，就是荣誉村长你也当得。只是我们想，这种东西是一张纸，形式主义，其实并没有什么价值；你余经理是搞经济工作的，百事讲究一个"实"字。我想，我们要来就来实的，你看怎么样？

石庭升挪了挪屁股，附和说，是这样，要来就来实的。

苏玉芹就从背后沙发角里拿出一只小皮包，取出一只纸袋，说，余经理，盐户村的经济还不发达，实力还不强，没有什么可以帮你的，目前暂时就只能先给你一套房，让你一家老少住得稍稍宽敞些。你看这样行不行？

余国新呆了一下，看看苏玉芹，又看石庭升，再看看那纸袋，嘴只是张着，不说话。

苏玉芹说，余经理，这是我们盐户村全体村民的一点心意。前天石庭升和石小毛回来一说你家居住的情况，我难过得一夜没有睡好。你为我们盐户村发展作出了那么大贡献，我们村民的衣食住行，这些年都上了几个台阶；而你余经理一家老少，却还那么艰苦，住得那么逼仄。我们怎么也要在这件事上帮你一把。

余国新两手硬硬地推那纸，只是说，这是怎么说的，这是怎么说的！

苏玉芹又取出一张存折，拍在沙发扶手上，说，另外，我们还给你准备了一笔装修房子的费用，中低档标准吧，只有几十万元。钱存在我们村信用社里，你什么时候都能取出来用。

余国新一见这架势，脸上最后一点笑意也没了，两颊却灰白起来，只僵着两手，机械地摇头。

石庭升便从苏玉芹手里拿过房产证和存折，坐到余国新身边，打开那本楼盘销售画册，指着上面某个房型，说，余经理你看，这里面全是好房啊，"林荫小区"，你听这名字！不算市里数一数二的地段，也是近几年开发得最好的小区了；位置么，闹中取静，交通也方便；小区品位中等偏上，也不惹人耳目。那里绿地多，像个花园；楼层也是最好的——三楼——老人小孩，上下都方便。

那房产证，瓦片样大小，封面还上了塑，蓝莹莹的，放在灯下闪闪有光，刺得余国新两眼有些发花。

现时这社会上最有分量的，就是这房产证！石庭升出发来市区时，就在车上跟苏玉芹说，余国新在石化公司拼死拼活搏上半辈子，也拿不到这么好的房子。这三房一厅，是公司头头、总工程师、总会计师这一级高管的待遇；他就是轮到住房改善，最多也不过两居室水平，还得上交老房子；何况石化公司僧多粥少，他到那里工作才几年，猴年马月才能轮上。而村里给他的房产，一伸手就是三房一厅，外加装修费几十万，这是哪片天上掉下的馅饼啊？也让他余国新领教一下，现在村里人办事的手面。

余国新许久没有说话。石庭升拍拍他的手背，说，收下吧，余经理！要装修，明天就可以开工，装修工程队，我们盐户村就有现成的。

余国新脸色渐渐缓过来,眼睛朝女支书一扫,又朝村长一扫,那目光,游移闪烁,看得出是兴奋,又是胆怯,就像兔子见嫩草,想伸过脖颈去,又怕草里有什么机关。这汉子的精明相,还有刚才大堂见面时端起的架子,一刻里荡然无存。

石庭升看看女支书脸色,口气又放得很柔和地对余国新说,余经理,你是不是担心这两样小东西,拿下后会有什么后遗症?告诉你,尽管放心,一百个放心!

他翻开房产证,说,你看这里写的是什么?"长江塑料公司驻市区办事处"。也就是说,这套房的房主,是我们长江公司。我们今天连产权一道正式交给你。今后万一有什么事,你就说是我们长江公司暂时借给你住的;还有这存折,写的名字叫宗友琴,就是"重友情"的意思,并不是你余经理的大名。你拿这存折去我们村取钱,要多少是多少,信用社里的人,屁事不会来打听一个。这是信用社员工的职业道德,何况,他们又不认识你。你余经理有什么可担心的?

余国新拿过房产证,翻开扫了几眼。上面各个栏目都填实了,圆章方章,大章小章,一一红得发亮。粘在本本最后的房屋平面,一看就知道,这是最好的大户型、朝阳房。长江公司为他办事,做得何等贴心,连今后10年的物业管理费,也一并交足了。这就是说,他余国新一家老少住进去,只管四脚叉起安稳享受,芝麻细事都不用操心。

苏玉芹脸上泛起微笑,朝村长石庭升看一眼,彼此会意,动作极微地点了一下头。

却不料,余国新突然放下房产证,站起身,说,我出去一下,打个电话。

石庭升一怔，要说些什么，苏玉芹却把他拦住了。两人站起身，走到窗台旁，悄悄地看楼下。

余国新踽踽地走出楼，并没有去找地方打电话，却在下面的林荫道上，慢慢踱步；踱了两个来回，又站住。

两人在楼上，透过密密层层的樟树叶，盯住余国新看。只见余国新摸出香烟，点火，抽着烟在树下来回踱步；踱一阵，踩灭烟头，又点起一支……抽第三支时，他从岔路上出去，走远了。

苏玉芹问，他去哪里了？

石庭升说，那里有个卫生间，他解手去了。

苏玉芹笑笑，回到沙发边坐下。

石庭升说，余经理撒急尿去了。

苏玉芹问，你怎么晓得？

石庭升说，男人碰到紧张的事，就会有急尿。

苏玉芹一笑，说，女人也一样。

石庭升说，余经理在思想斗争呢。

苏玉芹说，送他这么重一个礼，他到底有点怕的。

石庭升问，他会不会吓退了？

苏玉芹说，你宽心，我看他会上。

这时，一名女服务员来敲门，问晚餐要不要安排。苏玉芹一挥手，让石庭升出去和她交代。她自己靠了沙发，仰头看那盏牛头样大小的吊灯，想自己的心事。

这间房，她来过不止一趟了。每趟来，都是大事临头，火烧眉毛。这房的房号是606，乡里人说起来，是大吉大利的数字。她要么不来天府宾馆，来了，就指名要这间房。

这房已经成了她的福地，成了她逢凶化吉、遇难成祥的地方，且多次试下来，没一次不灵验。

前两年长江公司建分厂，要占一百二十亩地。地都是自己村的，想悄悄圈了拆迁，悄悄建完再说。却不料扔下去几百万元，刚拆迁完，县土地局李局长就接到邻村村民举报，找上门来，问，这擅自圈地建厂房，是谁人批准的。村里人没主意，只好四处找苏玉芹。这天苏玉芹正好在市里办事，就回了电话，说麻烦李局长，请他到天府宾馆来细谈，我在那里向李局长汇报。

李局长听了这个女人声音，心就软了一下；又一听见面地点放在市府招待所，就很奇怪乡下人怎么会有那样的气派。他赶到那里一见苏玉芹，莫名其妙地觉得有些面熟，两人就在餐厅要了个雅座，先喝茶，接着又按苏玉芹建议，文文雅雅喝起了对手酒。

边喝边聊，小一会儿就聊出，原来两人还是县中校友，只是差两届而已，按届别，苏玉芹还要叫李局长一声学哥才对。这一顿饭李局长吃得十分高兴，酒喝得红头赤脸的，兴奋得连声叫苏玉芹"小学妹"，还借着酒兴，捏她的手，留她电话号码。苏玉芹后来建议，回县路程有40多公里，醉醺醺的不好，李局长还是包一间房住下吧。李局长点头，苏玉芹就给他定了这间606房。苏玉芹把他送进房间，又说笑一阵，就要离开。李局长说，你回盐户村，比我回县城更远吧？不如也留下过夜？……苏玉芹一看他眼神，就晓得这汉子的意思，想那一百二十亩土地的事情，几百万元基建费都已投进去了，斩而不奏，村里是明显犯条款的，若按《土地法》论事，法庭都上得；土地爷这一关若闯不过去，盐户村老小这一笔血汗钱，就算抛在长江里了。想到这里，苏玉芹心里一是急，二则更有一层悲壮的意思，到底答应了李局长。此后，盐户村不管怎么扩展，只要是涉及土地方面的事，土地局没有不开绿灯的。

第二次来这里，事情没有上次复杂，意义却更不一样。

这一次，是请县委葛副书记来，让他特批长江公司继续享受免税待遇的事。长江公司这时按规定，免税年份已经到期。如果上起税来，一年就是千把万，村里人为这事急得上火。葛副书记这时还兼任代县长，手里那支笔，分量最是要得。苏玉芹请葛书记来，饭是在天府宾馆外面吃的。因为葛书记喜欢吃火锅，尤其喜欢吃四川的鸳鸯火锅，半边红半边白的那种。这东西天府宾馆弄不好。葛书记是从盐户村蹲点蹲出来的，对年轻的苏玉芹本来就熟，印象也好，当年就常拍拍她肩拉拉她辫子什么的。这一晚吃火锅，跟苏玉芹两个又是酒逢对手，彼此都很开心，两人仿佛重新相识了似的。酒足饭饱后，葛书记说自己有些不舒服，想休息一阵，苏玉芹就又给他订了606房，而且主动提出，留下来照顾他。这一夜过得何等好，葛书记次日一早，百病都消了，神采奕奕，精神头十足。他后来又多次来这里，只叫苏玉芹一个人陪，百事都做得心领神会，神不知鬼不晓的。长江公司免税等等大小事务，就一直没再遇到什么麻烦。

　　这里的蹊跷，班子里只有石庭升一人晓得一些。以往应酬，都是村里几个人出面，起码也有苏玉芹和石庭升两个人出场，但那两次关键性的重大公关活动，苏玉芹就连石庭升这个村长都避开了，石庭升就晓得支书必有些特别招数拿出来实施，却又不想让村里任何人晓得。按他从小起就积累的对苏玉芹的了解，他已隐隐猜出了那是些什么招数。盐户村长江公司经葛书记帮忙得以继续免税的手续办妥后，正好接近村里年终分配，石庭升就在办公室里真心对苏玉芹说，你让我对两套班子成员的年终分配拿出个方案，我基本上都弄好了，七个人的平均数是20万元；你情况不同，责任大，工作重，我定了30万，你看妥不妥？

　　苏玉芹拿过方案来，目光掠了两遍，忽然咬着嘴唇，眼圈红了，两颗很大的泪，从脸上默默滚下来。

　　石庭升吃了一惊，忙问，这是怎么了？是不是我出了差错？如果你觉得这方案还有欠缺，我重新再搞。老实说，就是给你苏玉芹定100万，也不嫌高的。

苏玉芹哭得愈凶，竟像女学生那样，头伏在桌上，肩一耸一耸的，抽泣了很长一刻。

石庭升一时没了主意，手忙脚乱地在门后抽一块毛巾，蘸了温水，递给女支书。苏玉芹擦了泪，透了一口气，终于抬起头来，说，石庭升，你看低我了，我苏玉芹日也操劳，夜也操劳，花出的代价，难道是30万元抵得了的？你就是再加一倍，我也不稀罕。我只望大家心里清楚，我苏玉芹为了盐户村老小，为了村里的前途，什么都不顾了；只要大家有好日子过，将来有奔头，再大的难处，我苏玉芹也承当下来了。

石庭升被女支书哭得心里乱乱的，想，这是个何等要强的女人，刀架在脖颈上，眼睛也不会眨一下的，今天怎么倒伤心成这样。便说，你有什么怨恨，尽管对我说；对我石庭升有什么看法，也尽管说。——我们是什么关系？有什么可瞒的？

苏玉芹看着满墙奖状奖旗，目光硬硬的，不说话。

石庭升又说，我看你也不用客气，多劳多得，这是应该的。多分十万廿万又怎样！

苏玉芹说，我不要多，一分一厘也不要多。就跟你们一样水平。老实说，要论我多花出的心血，多少钱也是换不来的。这事天晓得，将来天也会照应我。

说完又落泪。石庭升早就听出弦外之音，晓得苏玉芹事情是做了，心里却是委屈得要命……

一歇工夫，石庭升和那女服务员谈完，回到房里，对女支书说，晚饭安排好了，家常菜，沸腾鱼，加饭酒。

苏玉芹只把嘴角一牵，不说话，似乎还沉在记忆里，心事重重的样子。

石庭升看看楼下,又坐回沙发上,对苏玉芹半开玩笑地道,你这女人,实在是个高手,"不谈业务",听上去像真的一样。

苏玉芹说,这也是个本事,你晓得么?譬如你家里逃了鸡,要捉归笼里时,哪有直统统扑上去的?必是绕了圈子,从一旁悄悄包抄过去,才能得手;若是一上手就剥皮见核,人家不是要说你没本事么?

石庭升说,那李局长葛书记他们,你也是用这个计策吗?

苏玉芹一皱眉,说,都是陈谷烂芝麻,还提它干什么。

这时,余国新回来了。他一坐下,就很硬气地说,苏总石总,我认真考虑了,你们的好意我心领了,但这两样东西,我不能接受的。

石庭升一怔,目光里有些急,张嘴要说什么。苏玉芹却一笑,说,不谈这个了,我们先下楼吃饭,看怎样?

苏玉芹一个女人,却有着超过男人几倍的酒量,一上宴席,果然显出好本事。三杯加饭酒下肚,男人心被那液体温着了,很快就又靠近过来;剥着花生,说些儿时的乡下趣事,彼此间隔阂便在笑声里渐次消融。苏玉芹拿着酒,一次次干杯,叹息余国新枉为男人,没有一点男子气,不相信朋友交情,前怕狼后怕虎,能成什么气候。把余国新说得满面通红。石庭升鉴貌辨色,适时又拿出那份赠与文书,事先准备好的,让余国新仔细看那村委会的图章。这酒只喝到五六分,砂锅里的甲鱼裙边还没剥下,绍兴加饭酒也还剩下好几瓶,三人只耳热时分,余国新就心动了。

苏玉芹把房产证和存折拿出来,还故意躲开石庭升的视线,在桌下悄悄地塞进余国新衣袋里。一切,都是无声无息

余国新愣了一下,只是隔袋按了按,没有再说什么。

28

在大堂门口把余国新送上出租车，石庭升说，我去把房退了。

苏玉芹说，不退了。

石庭升说，怎么不退了？

苏玉芹说，我们不能住么？

石庭升吃了一惊，眼皮抖抖的，看苏玉芹。苏玉芹这时头抬得很高，正看宾馆楼顶上的星星。晚风在楼幢间穿过来，带着油炸的香气，是餐厅那里吹来的；有一阵阵音乐，忽重忽轻，从楼上娱乐中心飘出，平添歌舞升平的气象；只是后来有个男人跟着吼了几嗓子，不成曲调，又有哄笑声夹杂着，让人觉着，这声气其实有些浪荡。

石庭升问，你这话当真？

苏玉芹回过头，目光亮亮的，看定石庭升，显得有些狐媚相，说，我什么时候跟你说过假话？

石庭升毕竟老实，没有经过这样的事情，这时竟说不出话来。进了房门，苏玉芹站住了看，见这汉子脸色有些泛白，两个眼袋也忽然灰了一圈，目光还有些颤抖，像走夜路的人，突然间踢着了猪獾，手脚都吓软了。

苏玉芹一笑，用臂角撞他的腰，问，你不敢？

石庭升看她，也一笑，笑容却是僵硬的。

苏玉芹说，你若不敢，现在来得及，我们就回村。叫一辆出租车，不到几支烟的工夫，就到了。

石庭升被她一说，反而有些着急，鼓起勇气说，你敢我不敢，还算什么男子汉？难得你有这样的心思，我石庭升也决不放软。改革开放这么多年了，你我却没有开放过；把盐户建成今天这样，没有功劳也有苦劳，今夜我们彻底开放一回，也是作兴的。

苏玉芹就进里间洗身子。石庭升究竟有些紧张，看着女人脱在床上的衣衫，心里像揣着一条活鱼，一撞一撞的，不晓得今夜时分，遇着的是祸还是福。他就想起苏玉芹的男人陆老师，一个黑黑瘦瘦的乡校教师，带了女儿，住在学校宿舍过日子，为的是让女人腾出身子来，为盐户村老小打天下。想起陆老师，他就觉得有些内疚：人家老实巴交的，跟自己从打弹子爬树起，就一道长大，一个村里过日子，低头不见抬头见的，现在睡他的女人，不是活生生欺侮了人家。但石庭升又想，苏玉芹是村里犟出头的人物，县里乡里都有名，这样的女人，别人觅都觅不来，今夜她自己要这样做，又能怪谁怨谁呢？且她在村里一直坐大，今夜若拗了她的意愿，两下里弄得不和，今后百样事情，还怎么商量？不如顺坡推车、顺水放船，趁着七分醉意三分情谊，今夜把事情做了再说。

这样想着，石庭升就心定了些。坐到沙发上，听里间女人放水洗澡的哗哗声，身体不由得燥热起来。

余国新倒像是晓得苏玉芹他们今夜要在宾馆住下的，到家后不久，便打来电话，喜气洋洋地说，通过总公司一位老上级，临时弄到了一批粒子，还是平价的；明天你们若有空，就放几辆车子过来，抓紧去仓库提货。

苏玉芹洗完出来，听石庭升说了余国新电话，眉梢一扬，说，我料到这家伙的关攻得下来。这世道，哪有不吃腥的猫啊？

石庭升连声说，是是，只要有钱，我们这些乡下包子也能办大事。

他说着，热眼望过去，四十不到的苏玉芹，面孔红扑扑的，发梢里散发出好闻的香味；身体丰实圆润，像深秋天的柿子，成熟得有一种异样的光亮。他眼皮又莫名其妙地跳起来，眼袋一时变得很重，气却霎时短了许多。

苏玉芹说，你怎么不抽烟呀，石庭升？

石庭升说，你不是讨厌香烟么？

苏玉芹说，你抽，我不讨厌。

石庭升就取出中华烟，苏玉芹夺过打火机，给他点着了。她闻了闻腾起的烟，说，唔，真香，香到我骨子里去了。

这一夜，因为村里最棘手的一件大事做成，心里卸了一块大石头，浑身骨头都松下来，又吃了若干好酒水，两人兴奋得一宵不肯睡；说是同村，又从小一起长大的，但这样的夜，毕竟没有过，便颠来倒去的，不知折腾了多少回。

长江公司的仓库，此后又堆满了粒子。几个车间日夜连轴转，一厂的热气腾腾。邻乡邻县几个小塑料厂，早就难以为继，有的甚至无米下锅，已经把工人打发回村里。见满天下的乡企村企，只有长江公司独家兴旺，就像是狂风里吹不折的树，大水里冲不倒的庙，盐户村内外村民纷纷说，到底是长江公司，县里市里有人，经济实力又硬，腰板子塌不下来。

村班子里众人听了，只是笑，那种得意，不消去说的。

老话说，刀快了防卷刃，马快了防失蹄。盐户村一味要在经济上坐大，气盛得不行，却不料，祸胎早已在暗暗里生动了。

盐户村既是模范村，记者来这里采访的就格外多。一好百好，经济数字上去了，什么工作不沾光。于是盐户村精神文明也好，计划生育也好，文体娱乐也好，敬老爱幼也好，各条线上跑的记者，都到这里来挖材料。县报上若哪一期没有盐户村的报道，版面看上去反而陌生了。

这里要说起县报一位记者，林有信。他是报社的骨干记者，也是我的一个熟人，我在镇上大院时，他常来我办公室，有时是采访，更多的是闲聊。他是个"三勤"记者——腿勤、嘴勤、笔勤，盐户村去得多，报道也发得多，在村里，自然也结交了好些朋友。朋友中跟他来往得最多的，是石小毛。两人岁数虽然差一截，但百事都很说得来，喝茶饮酒，也有同好；酒不要茅台五粮液，更不要低度酒，只要本镇自酿的土酒"塔城大曲"，五十元一瓶，说是喝了热五脏、通七窍，通体汗毛孔都舒畅；茶也不喝细巧的旗枪雀舌，只喝云南产的大叶茶，泡得酽酽的，啜三口门牙就发黑的那种。他们还有个同好，就是上的菜水，不要南北名肴、生猛海鲜，就喜欢那些乡下土菜，什么家乡老鸭、苦菜鱼头，以及辣穿舌头的葱爆朝天椒之类。只要林有信一到，石小毛就会一个电话挂到长江公司小餐厅，两人不干完一瓶塔城大曲，不肯收场。

这天石小毛高兴，喝得猛了点，眼睛红红的，看出去目光有些散，像野狗一样，满脸都是油光，额头上汗珠淌下来，油腻腻地有质感。加上晚上没事，两人就一气干了两瓶塔城大曲，还有一箱青岛啤酒，说是用来漱口洗肠的。直到村里老人巡逻摇铃，吆喝"火烛小心后门关紧"，才离开小餐厅，歪歪斜斜走到石小毛家去喝茶醒酒。

村里人睡得早。他俩提壶煮水时，满村都已入静。两人在石小毛书房品茶，只有远处偶或传来的狗吠，把村里夜色吠得更深。林有信号称"小电台"，这夜就讲了好些个县城和市里的人事轶闻，把个石小毛听得津津有味、两眼发直。说到眼下风气坏、基层难、腐败遍地时，石小毛就按捺不住，舌头硬硬的，把村里为了买粒子送房送钱给余国新的事情，抖落了出来。说完之后，才觉得有些不对，背脊上窜出一股热汗，说，这事情，林哥你听过就算数，两套班子议定的，绝对保密，对外不提。

林有信说，不提不提，说过算数。心里却在想，这段时间，稿子是发得不少，但都是莺歌燕舞的，没有一点分量，反映问题的稿子没有几篇，深层次思考的文章更是一片空白。石小毛说的这一段，倒是个好题目……一连串灵感遂泛出脑际，借着一蓬酒精烧出热火，让思绪游动得异常活跃。

回县城后，林有信夜不能寐。职业敏感，使他的血脉跳得蓬蓬有声，头脑兴奋，睡意全无。他忽而想把石小毛说的这事写成"乡村见闻"，堂而皇之在县报上登出来；忽而又想写成"热点思考"，向社会提出一个尖锐问题。想来想去，总觉得公开见报做法不妥，答应保密的事，端到大庭广众面前，岂不是出卖了朋友？思索再三，才选定一条比较稳妥的路子，先写一篇供内参用的《情况反映》，简短一点，在小范围里探探路子；等条件成熟了，再写大文章拿出去，谅也不迟。

这一夜，林有信没有再睡。对一个记者来说，"下笔如有神"的机会毕竟难得。东方既白时，他笔下一篇千把字的《情况反映》，已写得有模有样。他起身洗了把冷水脸，下楼去老虎灶提了一壶开水，泡上一杯龙井，在茶香里重新校阅文稿。那稿子写得平白、朴素，但揭露的问题很有分量。林有信为了不让石小毛为难，把有关乡村与公司的名称完全虚化，如把长江公司写成"本县一家艰苦创业的基层企业"，简称Ａ厂；把石化公司写成"一家对国家有突出贡献的大型企业"，简称Ｂ厂。他还把平时积累的其他事例也写了进去，一是增加文章说服力，二也分散了读者对送房送钱一事的注意力。

文章改过三遍，茶也喝了几杯，小肚子这里始有些胀胀的。林有信下楼找一个墙角轻身，袅袅升起的热气里，竟闻出有昨晚喝下的烧酒气息，十分的微妙，便举头看天，对着残星，兀自一笑。

也合该要出麻烦，林有信当天把《情况反映》送到总编室去签发时，总编胡家生正好有五六篇稿子急着要发。才看个开头，有人打电话来，说市报一位副总编和一位部主任，要去他们那里钓鱼，请胡总出面陪一陪。胡家生一听，心思早已散去，屁股底下就有些坐不住。他一目十行，把那些稿子都签发了。林有信那份《情况反映》，便也顺利送厂开印，按固定的内参分发渠道，送到方方面面。

奇怪的是，对这份《情况反映》最早引起反应的，不是本县机关领导，却是市检察院尤检察长。他看了文章，当下批示：

请看××县的《情况反映》。如所述属实，应依法视作行贿受贿行为，反贪局应立即派人按此线索下县侦查，务求早破此案，为改革开放和发展农村经济保驾护航。

几乎在县检察院收到市院尤检察长批示电传件的同时，县委副书记葛本超也看到了这期《情况反映》。他大吃一惊，骂了一声粗话，马上把县报总编胡家生叫来，挥着《情况反映》，问，这东西是你签发的？

胡家生见葛本超脸色难看，晓得不是好事，进门时就有些紧张。接过《情况反映》一看，连连点头称是。

葛书记说，你也不仔细看看，你们县报搞这样的《情况反映》，不是给县委县政府添乱吗！

胡家生再细看一遍文章，方才察觉到了问题。他头皮不由得有些发麻，后悔自己前两天急着要去钓鱼会市报副总编，把这么一件大事疏忽了。

葛本超说，你当县报总编的，怎么对政治一点也不敏感？长江公司这样的事情，怎么能捅出去？你晓得这是什么性质的问题吗？

胡家生诺诺连声，头发根里滋出阵阵热汗。

葛本超说，盐户村不是一般的乡村，长江公司已不是一般的企业。它是我们县乡的模范，百里挑一的样板。这个村依靠什么发展起来的，一直是县内县外干部群众关心的热点。我们长期来坚持宣传，盐户村是依靠党的领导，发扬艰苦奋斗精神拼搏出来的，可是看了这期《情况反映》，等于告诉人们，盐户村、长江公司是靠行贿收买，走旁门左道，才走出一条发展道路来的。你想想，这是什么性质的问题？

胡家生看着副书记，怯怯地说，葛书记，我看这篇文章写得还比较隐晦，它只是提出了若干普遍性的现象，至于Ａ厂Ｂ厂指的是谁，我看不大会引起什么注意……

葛本超眉一竖，很嫌恶地说，你这样的书生意气，哪里还办得好报纸？只要有点嗅觉有点眼光，对县情又有点了解的人，哪个不晓得这里的Ａ厂Ｂ厂，指的就是长江公司和石化公司！只有像你这种丧失政治敏感的人，才这样木知木觉，还自我安慰。

胡家生脸色发白，道，我接受葛书记批评，马上找记者谈话，一定设法挽回影响，弥补损失……

电话突然响起来。葛本超抓起说了几句，脸色一下子变得更黑。嗯嗯声中，他用手势示意胡家生坐下，表示还有话要向总编交代。

胡家生就坐下来，眼睛望着葛本超，心里却在骂林有信，你个混蛋，整天惹是生非，看我这回怎么修理你！

胡家生一边暗骂，一边却又想，在报社的几个记者中，林有信这支笔，到底还是最硬的。只是这一回，要着力整他一把，让他晓得，在这小小县城里，天有多高，地有多厚，不要以为自己有多了不起。

葛本超终于放下电话，撑在桌上的手，已在无意中握成一个拳，说，县检察院来电话，说他们接到了市检察院尤检察长的批示，要他们配合市院反贪局，按《情况反映》的线索，去盐户村侦查这个送钱送房的行贿受贿案。你看看，人家是什么嗅觉，已经把这件事情当成案子来办了！

胡家生嘟哝道，没想到，真没想到。

葛本超白他一眼，说，县检察院说了，先向县委汇报一下，接着就要会同市反贪局，着手取证侦查。

胡家生说，葛书记，这乱子是报社惹的，我负全部责任，听从县委对我的处置。但眼下怎么应付这个局面，请您指示。

葛本超抓起桌角一包烟，一看，已是空壳，便狠狠捏成一团，扔在屋角，又拉开抽屉取出另一包，急急拆出一支，点燃香烟时，手指竟有些抖。他记起前些天深夜，盐户村苏玉芹打来的那个电话，脑子里飞快搜索，自己当初是怎么回复的。虽然他自信，对送房送钱的做法，他不会公开表示支持，但他依然担忧，自己当初的态度是否有些暧昧。县市两级检察院在调查取证的时候，尤其是在盐户村向班子领导核实整个过程时，会不会涉及这一细节？

胡家生的目光焦急不安，一直低着眼，不敢与葛本超对视；偶或抬起，怯怯地在副书记脸上扫一下。葛本超吸了几口烟，说，现在我看只有一个办法：在没有准备好对策以前，先把事情往后拖一拖。我的意见，你让林有信出去避一段时间。找不着写稿的当事人，事情就有可能搁置下来；同时，我们再多方设法，从中斡旋协调。

胡家生连连点头，茅塞顿开的样子，说，葛书记考虑周全，我这就回报社，根据葛书记的指示，一一把事情落实好。

当天下午,在外采访的林有信接到电话,飞速赶回报社。胡家生劈头就骂,你做的好事,给我捅了这娄子!

林有信看他手里挥着的《情况反映》,心里已知是怎么回事,便说,这稿子,是按程序送审的啊。

胡家生说,我晓得你会说这话。我眼瞎了,让你钻了我的空子。

林有信说,胡总言重了。我林有信是个小记者,采访写稿,规规矩矩,报社的各种规定,我哪敢违反啊。

胡家生摆手说,不说这个了。我问你,这篇稿子上的A厂B厂,是不是指的盐户村长江公司和石化公司?

林有信点头。

胡家生说,现在市、县检察院都已经关注这份材料,马上就要动手侦查了。事情要涉及盐户村这个先进样板。你先出去一段时间,回避一下。

林有信说,我出去回避一下?为什么要回避一下?难道我写的不是事实么?

胡家生说,即使是事实,你也要回避。

林有信说,我不回避。

总编说,这是县委决定,也是报社决定。

林有信说,我认为没这个必要。

总编说,你晓得什么?你弄出了大乱子,还这种态度?盐户村是县委一手树立起来的先进典型,你这样写他们,实质上就是说他们向企业行贿、拉人下水,属于"集体犯罪",这是往红旗上抹屎,你晓不晓得?

林有信看看总编,喉结起伏了两下,把要说的话咽了。

胡家生说,现在检方要来找你,我们的意见是,你暂时不跟他们接触。县委将抓紧时间,把这事协调好。

林有信说,怎么协调?把有的说成没的,把黑的说成白的?

胡家生喝了声,说,林有信,你不要太狂妄了好不好!为这件事,县委已经在追究我的责任了。

林有信一怔,很想发作,对着总编吼一声,可一看胡家生那头颤动的白发,还是忍住了。他想,这老胡,半百的人了,老婆有精神病,常把痰盂扣在饭锅上,半夜还要到阳台上学鸡叫。这些他都顾不上,把县报的局面维持成这样,已经不容易了。他的目光跟总编对峙了几秒钟,终于别过脸,甩门而去。

29

县检察院的人找不到林有信,盐户村的案子就拖了下来。

这个"拖"字,里面很有些微妙。县检察院向县委汇报之后,葛本超就找县政法委宋富林书记碰头了。他说,盐户村是全县的模范村,改革开放和经济发展都走在全县头里,农民啊,思想能这么解放,还有这点步子胆子,这就不容易了;专政机关不去保护他们的积极性,反而去找他们岔子,怎么体现你们对经济工作的保驾护航?又怎么去促进全县的经济发展?

宋富林书记是个爽快人,回应说,我回头就找县检察长金大康,让他马上来见你,你葛书记当面再做做他工作。

一小时后,县检察长金大康就呼哧呼哧爬楼,拖着个老慢支,急急来见葛书记。

葛本超问,《情况反映》上的事情,你们查得怎样了?

金大康说,写内参的记者出差去了,暂时还没进展。

葛本超一笑说,金检,这事你怎么看?

金大康说，昨晚我们还研究，准备不找当事记者了，直接突破。明眼人一眼就看出，A厂就是长江公司，B厂就是石化公司。

葛本超摇一下头，不说话，莫测高深的样子。

金大康说，政法委宋书记找我谈了，我才晓得县里的意图。

葛本超脸色一沉，说，金检我要明确跟你说，县里并没有什么意图。只是这里有个转变观念、解放思想的问题。

金大康说，我懂。

葛本超说，盐户村长江公司是县里的标杆，两个文明建设都有很大的贡献，这在省里和中央都是挂了号的，我们百事都要支持他们一把才对。

金大康说，我懂。要不是市检批办，我们不弄这事。

葛本超说，这事具体怎么办，你拿主意，司法独立么，我这里不再多说什么。我只是跟你强调一下，盐户村长江公司在我们县里的地位，以及他们对农村改革和经济发展所作的巨大贡献。

金大康又连说几个"我懂"，竟咳嗽起来，直咳得背脊弓起，喉头那里发出破风箱一样的嘶嘶声；待把头抬起时，嘴唇已是灰黑，两眼却充满血丝，还有一包眼泪，直直圆睁着，像一双牛眼。

葛副书记上前，轻轻拍县检察长的背脊，说，金检啊，你这病不看怎么得了？听你这样咳，我肺尖子也毛了。

金大康喘着说，不得空么，又哪有时间去看病。你葛书记也晓得，我们县里今年经济犯罪案那个涨，比去年同期都涨了一倍多。

葛本超说，办案归办案，看病归看病么。我认识市一医院一位老慢支专家，有妙手回春的功夫。我这就给你联系。

副书记说着，就拉开抽屉找名片打电话，当下就把老慢支专家看病的事情给落实了。金大康临下楼，狠命摇葛书记的手，感动得几乎又喘。

送走金检，葛本超隔手又要通了盐户村支书苏玉芹的电话，声气硬硬的，说，你们盐户村是怎么弄的？攻关搞粒子的事，有必要给报社记者透露么？你们啊，百事没个记性，更没有一点警惕性。

苏玉芹吃了一惊，说，我们班子里开会说定的啊，这事对外绝对保密。

葛本超说，保什么密啊，人家记者都捅到内参上去了。市检察院尤检察长已经批示，要查这事。你看看！

苏玉芹能想象葛书记对着电话批评她时那张铁青的脸。

这么些年来，她记忆中葛书记对盐户村只发过一次火。那是一年多前，盐户村有家小厂，生产洗衣粉的，因为货色质量差，卖不出去，仓库里压得几乎崩顶。村里没办法，就出了个烂主意，让彩印厂印了几百万个名牌洗衣粉袋子，改头换面，装进了这小厂烂货，一下子还真解解决了压仓问题。却没想到，半个月后，消费者投诉，被市里质监局查出了猫腻，在全市各种媒体上曝光不算，还被罚了三十万元。葛书记晓得了，亲自赶到盐户村，召集班子开会，当面臭骂了一顿。葛书记说，扶不起的阿斗，你们就是扶不起的阿斗！社会上看不起乡村企业，就是看不起它的产品质量。你们这样做，自以为聪明，其实是往自己脸上抹屎晓不晓得？这一曝光，你这个洗衣粉厂什么时候才能翻得过身来？蠢啊，说得严重一点，这就是自毁前程，自掘坟墓，简直比蠢驴还蠢！我看，市质监局这次罚得好，还应该罚得再狠一些，再重一些！我提两个建议，一是立即把洗衣粉厂的厂长撤了；二是三十万元罚款中的十分之一，让这家伙从自己腰包里掏出来。自己负担十分之一——三万元——这不算过分吧？

洗衣粉厂厂长是苏玉芹的亲舅舅，县委副书记说了要撤职，村里还怎么抵得住，一纸通知，就把他职务免了；只是那三万元罚款，村里悄悄给他垫了。这是苏玉芹的亲舅舅，打狗还看主人呢。

这一回，轮到苏玉芹自己撞墙了。她晓得，不是火烧眉毛的事情，葛书记不会亲自打电话来。她心跳当下就急起来，说，事情就是那件事情，十天半月前，班子开会时我给你通过一个电话的……

葛本超打断说，不说那个电话。我不会让你们去做那种事情。我现在要提醒你们，这事情可能要闹大。

苏玉芹问，怎么会呢？

葛书记说，市里检察长批示要查，事情还不闹大么？

苏玉芹说，那你看我们怎么办？

电话里静默了一歇。葛本超说，该怎么办，你们自己想办法去。我只是给你们通个气。你们不要给我惹出麻烦来，自己树起的红旗，又被自己砍下。

苏玉芹心里一沉，想，葛书记这话说重了。急奢又问一句，市检察长批的那份内参，能让我们看看么？

葛本超想一想，说，我让机要通信员马上给你们送来。主要是给你们班子负责人看一下。看完后，立即交机要通信员带回。

苏玉芹挂了电话，立刻就找石庭升。石庭升见女人脸色煞白，说话声音也放得很轻，估摸出了事。他第一个想到的是，那晚跟她在外面过夜，莫不是给陆老师发觉了？真要是这样的话，跟陆老师之间，少不了会有些脸面难看的事情。可一听苏玉芹说了葛书记电话，才晓得情况远比过夜的事要严重。过夜算什么？最多是个生活作风问题，现在社会上根本不计较的，连组织上也不追究了；而送房送钱给余国新的事被县报记者捅出来，那才是真正要命的事呢。

两人就踅进会议室，商议怎么处理这事。苏玉芹说，我建议马上开班子会，把情况摆出来；集体定的事，要强调集体负责。

石庭升说，开会摆情况我不反对，我只是想，苏永生这家伙恐怕要笑了,他当初就不赞成我们这样做。

苏玉芹说,自己人笑,那就让他笑吧,这有什么关系。市县两级检察院来村里查,这才是天大的事呢。

石庭升连连点头,说,那我现在就通知去。

这个会,石庭升也叫我参加了。待了这么些日子,村里人已经知道,我彭永生不是一个坏人,关键时刻,还能给村里出出主意。所以大小各种会议,都邀我出席,还请我坐上首,有时弄得我很有点不好意思,却让我看到了村里人的真诚,从心底激发出力量,要为村里做点实事。

众人在村委集齐时,正好县委机要通信员小李的摩托车也到了。苏玉芹差人把小李请到接待室,泡茶,上水果,还发了两包中华烟,叫他坐着看电视,却把内参拿到会议室,让众人轮流看。大家心里急,都要争着先看,苏玉芹就让宣传委员刘福读了一遍,又偷偷叫人复印了,才把原件交机要通信员带回县城。

刘福骂了声娘,说,果然是给永生哥说中了,这事做不得。当初要是听永生哥一句,也不会闹出今天这样的乱子。

众人便一齐看苏永生的脸。苏玉芹想,苏永生在班子里岁数是老大,百事也都证明,他这把年纪不是白活的。他要是在今天会上,倚老卖老说几句,对着班子领头人骂几句,也只能随他去了。

却不料,苏永生朝刘福翻一翻眼,说,话也不能这样说。我当初也不过是个估计罢了,谁有十分把握?现在事情都已这样了,我看大家后悔药不要吃,丧气话也不要说,都来积极想办法,看这事怎么弥补。

苏永生说得诚恳,大家目光里,对他的敬意便陡增几分。

苏玉芹原想把刚才葛书记的电话给众人说一说的,想想葛书记有几句话说得重了,怕传达后折了众人志气,就按下没说,只一笑，对苏永生说，老大哥就是老大哥，我们这些人，就是太嫩了，缺少个历练。

众人的话头就转到内参上来。刘福说，这个林有信，妈了个巴子，平时戴个眼镜，低头抬头笑眯眯的，原来是只笑面虎。这个情报，也不知他是从哪里得到的。

他说着，眼角朝石小毛这里掠了一下。石小毛跟林有信关系好，村里几乎人人晓得。

石小毛的心往上一吊，故意不看刘福。他刚才听刘福读内参，背脊上的汗就已经滋了半身。虽说上回接待林有信的酒喝多了，但他还是清楚记得，林有信内参上写的事，就是他那晚在小餐厅里透露的；说好到此为止，绝对不外传的，这家伙怎么还是给捅了出去，而且上了内参，惹出了这么大的乱子。他就咬着牙，不说话，掏出一支烟点着，喷出一口很毒的烟气。

苏永生也点了烟，两眼斗鸡样，看着鼻尖前的烟雾，一副老谋深算的样子。过了一会儿，他才说，现在看来，要灭这个火，也不是没有办法。

众人都睁大了眼，看苏永生，就是平素对这老支委很不服气的石小毛，也不由得换了眼神，凑过脸去。

苏永生说，在检察院动手之前，我们先把这烂事撸平了。

刘福说，大姑娘有喜，肚子都已经挺起了，还撸得平么？

苏永生说，撸得平。我们立马去找余国新，越快越好，跟他明说，现在事情出了一些麻烦，请他先把那套房子放一放，钥匙交还给我们保管；那个存款的折子，也先交还给我们。这两样东西要是都握在了我们手里，检察院那里就没法判断什么行贿受贿的事情了。至于以后怎么办，以后再说。

刘福和石小毛相对看一眼，目光不由得一硬。

刘福说，永生哥说得有道理。

苏玉芹说，永生哥这办法好。只要我们和余国新一口咬定没有这件事，检察院来查个什么？我们两证都在。

石庭升说，对，房产证和存折都在我们手里，检察院还能咬下我们个鸟来？

石小毛在一边，只是连连点头。他心里虚得慌，只怕事情再追究下去，就要追到他头上；弄到最后，查出他的干系，领导班子和两千多村民，还不把他砸个稀巴烂？苏永生这么一说，他眼前一下子豁亮了许多。他相信按苏永生说的去做，自己闯下的祸就会得到平息，事态就会稳定下来。

他于是说，永生哥说的，我看法律上站得住脚，因为房产证和存折上，写的都不是余国新的名字。我这就去跟余国新通电话。

苏玉芹柳眉一竖，说，你混账，现在办这种事，还能用电话！它已经变成案件了，说不定里外耳目都朝你这里张着。你晓得人家不来窃听你电话？

石小毛眼睛发直，说不出话来。众人都点头，说苏玉芹考虑周到。一群村里的干部，过去出门就是泥，下脚就见粪的，现在竟然到了有人来窃听电话的地步，一时便都觉得世界变了样，自己的身价也到底不一样了；同时又觉得人活得太吃力，处处是陷阱，日夜都透不过气来。

石庭升说，玉芹说得有理，害人之心不可有，防人之心不可无。今后我们百事都要小心。我看可以派小毛去和余国新碰个头，开车去，当面谈，什么事情联系，都不要用电话，一切小心为上。

苏永生叮咛道，小毛，你找到余国新，说话一定要留余地。跟他说，这套房子和这个存折，是我们村里研究定的，不会变卦；只是现在有些风声，我们暂时缓一缓。等风头过去了，一定把房产证和存款折子重新送上。

石小毛连声嗯嗯，一副顺从听话的样子。

苏玉芹强调说，绝不要让余国新造成误会，以为我们盐户村的人说话不算数，怎么刚送出的东西又要收回。

石庭升说，要紧要紧，我们不能给余国新吃药。否则，两下翻了脸，以后吃亏的还是我们盐户村。

石小毛连连点头，匆匆而去。

门外就传来他救火样的喊声——

叫车队来个车，马上去石化！

苏玉芹皱眉道，还是大大咧咧的，这么不谨慎！

石庭升就奔出门外，叱责石小毛，你到底怎么弄的，存心让全世界人都听见么？

石小毛点头认错，连说晓得了晓得了。

两个多小时以后，村里的班子会还没有结束，石化那里石小毛已经来了电话。苏玉芹对着电话骂，石小毛，你黄鱼脑袋是不是，叫你不要用电话，你怎么又打电话了？有事回来再说！

石小毛在电话里喊道，我只说一句话成不成？

苏玉芹说，一句话？一句什么话？

石小毛说，余国新已经进去了！

石小毛在电话里喊得山响，在场的人都听见了，一个个直了眼，屏住气，面面相觑。会议室里，顿时静得死去一样。

苏玉芹这时也顾不上保密的事了，对着电话大声问，他什么时候进去的？

石小毛吼，昨天就进去了！

苏玉芹变了脸色，环视众人，又对石小毛说，你在那里把情况摸清楚，回来再细说。

苏永生搓着手,说,检察院辣手,动作真快。

刘福说,余国新这一下要吃家伙了。

苏永生说,你们看好,余国新被关进去,必然会把我们盐户村抖落出来,检察院隔手就要来找我们了。彭镇长你看是不是这样?

我说,应该是这样。

这个预测出自苏永生之口,又得到我认可,大家便觉得局面确实已相当严峻了。办公室里的气氛,一下子变得凝重万分。

刘福叹了一口气,挥着那份内参,说,余国新进去了,不供也不行啊,事情在这份内参上,不都写得清清楚楚吗?

石庭升摸着胡子根,沉吟道,昨天进去的,余国新是昨天进去的;廿四小时过去了,我们竟木知木觉,屁都闻不到一个。

苏玉芹说,是啊,我们只顾原料原料、粒子粒子,把头钻在瓮里,外面刮风下雨,早就昏天黑地了,可我们一点都不晓得啊。

苏永生说,按理说,检察院查这点事没有什么难度的,审了余国新,早该到盐户村来查了。怎么他们就不来呢?

石庭升说,检察院这帮人,历来是神神秘秘的,吃不准他们葫芦里装的是什么药。

苏玉芹说,会不会县市领导,背后在帮我们挡着?盐户村毕竟在市里省里都挂了号的,要动它也不是那么好动的。

刘福说,我估计有这个因素。

苏永生突然想起什么,问,信用社今天开门么?

刘福说,开门怎样,关门又怎样?

苏永生白了他一眼,说,快去查查那存折,余国新动了款子没有。如果款子没有动,情况就会好一点。

苏玉芹也意识到什么,说,对,有必要去查一查。刘福你就马上跑一趟。我记得那账户开的名字叫宗友琴。

石庭升说，对，就是重友情的意思。

刘福说，还重什么友情！现在这么一来，友情一笔勾销，我们跟余国新之间，就只有翻脸做冤家的份了。

苏永生不耐烦地说，不说这个了。百样事情，公检法一插手，性质就起变化。所以啊，以后做人，最好不要跟公检法打交道，这才是最硬气的。

苏玉芹催道，刘福，快去！

信用社很近，离开村部办公室就三五十步路。一支烟工夫，刘福就从信用社回来了。他进门就恨恨地说，余国新这人，本身就是个贪鬼。折子给他第二天，他就分两次把钱都取出了；现在存折上，只留下200元。

苏永生一捶腿，说，完了，完了！余国新这家伙必是取钱装修那套房子去了。这一来，白纸黑字，账上往来，他和盐户村两下里都给套住，局面难说了。

苏永生说完就摇头。这老支委，班子里的人都把他看作智多星和主心骨，连他都丧气成这样，众人便都觉得前景无望了。

小会议室里一片死寂。男人们摸出烟来，互相递烟时，都没有了声气。烟雾散开来，升腾、飘忽、搅和，一张张脸，都被烟雾罩成土灰色。

30

石小毛在归路上连连催促驾驶员快开，结果那开车的师傅心慌眼错，把八十码的快车一家伙开到了路边垄沟里。两人当下都受了伤，不过还算好，没出人命事故，石小毛破了半边脸，驾驶员头上出了血，前胸撞了方向盘，是不是骨折还要去医院查。两个人忍着痛,在路人帮助下,好不容易才把车弄出垄沟,歪歪斜斜开回盐户村。

班子会这时还没有散,正吃着食堂送来的菜汤面,等石小毛回来详细报情况。见石小毛带了一脸血跌进房来,众人都吓了一跳。

苏玉芹到底是女人,见不得血。见石小毛撞成这样,上前一把把小毛抱住,说,小毛啊,你不要吓我啊,你好不容易大学毕业,又好不容易回盐户村来扎根工作。培养你,你家父母出的钱堆成小山。你若有什么三长两短,你父母不找我苏玉芹搏命啊。说着,一声呜咽,泪如雨下。

石小毛说,书记村长,各位长辈,还有彭镇长,你们放心,我命大,没什么的。

说话间,就觉得苏玉芹抓他的那两手,在筛糠一样地发抖,双眼不由得也红了。

苏永生上前细看石小毛,轻轻摸他的脸,用纸帮他擦血,又问这处那处是否痛,良久,才叹口气,说,余国新这事,我看有凶相。大家都作最坏的打算吧。

苏玉芹一惊,抹去眼泪,说,永生哥,你是怎么想的,说出来大家听听,众人也好有个思想准备。

苏永生坐到角落里,又点了一支烟,发了一会儿呆,说,先让小毛喘口气,把余国新的情况给我们介绍一下吧。

刘福早给石小毛泡了一杯新茶,端到他手里,有压惊的意思。石小毛心里其实很是愧疚,因为所有事情,都是他酒后惹出来的。这回受命出去,受了伤,流了血,回到村里,众人虽没当他英雄,却也真正恐慌了一回,他心里反而轻松了一些。他用一块很污糟的手绢,捂住颧骨这里的伤处,说,余国新的案子搞大了,石化城里,这两天传得家喻户晓,连路口的水果贩子,都说得活龙活现的。

苏永生说，我们不听小道新闻。你是向谁打听的？

石小毛说，我石化专科毕业的同学，在那里工作的多了。我把两个分在销售公司的同学请到茶室谈，他们跟余国新都很熟。

苏玉芹急着问，来抓余国新的，是市里的检察院，还是县检察院？

石小毛说，是市检察院反贪局。

刘福说，我想也不会是县检察院动手。葛书记对盐户村知根知底，要是县检察院出头弄这事，葛书记也许会给我们打招呼。

苏永生掠刘福一眼，有些不屑，只说，小毛，你说下去。

石小毛说，余国新这家伙，真是知人知面不知心啊，他贪得很呢！原来他收下我们的存折和房子后，不几天工夫，又收下了昌都塑料厂150万元。

众人惊呼，又是150万啊！

石小毛说，这家伙好脑子，对昌都的人说，钱拿着烫手，你们给我一个门面房吧，上你们厂的名字，对外说是你们的销售点，所有权归我。

苏玉芹说，这还是从我们这里学去的办法。

苏永生说，门面房不是糖块，不能藏在衣袋里。他余国新一个销售员，哪有那么多钱搞这个东西？不露富不惹人耳目才怪哩。

石小毛说，你们听我说，他还有高招呢。办好了门面房一切手续后，他隔手就把这套门面房租给了一个个体户，按合同，他每月可以坐收五千元租金。

苏玉芹咬牙切齿说，这家伙，太精了！

苏永生说，贪心不足蛇吞象，现在不是都栽了！

石小毛说，听我那两个同学说，检察院掌握的线索，不过就是登上内参的那条。可余新国这家伙进去之后，经不住老检三吓两吓，脸都吓黄了。不出两个钟头，盐户村的事，昌都厂的事，都招了。还莫名其妙地供出了几个女人，说自己利用业务权利，长期与她们保持那种关系。

刘福呸了一声，说，这种人，福要享，骨头却一点也没有。

石庭升说，放在过去闹革命年代，他就是个叛徒。

苏永生对这些动不动就要说话跑题的人甚是恼火，白了他们一眼，问石小毛，检察院抓余国新，宣布的是什么罪名？

石小毛说，很明确的，说是涉嫌受贿。

苏永生就把目光移到女支书脸上，一脸严峻，说，玉芹，看来我们真要作好最坏的打算了。

众人问，为什么？

苏永生说，党纪国法有一条，行贿与受贿同罪。彭镇长你说是吗？

我点点头。

刘福说，难道我们真的犯行贿罪了？

众人不吱声，苏永生也不答。众人不吱声，是因为他们不愿意承认这个事实；苏永生不答，是因为前些天村委会作出决定时，他明确说过这事的性质，还严肃提出过警告。

苏玉芹石庭升同时侧过脸，用很毒的目光瞪刘福。他俩一手操办了这件事，正烦得窝火，刘福的话又生生戳痛了他们的心。他们实在无法把自己和那个"罪"字连在一道。

天渐渐黑了。本是阴沉的天空，上了好些云，更显得灰秃秃的。冷风摇曳北窗，有时重时轻的响声。偶尔吹来些雨珠，击打玻璃，声势断断续续。归巢的麻雀，在冷雨里惊慌地掠过天空，拖着饥寒交迫的鸣叫。在屋外，一群下学的小学生却不怕这点雨，把官兵捉强盗的游戏玩得正起劲，哇哇的喊叫声，喊出了童年的趣味。

苏玉芹呆呆地看着窗外这一切，长长地叹了一口气。

会议室已很暗了。村委会的这几个头，一张张脸都是灰黯黯的；坐得远些的，彼此已看不清眉目。却没人想着开一下灯，似乎有这一层暗暗的空气包裹着，彼此心里就暖些，也安全些。

忽然，门外轰起一阵嘈杂。有人大声武气叫喊，吵架的样子。众人一惊，竖起耳朵听，辨得出有陌生的嗓音，还有村部传达室老倌的吼声。石庭升刚想拉门出去看看，一个穿制服的汉子，猛地冲进来，大声喊，石庭升在不在？石庭升！

众人霍地站起，空气里有那些汉子喊叫的回声，嗡嗡的。大家都不说话，目光都聚在石庭升身上。石庭升眼底掠过一阵惊慌，先是变了脸色，说话时嗓音已颤抖了。

他说，我是石庭升，你们找我？

一个高个汉子，显然是为首的，高叫怎么不开灯。小会议室天花板上，大小灯便一齐亮起，晃得众人有些耀眼。这时大家才看清，那些汉子共有四个，一律穿着制服，看得出两个是检察官，两个是法警。他们像是急赶了一路，加上门口又和老倌等人争了一阵，脸色都有些发青，喘息未定，目光冷冷的，又是气势汹汹的。

门外有村民涌来。小小的村委会，一时黑头攒动，且人势越聚越盛。热热的人气灌进会议室，有轰轰的声响。一个年轻法警返身把会议室门推紧，上锁。门外立时就有人把门擂得山响。年轻检察官虎了脸，呼地拉开门，吼，谁敲门？谁敲门？

传达室老倌说，我敲门，怎么样？

年轻法警说，我们执行公务，你们都搞清了！

老倌说，什么公务雌务，我们不懂。到盐户村来，有你们这样横冲直闯的么？中央领导来，省委书记来，都笑眯眯的很客气，文官下轿，武官下马，还跟我握手，叫我老同志，你算什么人？

人群里有哄笑声。年轻法警一时无言以答。苏玉芹便走出来，挤到门口，跟围观的村民们挥挥手，说，这些同志都是市里来的，和我们村委有事情相商。大家都散去，围在这里影响不好。

众人往后退了几步。苏玉芹顺手就把门关上了。这一下不再有人擂门。小会议室霎时静下来，只有村委们狠狠的目光，跟法警检察官们的目光互相撞击，在无声中迸出冷冷的火星。

高个子检察官环顾一下室内众人，说，你们都是村里的领导吧？哦，哪位是彭镇长？

我说，我是。我在这里蹲点。

高个子检察官说，刚刚去你们镇上，书记镇长介绍了你的情况。

我哦了声，以为对方要跟我说什么。高个子却放下我，回身对村干部们说，我跟你们说说情况吧。我们是市检察院反贪局的。今天奉命来盐户村找石庭升。石庭升，你跟我们到检察院去一趟。

石庭升说，为的是什么呢？你总要说个因缘吧。

高个说，你心里明白，不消我们说的。

石小毛顶出来说，我们一点也不明白，你先把理由说说清楚。

高个白了石小毛一眼，对他血渍满脸的样子很是厌恶，说，这里没你说话的地方。石庭升，石化销售公司的余国新你认不认得？你出面向他行贿住房一套，还有一笔巨款，有没有这回事？

石庭升不吱声，脸色极是难看。

这时，一个女人嗓音突然迸出来，响亮而又清晰——

有这回事，不过跟石庭升不相干，这是我一手操办的。

众人一听就知道是苏玉芹在说话。苏玉芹身子瘦小些，抬着头，与高个检察官两眼对视；此刻她一脸平静，看不出有丝毫惊慌，相反，在她嘴角，依稀见得还有一丝微笑，仿佛她跟那些检察官，本来就相熟的一样。

石庭升愕然。众人也愕然。

石小毛说，这事不能由苏书记一人负责。向余国新送钱送房，是我们村……

苏玉芹突然竖起眉毛，厉声呵斥道，石小毛，你瞎说些什么？余国新的房产证，是我亲手给他的；余国新的存折，也是我放在他衣袋里的。是我做下了这些事，我不赖。

石庭升说，检察院的同志们，你们都搞搞清楚啊，余国新那里的房产证上，写的是我们长江公司的户主名；这住房和存款，都是我们暂时借给他用的。这种事情社会上多的是，值得你们这样大弄特弄么？

高个检察官一笑，说，我们是市检察院反贪局，不是乡村的民兵土老警。你们玩的这一套障眼法，我们见得多了，还用得着我们动手，把这烂笋一层层剥开么？

石庭升和苏玉芹对望一眼，又看看苏永生他们，各人眼底都露出了无奈。石小毛刘福他们，更暗暗摇头。那一份痛，是一眼望得透的。这些人，在村里都算得是人尖子，当初为了这事，都挖空心思、横算竖算，动足了脑筋，自以为想得周全，已到了滴水不漏的地步，却不料辛苦一场，精心编织起来的，不过是一席墙纸而已！市检察院这些人是干什么吃的？他们只要一伸手指，就能把这席纸墙戳个大窟窿，什么话都补不住的。这些穿制服的汉子，目光沉着，手脚老练，看得出都是陈仓里的雀子，老出精来的；他们什么人头没见过，什么场面没经过，乡里人跟他们玩手段，实在见嫩了！

苏玉芹说，庭升，你不要再多说了。我跟这两位同志去市检察院,什么大事小事,都是说得清楚的。

法警和检察官们带了苏玉芹,转身要走。苏永生瓮声瓮气的,突然说,慢,你们带人走,有证么?

石小毛一振,也来了精神,说,没有王法了,没证可以随便带人么?

年轻法警摸出一张纸来,跟高个嘀咕一声,说,证当然有,不过我们原是来带石庭升的。

他把那纸往桌上一拍。石庭升伸过头去,见那纸上写的正是自己的名字。他不知哪来一股雄气,头一犟,说,既然写的是我石庭升的名字,那就是我跟你们走了。走吧,死不了人!

苏玉芹说,石庭升,这不是儿戏,由不得你说的。我是盐户村支部书记,长江公司的董事长,还是法定代表人,出了这种事,不是我负责,谁负责?

她又对年轻法警说,证上的名字,改我苏玉芹。

年轻人望望高个。高个说,证不能涂改,涂改无效。又说,我们先执行了再说,手续可以回去补。

苏玉芹就对高个说,我是村里的总负责人,有些生产上的事,可不可以跟班子成员再交代一下?

高个检察官说,给你五分钟,简单一些。

苏玉芹就把石庭升拉到一边,压低了嗓音,说,仓库里粒子存足了,够用一段时间的,你要抓紧这当口,派人去上海大连,继续找原料。一定要抓紧。千万不能让车间的流水线停工了。

石庭升说,我晓得了。

苏玉芹把声音压得更低,说,我去后,你抓紧向县委葛书记汇报。他会想办法帮助我们的。

石庭升只是点头。

苏玉芹说到这里，忽然停下，咬着嘴唇，闭下双眼。待她抬起两眼时，众人看到，这女人眼睛红红的，急迫中竟还有些温柔在。

她对石庭升说，我一个女人，进去住几天，不会吃什么苦的。有件事……不说也罢，待不了几日，他们自会放我出来的。

石庭升说，你放心，我隔手就给县里葛书记去电话。实在不行，我就请彭镇长跟我一起去一次县委。我相信组织上会出面解决这事的。

苏玉芹又转过头来，对我说，彭镇长，你来这里时间还不长，就让你遇上这件不愉快的事情，对不起了。

我心里很难过，说，你不要说这话。我在盐户村待了这么些日子，已经了解你们是怎么辛苦的了。你们做的一切，都是为了村里好，这一切我可以作证。

苏玉芹说，我去市检察院后，麻烦你帮着石庭升多关心一下村里的事；还有支部工作，你也帮着组织一下。

我说，你放心，我会的。

苏玉芹接着朝大家一笑，有些温情，更有些凄苦。

这时候，村部院子上空，传来一阵布谷鸟的叫声。那声音很近，很响。一只布谷鸟，就在村部后面的榉树顶上，面朝北方，尾巴一翘一翘地叫着。在它不远的树杈上，有一团很大的鸟窝。

我吃惊地看了一眼苏玉芹，她也吃惊地看了我一眼，似乎都在问，这是什么意思？

眼下正是布谷鸟下蛋的时节。村里人都知道，那个大鸟窝不是布谷鸟的窝，布谷鸟是不会做窝的，它只会把自己的蛋下在别的鸟窝里，让别的鸟来替它孵蛋；它还会做一件不可思议的事，下蛋前，会把别的鸟蛋推出去一只。不消说，那只被推出去的鸟蛋，肯定摔得粉碎。

我俩都用眼光在问,那只被推出去的鸟蛋是谁?是余国新,还是我们村里人?

……

法警和检察官们两前两后,把苏玉芹夹在当中,往外面带。门一拉,众人都惊住了,村部院子外,黑压压挤满了人。村里老老少少,一个个踮着脚,仰起头,齐刷刷地望着会议室门口。见四个公家人夹着他们的支书要走,都潮水一般往前涌,大声吼,不许带人!把玉芹留下!

年轻法警是打头的,侧身往外挤,一边喊,我们是市检察院的,谁妨碍执行公务,谁就要负责!

人群依然涌动,一浪一浪的,让人站脚不住。传达室老倌高声喊道,你们放下玉芹,她不能走!

一个老太叫,玉芹犯了什么罪?她为村里人做工作,能犯什么条款?

有男人喊,你们有本事,到城里抓贪官污吏去,到我们乡下来抓一个弱女子,算什么本事啊?

一个不见面孔的嗓子,嘶哑得很,显见是老者,喊,玉芹是什么人?她是我们支部书记啊,她待村里老一辈,比儿女还贴心。没有她办厂创业,我们这些老辈能拿退休金么?抓这样的人,要遭天谴啊!

一个妇女抱着孩子挤上来,眼泪汪汪的,说,我们盐户村,十年前是什么穷相,你们晓得么?有狗不吃盐户食,有女不嫁盐户村,这话你们听到过吗?玉芹领着村里人奔富,没日没夜,流血流汗,四十不到的人,白发都起了,这事哪个有眼看不见?抓人要抓坏人,这是天理,你们穿着这身公家衣服,有没有一个准头啊?

又有嗓子在人群后吼,盐户村是模范村,上面领导都肯定的,书记市长还写文章在报上宣传呢。你们今天来抓盐户村支部书记，是谁批准的？

人们一起喊，对，是谁批准的？

传达室老倌是个瘸子。他年轻时去城里做工，苦巴巴熬到半百，眼看要退休，却出了个大祸，工地上料车倒下来，压断了他一条腿。那年冬天，他拄着拐杖回盐户村，一家老小揪着他那空裤管，呼天抢地地哭。虽说老倌在外几十年，村里下雪他不冷，地里灾荒他不饿，对盐户村没有什么贡献，但苏玉芹一样把他当作自家父兄看。村部的平房翻成大楼后，苏玉芹特地把他请来看大门，平时没什么事，工资却可以领一份。老倌说，到底是故乡人亲，人前背后说，苏玉芹才是真正的共产党。今天来的这帮公家人，突然间抓了他的救命恩人，老倌怎能不恼？他撑着拐杖，顶在人群最前头，说，苏玉芹是好人是坏人，盐户村两千多人眼睛是雪亮的，我们一村人都愿意为玉芹担保，你们要是不相信，我就跪下给你们看了！

老倌说着，扔了拐杖，身子向前一倒，一条腿就卟地跪了下来。

后面的老小见白发老倌跪下，也都哇地叫一声，砍倒的高粱一般，一排排跪倒在村部院子里。

市检察院来的一干人当下就惊呆了。这些城里汉子，风风雨雨经多了，形形色色的事情也见多了，可这么多农民齐刷刷跪倒在他们面前，用一双双愤怒的眼睛瞪着他们，又用农民全部的忠诚和胆气，为他们的女支书作担保，这样的事，他们还从来没有遇见过。就是连高个子这样四十多岁的老检，负点责当个领头的，这一下子也怔住了，一时不晓得怎么办才好。

苏玉芹眼见一村老小都为她下跪，眼泪不由得夺眶而出。这些年来受的劳累、辛苦、委屈，这些天来积下的焦虑、惊恐、忧伤，在这黑压压又沉甸甸的下跪面前，一下子都变得微不足道了。她听任两行热泪滚下脸颊，默默闭下眼睛。

天色愈暗了。雨也下得一阵紧似一阵。风雨交加，袭来了一股入骨的寒意。没人打伞，也没人叫喊，男女老少默默地任夜雨从天空飘下，淋湿头脸，淋湿衣衫。

苏玉芹抢上几步，把老倌扶起。老倌脸上，早已是老泪纵横。

拉着老倌树皮样的双手，苏玉芹对众人说，谢谢你们了，各位长辈，各位乡亲！这些年，承蒙大家看得起我，选我当头，放手让我管村里的事，又帮我出力出主意，盐户村今天算是有了一点翻身的意思。这些变化，党有眼睛，你们也有眼睛，都已经看到了；我付出的那点辛苦，就是值得的了。今天市检察院同志来找我去，没有什么事情，就是为了帮助村里更好地把住方向、发展经济。我苏玉芹坦坦荡荡，心里没鬼，夜半敲门心不惊，大家放心好了！

跪着的村民一个个抬起头来，在雨中望着苏玉芹，泪眼婆娑。

苏玉芹说，如果大家还相信我，那就请大家站起来。这样跪着不好说话。

众人掂着支书说话的分量，陆陆续续站起身来。

苏玉芹说，如果大家相信我没事，就请让开一条路，让我跟市检察院的同志走。你们不是说么，真金不怕火炼，我苏玉芹当支部书记这些年，口袋里没有一分脏钱，官司就是打到天边，我也是不怕的。

高个在和年轻法警相对望一眼，显然对苏玉芹这女人有些刮目相看。这时，人群蠕动起来，有男人吆喝——

那就让开一条路，让玉芹放心走！

村部大院中央，裂出一条小路。小路一开始还是干的，只一歇工夫，就给雨水淋湿了；在天光和路灯映照下，小路泛出昏暗的土色。

人群里传出嘤嘤的哭声。男人们摇头叹息。四个公家人带着苏玉芹，很快穿过人们夹着的小路。院门外，检察院的警车早已发动，红灯蓝灯交相闪烁，光芒十分刺眼。

雨越下越密，村部院子里站着的一村老少，却丝毫没有散去的意思。众人目送警车一路远去，灯光和警笛声，渐渐消失在夜幕里。

那鸟还在雨中叫，布谷布谷，布谷布谷。

鸟叫得很久，声音显得有些凄凉。我想，这鸟催人布谷，啼得也太苦了；是不是人们不肯归去，这布谷鸟也不肯归巢啊？

忽有人咋咋呼呼地叫起来，老倌你怎么了？

众人围上去看时，老倌已软软地瘫下，躺倒在地上，那空瘪的裤管，浸在一汪肮脏的雨水中……

31

盐户村在这一夜风雨中，几乎无眠。村委班子会，接着又开到半夜。深夜时分，村口挂的那口古钟，当当地敲响了。

那古钟，原是集体生产时代，出工收工和开社员大会用的。这些年，各家各户分田奔富，村里大会许久不开，古钟锈得发黑，声音也几乎湮没了。这夜半风雨中响起的钟声，突兀而洪亮，急遽而紧张，一村老小都在钟声中惊起了。不用问，他们就晓得是为苏玉芹的事召开大会；也不用催，只几分钟，他们就一个不落地集中到村部。

石庭升简单说了说班子的决定。石小毛早把一封致上级领导的信写好，问村民们愿不愿意签名。有村民骂，叱，你石小毛说什么屁话！只要能让玉芹早点回来，掏心掏肺都愿意，签个名还有什么不愿意的？

不过对这签名，村民们依然看得很重。他们把这看作一份祈祷，一份心愿，一份对村支部书记的敬重。

众人走向桌前，排队。识字的人签名，不识字的按手印。人们一个个挨过去，默默的，只有慢慢移步的脚步声，还有便是屋外淅淅沥沥的雨声。

那封信，长不过几百字，可村民的签名、手印，黑的、红的、深的、淡的、粗的、细的，却足足排满五大张纸。

这封信，次日一早便送到县委副书记葛本超桌上。葛本超正好去市里开各区县书记会，他瞅个空子，就把这信交给了市委书记章德广。章德广看了信，立时正了脸色，说，明天市委常委开例会，我会把这事提交讨论。

葛本超会上会下，甚至在回县城的一路上，都在想盐户村的事情。一回到办公室，他就叫来县委宣传部周部长，说了苏玉芹被带走之事，接着一针见血道，这事情，本来是不会发生的，县报林有信发了内参，总编胡家生又不管事，内参捅到上头，才给市检察院抓到了把柄。周部长啊，县里要树个典型不容易啊，盐户村你去过不止一二十回吧？盐户村的各式材料你改过不止一二十篇吧？这个样板，是本届县委一手树起来的，包含着全体常委的心血啊。树典型难，毁典型易。人家在市场经济的大海里摸索前进，他倒好，一个内参就毁了人家。这事情，县报要负责。

周部长说，我已经在考虑，对县报给予什么处理。

葛书记说，谈谈你的想法。

周部长说，一是免去胡家生总编职务。

葛书记说，可以。这种人成事不足，败事有余，不能放在关键岗位上。

周部长又说，二，准备给记者林有信记大过处分。

葛本超沉吟一歇，说，这个倒不必了。林有信这个记者，我看还有点思想，县报的版面，还要靠这样的记者来撑着。这次出纰漏，不是写稿的问题，而是报社领导审稿把关的问题。把关的不过硬，那就一错百错。当然，对林有信这样的记者，教育还是必要的。他是聪明人，应该懂得总编为他的稿子撤职，而他自己又应该负些什么责任。

周部长说，葛书记大人大度，不跟底下人一般计较，到底跟我们不一样。我今天下午就去找胡家生谈话，争取两天内去报社宣布。

葛本超说，周部长是爽快人，如果我们常委班子办事效率都这么高，我们县的落后面貌，不是会改变得更快？

过了两三个钟头，周部长又赶回来，向葛书记报告说，胡家生昨晚发病，被救护车送去医院急救了。

葛本超问，他生什么病？

周部长说，他老婆不是精神病么？昨天半夜，又到阳台上去学鸡叫，把一个大院的人吵得念佛。胡家生好说歹说把她劝回屋里，老婆又开始跟他闹。

葛书记说，这个老胡，怎么不送老婆去医院？她有病嘛。

周部长说，怪不得老胡。老胡一直说要送她去医院的。可是一提起医院，他老婆就寻死觅活，更是举家不得安宁。她就是疑神疑鬼，说老胡外面有女人；送她上医院，就是为的支开她，他好在家里胡搞。

葛本超问，那老胡到底有没有这种事？

周部长说，没有发现过。但夫妻间的事，神也不知，鬼也不晓。这回老胡又跟她提了去医院的事，你猜怎么着？这老婆竟趁老胡睡着时，把一勺滚油浇在了老胡裤裆里！

葛书记听了，哇一声站起，感同身受，也一手捂住了自己裤裆。

周部长说，那老婆还跳脚，说，这下住院可以放心了。县中心医院看了老胡的伤，说建院也快40年了，还从来没有收治过这样的急诊，深度灼伤，还是这样的部位。县医院的几个医生搓手干着急，最后还是用救护车，把胡家生转到市一医院烧伤科……

葛本超长长嘘了口气，坐下叹道，家家有本难念的经啊！这胡家生的日子，过得也是够艰难的。

周部长说，在这种情况下，葛书记你看……

葛本超连连点头说，那是那是。我们不干雪上加霜的事。好在胡家生这个伤，要在医院里治疗上一阵子。我们就搞个变通的办法，对胡家生来个不宣布免职的免职。

周部长说，我也是这样想的，物色一个人来代理县报总编。

葛本超说，具体的事你去办吧。不过胡家生的病，你们还是要关心。明天你派个人，备些慰问品，去市里看看他。

周部长连声答应，说，葛书记到底菩萨心肠。

傍晚时分，葛本超接到市委秘书处电话，说章书记交代，明天下午两点开市委常委会，有个议题专门讨论你们县盐户村的事情，章书记要你列席，准备接受常委质询。你两点前务必到达市委小会议室休息处等候，轮到讨论盐户村的问题时，会叫你进会场。

葛本超有些紧张。到底是第一次列席市里的常委会，连县委书记都很少有这样的待遇。可惜列席这样高层次的会议，是讨论一件棘手事情，自己还要接受质询。想到这一层，他立时又感到，自己对盐户村事件的来龙去脉，了解得还不够深透，万一常委们问得深一点细一点，自己很可能答不出个所以然来。他立刻把秘书叫进门，要他打电话把盐户村长江公司的石庭升叫来，说是要找他谈话。

秘书一刻后回话，说石庭升进了县公安局，一时还出不来。

葛本超一惊，问，又发生了什么事情？怎么石庭升也进了公安局？

秘书说，县报的记者林有信，今天凌晨突然被几个汉子从床上拖起，挨了一顿毒打。医院检查的结果，伤得还很要紧。这林有信在打手们离开之后，立即向公安局报警，是县公安民警送他上的医院，又向他作了调查。石庭升是主要嫌疑对象之一。

葛书记问，是不是怀疑盐户村的人打了林有信？

秘书说，是这意思。

葛本超说，石庭升有没有提供什么线索？

秘书说，我问县公安局了，说石庭升是丈二金刚——摸不着头脑。他说他不明白林有信被打，跟他有什么干系。

葛本超一巴掌拍在桌上，说，搞什么名堂？都乱成一锅粥了！

次日下午讨论盐户村事件时，葛本超被人叫进了市委常委会议室。他走进会议室时，十多位常委都转过脸看他，空气是一片肃静。他就想起了法院开庭时带证人的气氛，不由得暗暗骂了一声，叱。

但葛本超很快就觉出了市委书记章德广的高明。葛本超本人在这个会上，基本上没人来向他质询，倒是那个同时列席会议的市检察院尤检察长，被常委们轮番诘问得够呛。尤检察长是坚决主张法办盐户村长江公司法定代表人的少数高干之一。他揪住苏玉芹的理由是，没有行贿就没有受贿；单位行贿也是行贿罪的一种，依照法律，单位行贿也应受处，包括追究其法定代表人的刑事责任。

有几位常委，晓得市检察院抓了盐户村的女支书，早就不高兴了。他们对盐户村都很熟悉，中央和省里的领导去盐户村视察时，他们都曾经陪同过。盐户村的经济工作上得快不说，村里干部跟他们这些市领导的关系，也都处得不错。特别是那位女支书，这样的朴素，这样的精明强干，这样的思想解放，实在是不可多得，他们对她留下的印象，实在是太好了。

他们说，尤检察长的话说得没错，没有行贿就没有受贿；但我们还要问一句：村里人为什么要向余国新行贿呢？

他们说，村里人给余国新送钱送房，那是迫不得已啊！他们要吃饭，要发展经济，可他们没有权，没有路，你说他们能怎么办？

他们说，可恶的是石化公司的供销员余国新，如果不是他吃拿卡要，村里人会走这条路么？

他们说，盐户村是县市省三级的典型，中央领导也是肯定了的，现在要给这个村的支部书记定罪，第一影响好不好？第二理由充不充足？

他们说，专政机关的职责是保护人民打击坏人。很明显，在这个事件中，要打击的坏人是余国新。如果把工作一贯突出的女支部书记也当成坏人打击，老百姓会怎么说？人民民主专政怎么解释？

他们说，归根到底，这是经济不发达的原因造成的。村里走送钱送房这条道路，是被逼无奈。当然，我们对村里干部，包括对那位女支书，一定要加强教育，但首先要严惩的，是余国新这类坏人。

……

市委章书记最后说，常委们的倾向性意见已经很清楚。市检察院该怎么处理这个案子，请尤检察长回去再研究一下；处理结果，抓紧报告市委。

尤检察长回到检察院，反贪局长后脚跟进办公室。

反贪局长报告说，苏玉芹提出，她有孕在身，要求取保候审。

尤检察长一怔，问，医生检查过么？

反贪局长说，化验报告出来了，她确实有孕。

尤检察长想了想，说，那就让她回去吧。

苏玉芹回到盐户村的时候，千余村民夹道欢迎。老倌和几个村邻合买一百响高升，把盐户村爆得比大年初一还要热闹。

石庭升悄悄问苏玉芹，你怎么晓得自己会很快出来？

苏玉芹就把孕妇不受羁押的条文告诉了他。

石庭升不无紧张地问，孩子是谁的？

苏玉芹说，你放心，我不会连累你。

三个月后，余国新被判处无期徒刑。法院宣判后，他当堂喊，我后悔啊，我后悔啊！

之后，长江公司的粒子原料在相当长的时间内无以为继。只是由于省里领导出面说了话，石化方面的供应才有所松动。据说，余国新坐牢后，那公司很长时间，没人敢跑盐户村的业务。

第五章

32

天是很干爽的小秋。大院里阳光明媚。空气里到处弥漫着稻草、山芋和泥土的香味。

我出差回来踏进大院，陌生感顿时扑面而来。

眼前已不是我工作多年的塔城镇大院了，而是一个乡——青草乡——的政府大院了。

古语说，峣峣者易缺。人啊，就是不能太倔太硬了。我在盐户村蹲点蹲了半年多，不等回到塔城镇大院，县里就下了一个文，把我调到青草乡来了——平调，职级职务都不动，还是当分管文教卫生的副镇长，不，副乡长；所以现在周围人叫起我来，口口声声都是"彭（副）乡长"。

塔城镇是富镇，最近大院又扩建，路宽、楼高、台阶多，连围墙也装了电丝网，气势不凡；而青草乡是穷乡，大院是老的，大多数办公室还是民居一样的平房，白墙黑瓦，大院四周打的还是竹篱笆；唯一的好处是，这儿院子大、树多，房子间筑的还是一条条青砖小道，虽然那景象是一望而知的清贫，但人们进进出出，倒也不觉着难看。

青草乡跟塔城镇比较，面积相仿，人口也差不多，但经济状况差远了，地理位置也偏僻许多。我知道，我在塔城镇得罪了老大尤百大，那就有得倒霉了。县委组织部的科长找我谈话后问我有什么意见，我一句话也没说。我想，我现在就是把话说上一大筐，也没有丝毫作用。干了这么多年副镇长，我知道一个理——干部就是一张纸，纸上写着要你上，你就上，要你下，你就下；要你去穷乡干，你就不要朝着富镇流口水。总之一句话，面对这张纸，你个人没什么可讨价还价的，要么你胆大，面对组织，你的脖颈再硬一次——"不干了，我辞职！"可我，又没这个勇气。

乡长田立冬已经知道我要回来，早已等在大门口，算是迎接我。见了我就问，彭乡长，出去开眼界，收获怎么样？

我竖起旅行箱，一笑，掏出烟来，中华的，敬了他一支，说，收获谈不上，印象是深的。

田乡长吸着烟问，印象深是什么概念？

年过半百的田立冬，已经在这儿干了两届乡长。他是土生土长的青草乡人，身材粗壮，络腮胡子，在全县都算得上是知名人物。

我说，让我分管文教卫生，我在外省看得最多的，也就是学校医院。那些地方也不知怎么弄的，想法就是周到，设施就是洋气。他们把中小学老师和医务人员都集中起来，专门打造"教卫小区"，全都是楼房，楼下还带车库，日子过得跟富人一样；乡里最好的房子，不是学校，就是医院，你看看！

田立冬吐着烟，说，是啊，那有什么说的，他们是发达地区，先富起来的。

我说，不是我窝囊田乡长，这回出去一看，就更泄气了。那些地方，我们青草乡就是赤脚跑脱一层皮，也赶不上。

田立冬说，这就是你彭乡长不对了，自灭志气，万万要不得的。

我说，回到青草乡来看看，我还谈什么志气。村校里那么多老校舍，早已变成危房了，十几年都不得修一回；卫生中心的房子也够呛，护士给病人换药，漏下来的雨水就滴在病人烂脚上。

田立冬喷一声，说，彭乡长，慢慢来，慢慢来么。等我们把乡里经济搞上去，搞得像塔城镇那样富了，这些事情都是要办的。

这话不听还好，一听我就来气。在塔城镇干了那么多年，我好不容易把教卫这一块理得有点顺，尤其是校舍危房的问题解决了，满心希望日子可以过得轻松点，没想到现在又把我弄到青草乡来，接着干这烂事！我这人的命，怎么这样霉呢？

田立冬又说，你彭乡长是塔城镇过来的，把穷乡变成富镇，把穷校穷医院，变成富校富医院，你有经验。要不，县里怎么会把你调到这里来？

我没好气地说，田乡长，正因为我是从塔城镇过来的，所以我晓得这事的要紧。村校和卫生中心的那些危房，今年无论如何得修了。要不然，倒了房子，伤了学生病人，你我日子都不好过。

田立冬说，谁说不是？你彭乡长到了我们青草乡，村民们就巴望你来改变这个局面。

田立冬说着就举手拍我肩。隔着一层布衫，我也觉着乡长那只手热烘烘的，还有汗气，又看他面孔，油光光的，元气很足的样子，我就想，你身体保养得这么好，教卫口的事情却弄得这么马虎；组织上既然调我来当教卫副乡长，我就百事不会让你轻松。否则一任过后，面貌依旧，村民们戳我脊梁骨，那日子不好过。

我直截了当提了个要求——这也是我回来路上深思熟虑的——说，田乡长，这番乡里无论如何要支我一把，别的我也不提了，你先拨我一笔款，让我把最危险的那批危房教室先修了，你看怎样，田乡长？

田立冬眉头抖抖的，闷吸几口烟，又踩了烟头，说，再说吧彭乡长，乡里几个企业，今年都不景气，你教卫这一块，要的又不是小钱。以后我们再商量，你看好不好？

我看田立冬皱了眉头，又见他嘴唇下那块疤，突突的有些发紫，扔在地上的那烟头又很长，晓得他是不高兴了，张口想说句什么，怔了怔又咽回去，只叹了一口气，心里说，乡里没钱，怎么你搞小集镇建设就有钱了？又拆迁又建房的，装门脸贴金的大钱，你怎么倒舍得往外拿？

田立冬喘了口粗气，换了话题说，晚上水乡饭店有个饭局，彭乡长你也一道去吧。

我说，我不去了吧。回来乘的是坐铺，一路上有点累了，想早点歇下；二来青草乡那些人我也不熟，饭局上坐着也尴尬。

田立冬说，你这个彭乡长啊，怪不得你们塔城镇商书记要说你是"书生一个"。人不熟，大家坐下说说话，不就熟了么？当这个乡长，就要在工作中扩大交际嘛。

我说，你还是让我干点实事吧，田乡长。

田立冬沉下脸来，说，你这是什么观念？什么叫实事？交际、公关，难道不是实事，而是虚事？现在芒样工作，又有哪个缺得了交际。说不定饭局上认识了些朋友，日后对你工作有大帮助，也未可知；过去旧社会，还讲究一个"出门靠朋友"呢。

我回忆起塔城镇汪双喜他们曾经捐助三百万元的事情，想想田乡长这话也在理，就勉强嗯了声，算是同意去晚上的饭局了。

田立冬说，到时我让司机来接你。

我说，不用，我自己走去，很近的。

他用指头点点我，一笑。

我原想去办公室坐坐，理理信件报纸什么的，可晚上既有饭局，就得回家跟老太太交代一声，就来不及进办公室坐了。我走进后院车棚，推出自行车，飞快出了大院。

街上正在搞大规模拆迁，到处堆满了碎砖、破窗、烂门框。我的自行车走得颠颠簸簸的。骑到一处弄口，横七竖八的朽梁堵住路，我不得不下了车。这时我发现，车轮前胎不知啥时被戳破了，推起来硬硬的，别扭得要死。我不能不想起塔城镇的平坦大道和漂亮街镇，不能把想起我在那里付出的岁月、享受的快乐和遭遇的委屈，一股复杂的心绪化成一团火，令我对眼前的穷乡充满怨恨，竟一路粗话，骂到家门口。

老母亲正在水斗边忙着，见我进门，欢天喜地说，永生回来了，看这一桌菜，正要给你接风呢。

我跟胡兰萍离婚后，消息没有封锁多久，老母亲就晓得了。老人家见我一人冷清,平时又忙乱,饭食有一顿没一顿的,就放心不下,搬来跟我一起住;工作调动后,我的住房搬到青草乡老街,老母亲当然也一道过来了。

我安好旅行箱,看那桌子上,大碗小盏的,果然已备好许多菜;还有一瓶花雕酒,立在中央,瓶颈上的绸带,红得正好看。我心里就有些内疚,对老母亲说,对不起了姆妈,我回大院遇上田乡长,他要我去赶个饭局。

母亲说,赶什么饭局?自家烧的菜,慢慢喝几口酒,有多清闲。

我说,我一路就在想,要抓紧回来吃姆妈烧的菜,这一想,就想了千把里路。可这饭局……真还是得去。

母亲见我一脸无奈,就叹口气说,不难为你了永生,赶你的饭局去吧。现在不是过去了,想怎么吃就怎么吃;你当了这副乡长,身不由己,姆妈懂的,去吧。

老太太说着就转身进厨房。看着她花白的头发,佝偻的身影,加上那一声几乎听不见的叹息,我的心一痛,几乎落泪。

一刻后,我就饿着肚子,坐进了水乡饭店包房里。天快黑了,顶要紧的人物——请客买单的主儿——却还没到。

田乡长骂,他胡学仁摆什么架子啊,我们几个乡长都到了,他还不见影子。

农牧副乡长屠怀忠说,胡学仁坐大?想必他不敢吧。一定是什么事把他拖住了。

工业副乡长陆一生说,管他什么事,我们先吃起来,看怎样?

我心里叫好,只是没说出口。毕竟我来青草乡没几个月,跟乡长们都还不熟。冷场的一刻中,众人目光一齐聚到田立冬脸上。

乡长田立冬看看手表,说,再抽一支烟,他胡学仁要是还不到，我们就吃他个娘的！吃完拍屁股走人，把账记在他名下。

屠怀忠说声好，抄起桌上的中华，散烟。散到我面前时，我说，谢谢屠乡长，我不抽烟，不要糟蹋了。

田乡长问，你怎么不抽烟？刚才在大院门口，不是你敬我的中华么？

我脸上就有点挂不住，嘿嘿地干笑。

工业副乡长陆一生与我相熟，这时就在一旁解释道，彭乡长平时是不抽烟，他袋里那包好烟，是用来敬朋友、敬领导的。

田乡长就说，能敬朋友敬领导，自己就不能抽几口？

屠怀忠说，怕老婆晚上对口检查是么？趁还没开饭，彭乡长先抽一支，凑个热闹也好；等一会儿要杯茉花茶，漱漱嘴就是了。

陆一生撞一下屠怀忠的胳膊，低声说，彭乡长现在没老婆。

屠怀忠说，没老婆，那就要把烟抽得更猛才对啊。

我还要推，屠怀忠就大嗓子说，彭乡长，你到了我们青草乡，就要活得潇洒些，烟要抽，酒要喝，牌要打，人要骂。不然，就是脱离领导，脱离群众。在我们青草乡，只要钱袋不摸错，床铺不睡错，一切好说。

众人都笑。我眼光一掠看到，只有田乡长脸上没有一丝笑意，便不由得和屠怀忠对望一眼，猜他刚才说的话，是否惹毛了田乡长。屠怀忠却一笑，继续鼓励我点烟。我点着了烟，却在想，这烟几十元一包，抵一个村校老师两天开销呢。

包房本来就不大，各人冲起一支烟，更加烟雾腾腾，对面看人都是云山雾罩的。我当了多年老师和乡干部，平时不怎么抽烟，这时烟一熏，眼皮就有些重，看出去的人影也糊里糊涂的。我夹着一支烟，随它自己烧；即使抽，也只浅浅一口，不吞下去。我想，我终究是教书出身的，无论如何，不能跟这些人一道，浸到油缸里去了。

点完一圈火,陆一生收起打火机,说,这胡学仁什么名堂?莫不是出什么乱子了?

屠怀忠说,他能出什么乱子?这么有钱的人,一手遮天都可以,出什么大乱子他不能摆平?

陆一生说,这家伙最近又盘进了两家服装厂,T恤衫都打进大上海去了。

田立冬说,你们看电视转播的球赛没有,足球场边的广告牌,有一块就是胡学仁厂里出的河马T恤。

我说,我看见了,广告牌上写的是"河马T恤,笑口常开"。

屠怀忠说,乡里人广告做到这规模的,也只有胡学仁了。

陆一生说,听村里人说,他还配了女秘书,是大学生呢。

我就想起塔城镇的饮料厂老板丁老冬,他的二奶小董,也是招聘来的大学生。唉,现在这世界,我们已经看不懂了。

屠怀忠就说,胡学仁那是什么女秘书啊,陪睡的吧。

说完就笑,大家也跟着笑。

陆一生说,这些老板啊,有了点钱就血脉胀,反正过去皇帝干过的,他们都想干一下。

我眼光一扫,无意中瞅见田乡长,他又黑着脸,法令纹沉得很深,是在座唯一不见笑脸的人。他恨恨瞪了陆一生他们一眼,只是狠抽手里的烟。我估摸他对这些副手说的话很是反感。他的神情,副乡长们不会不看见,气氛因此有点异常。我肚子真饿了,只望众人把烟抽狠些,可以早点动筷子吃菜。眼见他们手头那烟很快烧完,店外广场上,嘎地传来一下刹车声,接着便在楼梯上,响起一串脚步声。

田立冬不等来人进门,就大骂,胡学仁,你玩我们是不?

胡学仁人还在楼梯上，公鸭样的笑声就扑进来，说，我胡学仁吃了豹子胆，玩遍天下人，也不敢玩你们几位啊。

胡学仁走到酒桌旁，我才看清这老板的尊容，四十来岁的样子，留着一脸络腮胡，有点像马克思的样子；黑苍苍的脸，还油光光的；脖上一根金链，足有蚯蚓粗。他穿的衣服倒简单，就是他厂里生产的河马T恤，左胸那个河马图案，只有指甲盖那么大，河马朝天张着嘴，倒是个很特别的造型。

胡学仁拱手作揖，说，该死，该死，我迟到了！

屠怀忠叫，有什么说的，罚酒，罚酒！

小姐上来倒酒，胡学仁很干脆，仰起脖子来，连干了三杯五粮液。众人还在骂他，却已经夹上了叫好声。

屠怀忠问，怎么独身来的？女秘书呢？

胡学仁落座，用小毛巾胡乱擦头脸，说，有一笔生意要谈，我派她去上海了。原想带她来的，也给几位乡座助助兴。

陆一生说，听说她一口洋文，歌也唱得毛阿敏一样，有这事么？

胡学仁不无得意地说，现在的女秘书，谁还没有几手？到市场上来谋生，光靠个脸子行吗？

屠怀忠一边跟胡学仁碰杯，一边说，你胡老板怕是养起二奶了吧，村里人都说，你几个月不归家，老婆都荒了。

胡学仁说，哪有几个月？上礼拜就住在家里么。生意忙，有什么法子。

众人笑着，筷子头却往菜盘里点得很紧，显见都已饿了。我看那胡学仁，各处都是亮亮的，胡子、头发、眉眼、鼻翼、下巴，还有金项链、金戒指；人一笑，各处的亮就在灯下闪动，刺得眼睛发花。我不由想，这样一个粗人，不知要把那女秘书怎么糟蹋呢，老骚羊啃嫩菠菜，这社会，怎么可以弄到这步田地，有点钱就这样……不知那女秘书是什么地方出来的，父母是干什么的，若知道女儿读了大学，最终落在胡学仁这样的人手里，不知要怎样呼天抢地呢。

田乡长把嘴朝我一努，说，胡老板，给你介绍个新人。

胡学仁说，这是彭老师，乡长还用得着介绍么。

我一惊，想，我不认识他，他怎么叫得出我来？

田立冬说，放屁，你们这些老板就是钻钱眼，不关心个国家大事。彭老师早就不当老师了，当了好几年塔城镇的副镇长；上两个月，县里刚把他调来，现在是我们乡分管文教的副乡长。

胡学仁握住我的手，狠命摇，说，彭老师也当乡长了，真是想不到。

我问，胡老板认得我？

胡学仁说，我儿子在你手下读过书，你忘了么？

我问，你儿子叫什么名字？

胡学仁说，胡贵庆。

我哦了声，想起了初三甲班那个小胖子，顽皮得拆天拆地，有一天竟捉了一条小青蛇放在讲台上，把个女教师吓得当场尿了裤子，还半天缓不过气来。教导处主任决定给他一个留校察看的处分，报告送到我办公桌上（我当时担任乡校校长），不知为了忙什么事，忘了批，这件事就搁下了。

我说，记得记得，小胖子。

胡学仁跷着大拇指对我说，一个学生仔，毕业这么多年了，你还记得他名字，你这老师当得还有什么话说的。

乡长们就起哄说，那你们两人要干两杯！

胡学仁斟了酒，与我碰杯，说，彭老师，我一辈子最尊敬的，就是老师。可惜我当年书没读好,六年级读了两年才读出;我儿子也不怎么样,初三两次补考才勉强毕业。

我说,胡贵庆学习还是努力的,只是基础差些。他毕业后去了哪里?

胡学仁说,还能去哪里?一个初中毕业生,现今社会上能派什么用场?我就让他去学驾驶,正给我开车呢。

我说,开车也是一项技能,很好的。

胡学仁说,那些年办厂,忙得脚板叉起,把儿子读书的事荒废了。那几年里,手头也确实缺点钱。放在今天,我就把他送去上海,读它个贵族学校,几十万上百万地扔下去,还怕他上不了大学。

我听胡老板这么说着,见他两眉飞扬,一身豪气,心里不由得一动,连声说,那是。

农牧副乡长屠怀忠说,你胡老板今天是什么腰身,儿子不读大学碍什么事,有钱买个女秘书,也一样是大学生。

胡老板说,屠乡长也真是的,怎么又说这事。那到底是不一样的。秘书是秘书,儿子是儿子,内外有别。

屠怀忠就说,什么内外有别,那女秘书早就成你自家人了吧,你胡老板要是不跟她睡觉,我不姓屠。

众人大笑,我也禁不住笑。只有田乡长听了,眉头又皱起,嘴上啃着泡椒凤爪,不住地摇头。

胡学仁笑着说,屠乡长你是我的父母官,不作兴这样瞎说的。我胡学仁书虽没读好,但做人基本道理还是懂的,第一尊重老师,第二尊重妇女。兔子还不吃窝边草呢,我怎么会睡女秘书呢?坏了这个名声,我入党还有戏吗?

我一怔,低声问旁边的陆一生,胡学仁在申请入党?

陆一生说，是啊，怎么了？

我说，这种老板，还能入党？

陆一生说，乡里早跟下边村支部打过招呼，要爱护乡村企业家的入党积极性。成熟一个，就发展一个。

我说，下边党员没意见？

陆一生说，有意见就做工作么，否则要我们组织来干什么？

我说，志愿书发了没有？

陆一生说，那倒还没有听说。

我松了一口气，说，组织上的眼睛还是要睁大些才好。

陆一生说，你书呆子兮兮的，现在是什么时代了？谁对发展乡里经济贡献大，谁就是群众的领头人，谁就可以发展入党。青草乡这事做了几年了，你不晓得么？发展是硬道理，这道理你不懂么？

我张着嘴，目光呆呆的。

陆一生说，只不过这张党票，现在还由我们乡里给捏着，不想立马给他。这里的意思，你以后慢慢琢磨。

我心里又一动，想，这个做法，倒是跟塔城镇商书记他们，有异曲同工之妙。现在为了几个钱，各色人等都在斗心思，党组织也有党组织的心思，看来青草乡这个地方的水，也是不浅的。

这一晚的饭局散去时，胡学仁的头脸已吃成猪肝色，两眼赤红，水汪汪地浮起两颗眼屎，像条野狗一样。他掏出名片递给我，说，彭老师，今后有什么事，尽管来电话，我一定给你办了。

我低头看，名片上除了两个公司的经理外，还有个县私营企业协会副秘书长的头衔，心想，这胡老板模样不入眼，但听上去说话还干脆，有些事，倒是可以请他帮忙试试。回忆起下午在大院门口跟田乡长的对话，觉得今晚这个饭局，虽然烟天酒地，但两三个小时的工夫，陪得还真是不冤。

33

喝了几杯酒,我一觉睡得很沉,第二天早晨醒来,母亲说,你鼾声打得锯木头一样响,我在隔壁都听见了。

我说,是吗?我好久没睡得这么好了。

母亲说,看得出,你现在干的活,比在学校教弓要辛苦得多。又抽烟又喝酒的,身体也虚了;年纪不大,眼袋也肿了,白头发也多了……说着,眼圈就有些红。

我说,姆妈你不要担心,我现在这工作,吃力是不吃力的,就是整天不着家,开会多,应酬多。您知道,我是不喜欢的。

母亲说,应酬多,就是喝酒多,这是伤肝的,你不要学他们。我听人说,有些老滑头干杯时,把白酒倒在毛巾里,还有倒进胸脯里的,你也可以试试。

我说,把酒倒进胸脯里,不把衣裳裤子都搞湿了吗?穿着这样的湿衣湿裤子,还走来走去敬酒,不给人家笑死吗?

母亲大笑,我也大笑。难得这样开心。

吃了早饭,我骑车进大院上班。传达室老秦招手把我拦住,说,卫生中心出了大事故,一早来叫你呢。

我到青草乡毕竟还不久,地域意识还没到位,听见卫生中心三字,反应不出在什么地方,只是机械地问,什么大事故?出了人命没?

老秦说,人命倒是没出,只是那医生,算得上是个活死人,把人家妇女一根好端端的管子给割错了,家属来搏命呢。

我问,什么管子?是气管还是食管?

老秦拍拍肚脐眼底下,说,不是气管也不是食管,是下面什么管子，两根生的，名字说不上。

我哦了声，大致晓得是一根什么管子了，急急弯转自行车把手，往卫生中心方向狠命踩去。还没有骑进院门，就远远看见有个人圈子，许多人——像是病人家属——围住一男一女两个白大褂医生，正斗鸡一样吵。见我骑着车过来，见了救星一样叫，彭乡长来了，好，彭乡长来了！

我停下车，一窝人就蜂拥而上，把我团团围在中心，七嘴八舌跟我说话。一个大岁数妇女，大约是病人的婆母，扑上来拉住我的手，带着哭腔说，彭乡长，你给我们做主。你看天底下有这样的医生么？病人身上的坏管子不去切掉，倒把一根好管子切掉了。那不是一般的管子，是女人生孩子用的管子啊。一根坏了，一根切断了，你说这孩子今后还怎么生？这女人还有什么用？

我耳边的声音嗡嗡乱响，心里却很受用。拉住我的人都是有点岁数的，一见面就把我当成父母官，争执的事情也是人命关天的大事；看那些眼睛，一双双都目光切切，真诚盼求着什么，对我也是仰视，甚至有敬畏的意思，我一下子就有个强烈的感觉：这里的老百姓，生活上是比塔城镇的要穷些，但他们对政府对干部更加信任、更加依赖。我顿时胸膛满满的，心口觉得有点重，扫视众人时，腰板子这里就挺了挺，自己也觉得这个出场，有一些分量。

我说，你们不要吵，慢慢说。

一个男人挤到我面前来，面色蜡白，眼睛却是血红，显见就是刚才吵得最凶的一个脚色。他说，彭乡长，我给你说个理，你听听是不是这样……

我打断他，问，你是病人什么人？

男人说，我是病人的男人。

我点点头。

男人就说，我女人若是三四十岁，孩子也生养了，你卫生中心出这事故，我也不会跟你吵闹，反正女人那根管子放在那里，过期了，用处也不大；现在我女人只有廿七八岁，一男半女都还没有生过，你把她这根管子一刀割了，这不是叫我断子绝孙么！

老妇女听见"断子绝孙"这四个字，戳到了内心最痛处，便又哇地叫起来，拍着大腿猛哭。我赶紧拉住她的手，轻轻拍了两下，说，老婶子，你先不要哭，有事大家慢慢相商。现在科学发达了，许多事是可以挽救的。

两个医生脸无血色，看着我，一言不发。那女医生，嘴巴一瘪一瘪，更是眼泪汪汪。见我目光逼过来，男医生就往前挤，像要开口辩一辩的样子。

这时院门口路上，有数辆自行车停下来，又有几个闲人，站到了人圈外，一脸的好奇。他们侧着耳朵，起劲地打听这打听那，显见是来看热闹的。

我就朝那男医生摆摆手，对众人说，好了好了，大家有话，都到会议室里说去，你们谈论妇女方面的毛病，也不注意个场合。

众人都说对对对，挤着跟上我，嗡嗡地去会议室。穿过走廊，远远瞥见中心主任室的牌子，我就停下，对男医生说，出了这样的事故，你们怎么也不叫张主任出面来听一下？

张主任就是张琴，卫生中心副主任，常务的。一说起她，男医生赶紧拉我衣袖，把我拉到一边，离开人群，悄悄说，彭乡长，不瞒你说，张主任还在宿舍里呢。

我沉下脸，说，那你们为什么不去喊她呢？

男医生说，我能去喊么？田乡长也在她房里呢，人家两个都在，谁敢喊。

我脑袋像撞了木桩一样，轰地一响，顿时胀大许多。我两眼直直地看男医生，又看看人群，说，有这事？你可不敢瞎说！

男医生说，我骨头有这么贱么？敢瞎说这种事。

我说，不会是你眼错了，把随便什么人看成是我们田乡长。

男医生说，活死人才会看错呢。田乡长又不是陌生人，我们卫生中心有哪个人不认识他的。跟你说得再仔细一点，田乡长这一段时间，常来我们卫生中心，一来就进张主任宿舍，半天不见出来。这事在卫生中心，谁不晓得。

我见男医生一脸的慌张与神秘，不像是编谎的样子，而且，谅他此时此地，也不敢编谎，便顺着他手，看张琴的宿舍，目光里有些愤恨。我想起刚来青草乡报到没几天，就听见大院里的干部对田乡长有些议论，其中突出一点，就是说他和卫生中心副主任张琴有瓜葛。现在看来，果然不假。

众人进了会议室，就急急扯凳子坐，急急向我诉求争理。我把手往下压了压，镇静地要求众人一个一个说，又郑重其事地拿出一个笔记本，把圆珠笔揿得噼啪响。众人见我摆出这副架势，办事这么顶真，就各自压了野气，控制嗓音，有条有理地说一二三四。

可惜我的心思，并不在会议室里，所以，听来听去，只听出一个事故的大概来：是主刀医生一时迷糊，把爱克斯光片子读反了，一刀下去，就把左右位置搞反了；那炎症严重的输卵管毫无触动，而那根好好的管子却一刀割了。那有病的管子自然还要作痛，当这病人熬痛不住，再来卫生中心复查时，才知刀下出了事故……

我这时脑子里想的，全是张琴的那间宿舍，还有就是宿舍里那两个人。我想，虽然眼下风气是开放了，当官的在外面有一两个相好，这事也听多了，但青草乡是穷乡，田乡长又是一乡之首，这样沉溺于女色，还怎么当得好主要领导呢？基层员工对他印象这么坏，他要是站到台上去作报告，那喉咙还怎么扯得响呢？

家属和医生各辩了几轮理，我也没有听进去多少。家属提议，是不是请彭乡长去看看病人，看看手术刀口，再作道理。我想了想说，我还是不看了吧，医学方面的事情，实话说我不懂多少，就是去看了刀口，又有什么用？况且病人还是女同志，有许多不便，还是留给专家去看吧。

当下就有人说，怎么，听彭乡长说法，这事还要惊动专家？

我说，这事到了这地步，怎么不要惊动专家？如果情况复杂，不仅要惊动县里专家，说不定还要惊动上海专家呢。

我合上笔记本，谈了四点意见：一是卫生中心马上写报告，对事件作一个详尽的回顾和说明，附上病历，一式三份，一份交乡里，一份送县卫生局，一份留底备查，以便尽快查明原因，分清责任，作出相应处理。第二，乡政府出面，请县市两级医院的专家医生来会诊，争取尽快解除病人痛苦。第三，如果确定是医疗事故，就按照程序，由县卫生局指派鉴定委员会专家，进行事故调查和鉴定。第四，鉴定结果出来后，卫生中心该赔偿的要足额赔偿；病人如果有后遗症，卫生中心要作好充分准备，邀请县省专家甚至上海专家，共同会诊，研究重新接通管子的可能性。

家属和医生都说好。又说彭乡长毕竟是老师出身，脑子一水清，说出来黄瓜归黄瓜，茄子归茄子，一条条理得那么干净。我临走时，又对家属说了许多安慰话，还从衣袋里摸出几百元钱，塞到老妇女手里，说，论责任，我彭乡长也是要负责任的，因为我身为文教副乡长，没有把卫生中心抓好；这点钱，给病人买点营养品补一补，也算是我一点心意。说得医生家属一片慨叹。老妇女又哭，两膝软软的，要给我下跪。

回到乡大院里，我赶紧整理办公桌上的东西。出去这些天，信报杂志、县乡简讯、学习材料，都垒了一大堆。正理着，田乡长来了,站在我办公室门口,说,彭乡长,昨晚没有醉么?

我笑说,没醉。放出眼光去,只见田乡长的脸不知是胖还是有些浮肿,两眉都笑细了,眼眶四周有黑晕,眼袋很松弛。我就想,这家伙,肯定是昨晚酒足饭饱后,又去张琴处寻欢,在张琴身上把元气耗光了;人还没老,头发却花白了,顶也谢了。他不晓得,这样迷着女色,其实折寿哩。

田乡长走进来,自顾坐下,点起一支烟,说,跟你商量个事。

我问,什么事,这样大清早的?

田乡长笑笑说,你是分管乡长,想征求一下你的意见。我考虑,想让张琴同志到乡里来当计生办主任。你看怎样?

我一惊,想,他俩在卫生中心关门干好事,倒在我这里起了第一反应。便稳住气,只当百事不知,问,听人家说,张琴同志的卫生中心副主任,做得也有些吃力,怎么还要调她到乡里来抓全面工作呢?

田乡长说,吃力什么?你是听谁说的?这女同志能力很强,潜力也很大,没来乡里工作,可惜了。

我心里冷笑一声,就把刚才处理医疗事故的情况汇报了一遍。

田乡长说,一年看那么多病人,出点差错也难免;乡里决策办事,不是也有出纰漏的时候么?你在塔城工作,这种事见得还少么?

我就老实不客气回道,田乡长,跟你说一句实事求是的话,我看这个卫生中心的工作,确实没有抓好。一是管理不到位,二是医务人员技术差,三是服务态度也有问题。不是我嘴毒,我看这医院,今后还要出差错。田乡长你相不相信?

田乡长说,你的话我怎么会不相信。就巴望你这个文教副乡长把卫生中心的工作抓上去呢。不过这些情况,并不影响张琴同志到乡里来当计生办主任。

我想,张琴在卫生中心当常务副主任,是中层副职;调到乡里来当计生办主任,就是中层正职,不声不响的,职务就升了半级。她凭什么升这半级?凭的是工作上的功夫,还是床上的功夫?她升这半级,众人服气么?

可我又想,我刚来青草乡,说话没个分量,这事说了怕也白说;只是乡里这样用人,明显不正常,是不是张琴吹了枕头风,田乡长寻欢时又许了愿,事情才搞到这个地步?凭这层关系就可以升官,这还像一个人民政府吗?

当着乡长面,我拉长脸,好一刻,就是不吱声。唉,我这驴脾气,还是改不了。

田立冬说,彭乡长,你不要不高兴。你来青草乡时间不长,许多情况你不了解。张琴同志一贯努力,她这些年来不进乡班子工作,已经是很大损失了;人尽其才,让她来乡里当计生办主任,这样用干部是不错的。不过我多说,你也听不进,以后你可以看事实。

我说,我个人没什么意见,但现在计生工作重要性越来越突出,计生办主任是个十分关键的岗位,这事要不要开个乡长办公会,专题讨论一下?

田乡长眉头皱起,下巴上那个疤痕又突突地亮起。

我说,照程序,还要得到组织部门认可,还要报县计生委批准。

田乡长说,这些都是走形式,乡里会一一操办。

我又问,张琴当了计生办主任,那卫生中心谁作主呢?

田乡长说,还是她啊,她在卫生中心的职务暂时不动。听人说,你最初在塔城镇被提为副镇长时,有段时间不也在乡校兼校长吗?

我想,你田乡长厉害,倒把我跟张琴相提并论了。不是我气盛,张琴哪能跟我比啊?我们两人根本不在一个档次上么。我是堂堂师范学院毕业的,教了很多年的书,粉笔灰把头发都染白了;张琴呢,听卫生中心人说,她原是一个兽医,是给鸡鸭猪羊看病的,后来参加了赤脚医生培训,才开始给人看病,那也只会打打金针搞搞推拿什么的;她的文化程度也很可疑,把"腓骨"说成"排骨",把"脚踝"叫做"脚棵";若凭真本事,这样的人连进卫生中心都勉强。她有今天,还不是扯着你田乡长的袖子,头上撑着你这把大伞么?

两人正在顶牛间,乡政府助理员丁六三来叫,田乡长,胡总来了。

我朝窗外一看,果然一辆黑色轿车停在院里大槐树下,十分亮眼。我教过的那个学生胡贵庆,身材变得像油桶一样,实墩墩地矗在车门旁边。他一张油脸,黑黝黝的,满是黑汗毛,跟他父亲胡学仁,像是一个模子浇出来似的。

田乡长说声"我们回头再研究",便去自己办公室接待胡老板。我也出了门,去大槐树底下看我的学生。难得胡贵庆还有点记性,远远见了我,就大声叫,彭老师!

我说,胡贵庆,好几年不见了吧?你这开的是一辆好车啊。

胡贵庆说,一般性吧。我爸说过了年,就把这辆奥迪卖了,贴些钱,再换一辆奔驰500的。

我说,这一换,要多少钱啊?

胡贵庆说,不多,也就百多万吧。

我不由得抽了口冷气,想,这小伙子口气真轻!

胡贵庆说,彭老师,以后你要用车,跟我说声就可以。我有空,我给你开;我没空,就叫别人给你开。这是我名片,上面有我电话。

他递过名片,这时一阵香气就扑进我鼻子,像女人用的雪花膏味道,冲得我几乎打喷嚏。我想,这就是香水名片了,一看,胡贵庆的名字上面,有胡老板公司的名称,而这小伙子的衔头是:总经理办公室主任。

我问,你是你爸公司的办公室主任?

胡贵庆笑笑说,挂个名的。

我问,你还有好几部手机?

胡贵庆说,我平时忙得很呢,一部手机不够用的。有时忘了带手机,车里就常常放一部备着。

我探头看车里,司机右边的座位上,就扔着两部手机。我就想,这两部手机,一年不知要花去多少钱呢。我们乡有的村校,一直想在教师办公室里装一部座机电话,至今都没有装起来;有的村校校长,想让乡里给他们配一个手机,也都没有实现。主要是学校没那么多钱,乡里也付不出那么多钱。我想,过去有句话,叫做"大河有水小河满,锅里有了碗不空";现在不对了,小河涨水大河浅,碗里满着锅底空。

胡贵庆说,这两部电话都能打国际长途,彭老师你要打一个么?

我只是摇头。我的目光退出车厢时,又掠过车门插兜,见里面插着不少杂志画报,都是花花绿绿的,女的多,男的少;光身体的多,穿衣服的少;还有一张,女的一丝不挂,搔首弄姿,用迷蒙的眼睛看人,把我看得两颊发烫,目光不知放哪里才好。

我说,胡贵庆,人是工作了,还是要多学习呢。

胡贵庆说,您说得对,彭老师。

我指指车兜说，你要多看有益的书，这样无聊的东西，消磨人的意志，看花了眼睛，对行车安全也不利。

胡贵庆红了脸，说，我晓得了彭老师。

他就把插兜里红红绿绿的杂志画报都抽出来，当着我的面，用打火机点着了，呼呼地烧了个干净。

我说，胡贵庆，你毕业好几年了，还这样听彭老师话，真是难得了。

胡贵庆说，彭老师，你对我好，我是一直记着的。初三那年，我捉一条小蛇把刘老师吓着了，教导处徐主任凶巴巴地找我训话，还骂我家里出了两代戆大，当下就写了给我留校察看的处分报告，说彭校长一批准，就在校门口橱窗里贴出来。我提心吊胆的，等啊，等啊，一直等到毕业，也不见处分贴出来。我就晓得，是你彭老师救了我一把。

我笑笑，拍拍胡贵庆的肩膀，没说什么。我没想到，自己当初一时疏忽，忘了批一个报告，漏过了一个处分，后来倒成了一个恩典，让一个学生记了一辈子。我又看看车旁树下胡贵庆烧下的那堆纸灰，不知怎的，就想起青草乡庙里香客们那一把把香火，心里说，行得春风有夏雨，老话是不错的，人活着，还是多做善事为好。

胡贵庆说，彭老师，我虽然不上学了，但学校对我的种种好处，我是不会忘记的。这几年，我在外面胡天野地地跑，拿得出手的，还是在学校学得的那些知识。只是有时想想，我对不起学校的老师们，你们苦口婆心要我上进，而我那些年实在太皮，天天给你们惹麻烦，书读得一塌糊涂。

我说，你晓得这道理就好。好在学问不是关在学校里才能学得的，既然有心，业余学习也一样。你现在读书也不迟啊。

胡贵庆说，我晓得了彭老师。

我说，我还有些事要办，你就坐进车里休息吧。有空了，就常来走走。学习上有什么事，还可以找我。开车一定慢些，安全第一。

胡贵庆听着，连连点头，突然转身在车里摸索一番，又回头拉住我，说，彭老师，我有一样小东西送你，你不要推却。

我说，什么东西？

胡贵庆变戏法一样，打开手里一只小盒子，露出一只手表，亮晶晶的，递到我面前，说，彭老师，我看你当了校长当乡长，从塔城镇一直当到青草乡，直到今天，连个手表也没有，这多不方便。这只手表，就算学生送给老师的小礼品。

我吃了一惊，连忙说，胡贵庆，你不要客气，哪有老师收学生礼品的？彭老师不是没有手表……

我把下半句话咽了回去。上个月，我起床不小心，把手表从柜子上带落到地上，当下碎了玻璃，听听还不走了，送修理铺一问，说是天心断了，要定做，材料费手工费加起来，要一二百元。我觉得不合算，就没有交修，也不舍得买新的。想想家里有钟，办公室也有钟，手机屏幕上也有时间显示，手上没表也罢，就拖了下来。这空着的手腕，不想给学生落眼了。

胡贵庆说，一个乡长，天天有多少安排，没个手表还成？

我说，彭老师不需要，真的不需要。

胡贵庆说，彭老师你见外了，我这手表，实在没有用，是多余的。

我用两手把那盒子捏住，很用力地推回去，正了脸色，说，胡贵庆，你的心彭老师领了。这手表，我不会收的。

胡贵庆当下垂了手，满脸涨得通红，有些尴尬。

我见了倒有些不忍心，拉起胡贵庆的手，轻轻拍了几下，顿一顿，终于说，胡贵庆，若说彭老师这里没有困难，那也是假的。彭老师眼下最大的困难，就是我分管的那些单位，设施太落后，房子太烂……

胡贵庆问，你分管的是哪些单位？

我说，彭老师当的是文教副乡长，分管的就是学校啊，卫生中心啊，还有养老院、计生所什么的。尤其是卫生中心，好一点的显微镜也买不起。就说那房子吧，也不知造起多少年头了，梁柱都蛀空了，现在成了危房。病人住在里头，我天天都提心吊胆。就想着，房子万一有啥三长两短，把老梁烂瓦砸下来，砸在病人身上，砸在医生护士身上，弄出什么人命事故来，我不就是罪人了！

胡贵庆说，这个我晓得，我去看病时都看到的。卫生中心，还有隔壁的养老院，都是过去的老屋，有的屋顶都有洞了，下雨天漏水，天好时能穿过屋顶见太阳；屋外的墙砖，烂得发酥，一碰就掉粉。

我说，啊呀，你胡贵庆也见到了是吧？就是这件事。你若有心帮助彭老师一把，方便时，就跟你爸说说，看他能不能拿些钱出来，先帮彭老师把卫生中心或养老院的危房给改造了。这也是给乡里人做一件大好事。你看这个可以么，胡贵庆？

胡贵庆说，我试试，一定给彭老师回音。

说着两人就握手告别，我把学生的手握得很重，胡贵庆也把我的手握得很重。我觉得小伙子的手，热热地有汗，很大的骨节里，蓄满了劲道；两双眼睛，也彼此热热地对望。

下午，田乡长临时召集乡长办公会，正式提出让张琴来乡里当计生办主任。副乡长们一听见张琴的名字，都互相看脸，目光有些闪烁，但谁又都不说话。我见众人不说，就觉得这个乡大院里的风气，让人看不惯。塔城镇虽说也有这样那样的毛病，但镇长们在一起开会的时候，都是最爽气的，各人有话就说，有炮就放，从来不作兴这样面面相觑，各人只在肚里做文章的。

田乡长见会议冷了场，就说，各位看看，对这一项人事安排的建议有没有意见？如果大家没有意见，杨主任，你回头就起草一份报告，报给乡党委。

乡办杨主任是旁听记录的，点着头，往本子上记田乡长的意思。

我抬头看众人，点烟的点烟，喝茶的喝茶，有的干脆低下头，摸胡子根，没有一个要发言的意思。

我想，田乡长的任命建议看来就要通过了，在座几位副乡长不吱声，也有他们的道理；他们本来就不管文教卫生这一摊，乐得顺从田乡长的意见，否则，猫食盆里鸭插嘴，岂不是讨人骂吗？而我，是分管这个口子的，这时再不表明自己的态度，以后就没得机会了。

去卫生中心处理纠纷的那些场面，又像乱云一样浮上心来。我想，我虽然是新调来的，不该当出头椽子，但这个计生办主任，实在是乡里的一个重要岗位，配得强不强，对文教副乡长的工作大有关系。我上任之后，对自己抓的这一摊已有了一些设想，我很想抓出一些名堂来，抓出一些跟塔城镇不同的特色来。如果像张琴这样的人到乡里来与我共事，又管计划生育又管卫生中心，教卫口半片天的工作就捏在了她的手里，而她跟田乡长又是那样一层说不清道不明的关系，那么我今后干起来就更加吃力、更加困难了。为了在这一任期内能做出点实绩来，我这时一定得表态了。就算说了白说，我也要说；万一日后出了什么纰漏，这会议记录里也有案可稽。

  我看着乡办杨主任的水笔,在报告纸上唰唰地写得飞快,晓得会议留给自己的时间不多了。我只觉得心跳急起来,怦怦怦,怦怦怦,直把嗓子眼敲打得浮浮沉沉,嘴唇还有些干,舌头还有些麻。我抬头看田乡长,见他这时也正看着杨主任的笔尖,目光沉稳,嘴角还有一丝笑意,显示出一种掌控全局、居高临下的轻快神色。我的背脊不觉间就有一层热汗,急急地滋出来……

  不知怎么的,近年来经历的那些坎坎坷坷,这时也一起浮上眼前来。我心里不由得嘀咕,彭永生,你是怎么了?塔城镇给你的教训还不够深刻吗?你怎么就那么不开窍,那么喜欢给自己添堵呢?人家的官,都是越做越大、越做越富,你呢?原地踏步不算,当官的地方还越搞越远、越搞越穷了,这就是你胸无城府、口无遮拦的结果,难道你就不能忍耐一下,把你那张臭嘴闭上吗?

  时间在烟雾升腾中飘过去。我看了看周围那些副乡长,又想,这些个大男人,心里其实是有话的,只是憋着不说而已,他们做人,是不是太世故、太圆滑了?从另一方面来说,他们是不是又太窝囊了?乡长办公会,就是让你们这些乡长说话表态的场合,你们不说话,跟活死人有什么两样?我分管的口子有了事,我不说谁说?大不了得罪田立冬,让他像塔城镇尤老大一样,跟我做冤家就是了;大不了只做这一任副乡长,到时离开这大院,回学校去教我的书去。历史上不是有很多男人,宁可不要当官,也要图一个心里痛快吗?

  想起历史这两个字,我立马就有了胆气。我想自己也是不小的岁数了,历史上不知有多少人,在这年龄上早已当上了将军、宰相、都督、尚书……而我彭永生,不过是个小小的乡官而已,即使为这事被撸了官帽子,回学校去当教书先生,又有什么可惜的!说起来，一个女人来乡里当个计生办主任，这并不是什么了不起的事情，但是，理，要说得响，人，要挺直了做，与其窝窝囊囊看别人脸色，还不如堂堂正正把自己想说的说出来。

我就咳一声，说，田乡长，我说个意见。

副乡长们一齐抬头看我。

田乡长一惊，手里的圆珠笔掉在桌上。他不动声色的，用中指和食指把笔夹起，又看着我，说，彭乡长有意见？好，说说。

我说，张琴同志的任命，是不是不忙这么急着下文？

我自己也听出，我这时的嗓音与平时有些不相同，抖抖的，像心里发虚，又像是激奋难抑。

听到我发表这样的意见，几位副乡长都面面相觑。接着，他们又把目光在我和田立冬之间划来划去，有担忧的，有紧张的，也有等着看好戏而兴奋发亮的。

田立冬看着我，嘴张得大大的，脸色有些黑。到底是青草乡政府大院里的老人，他沉得住气，狠狠吞了一口烟，又慢慢吐出来，说，彭乡长，说说你理由。

我说，我长期在学校教书，后来又到塔城镇工作，也不晓得青草乡这里的规矩；对张琴同志，我也不太了解，可能我的意见会说得有些唐突。

众人只是看着我，屏住声息，小会议室里为此显得毕静，各人都能听到自己眨眼皮的声音。

我说，我们文教上提教研组长，提教导主任，还有提校长副校长，都还要讲究个资格，讲究个学历；乡里提干部，尤其是教卫科技这方面的，是不是也应该考虑考虑这一点？

田乡长眼角塌下来，脸更黑了，说，你什么意思，再说下去。

我说，我没有调查，不晓得张琴同志是个什么学历？

田立冬抽烟，不吱声。

农牧副乡长屠怀忠望望两侧同仁，目光里有探询的意思，说，学历？张琴可能就是初中学历吧？跟我老弟在县中同一届毕业的，后来就没再读下去。

工业副乡长陆一生说，她初中毕业后，去县里学过兽医。

屠怀忠说，对，她在我们公社畜牧场干过兽医。

陆一生说，后来卫生中心扩建，公社又推荐她当赤脚医生，去市里针灸推拿班培训过半年多，不知这算不算学历。

屠怀忠说，工农兵大学生都不算学历，这培训班能算学历吗？

陆一生说，瞎说，工农兵大学生算学历的，相当于大专嘛。

屠怀忠说，不要争了，打个电话到乡派出所，一查就得。

田立冬狠狠地揿灭了烟头，突然吼了一声，说，查什么查？有什么可查的？她就是只有初中学历，又怎么样？

田立冬说话口气恶狠狠的，有一股气势，很震人。在座的乡长们听了都吓一跳，相互看一眼，不再有声响。

我却有些不服气。这是什么场合？不是乡长办公会吗？乡长办公会，乡长们不能畅所欲言，这算是个什么规矩？就算乡长是一乡之长，众人都是副手，也不能一手遮天是不是？总要讲一点群言堂，讲一点党内民主是不是？

我鼓起勇气，竭力使自己平静下来，说，田乡长，如果张琴只是初中生的学历，我认为由她来当乡里的计生办主任，这是不妥的。不是说到乡镇一级政府机关来工作，起码需要高中文凭么？

田立冬说，特殊情况，也是可以破例的。

我说，破例，一般是对有特殊贡献、特殊才能的人来说的。乡里目前对张琴同志搞破例安排，恐怕蛮难说服众人的。何况这计生委的领导工作，政策性、专业性、技术性都很强，需要有专业知识、有一定学历,并不是过分的。

田立冬说,张琴有在卫生中心长期做管理工作的经验,妇科计生这一块,她是很熟悉的,完全拿得上手。

我看田立冬,脸已成铁灰色,下巴上那个疤痕,充满紫血,突得很高,明显就是一副愠怒的样子。我心里说,对不起了,田乡长,到了这一步,我俩的脸皮已经撕开了,那就干脆再说下去,顶它个水落石出吧。

我就把卫生中心出的那个医疗事故,简略地又说了一遍,强调的是两个意思:一是张琴在卫生中心抓管理这一块,成绩并不怎么样,你看卫生中心那副烂相!二是病人家属吵到这个程度,身为卫生中心负责人的张琴,居然也不出面来处理一下,有确切消息还说,病人家属闹得最凶的这一段时间,张琴就在卫生中心。

会场上有些小骚动。副乡长们交头接耳地轻声议论。我注意看田立冬的反应,心想,这是戳着他最敏感的一个地方了,这个时候张琴在哪里,为什么脱岗,你田立冬心里应该清楚。我甚至有一个冲动,如果再顶牛下去,我就破罐子破摔,把你田乡长跟张琴睡觉的事也一锅端出来!

田立冬又点起一支烟,闭了眼,深深地吸。这一口,吸去了近三分深的烟头,吸得他连肩胛骨都抬了起来。显然,在他担任青草乡乡长期间内,甚至在他更长的乡政府工作期间内,大概还没碰到过我这样的角色;看来,他也已经意识到这事硬做是做不得的,再顶下去,这个乡长办公会的场面,就难看了。

他便退后一步,说,那你彭乡长说说看,有谁可以到计生办来当这主任?这个位子,长久空缺下去,也不是个办法啊。

田乡长这样说,我也透了一口气。当个副职的,谁愿意跟正职过不去啊。此刻便顺坡下驴,说,张琴同志吧,也不是说对不能当这个计生办主任，我的意思是，当这个主任要有真本事，水平一定不能马虎。若张琴同志去参加一期专业培训，县计生委认可了，她当主任，我没有意见。

田立冬半边脸上一笑，吐出一口浓烟，说，那就这样吧，尊重分管副乡长的意见，暂时不忙报任命建议。散会。

众人站起身子，把椅子踢得啪啪响，会议室里沉闷的空气像有了一个缺口，一下子得到了释放。

这时，田立冬又突然瓮声瓮气补充一句，各位，我要跟大家打个招呼，明天开始，我要出去几天，县里有个活动。

34

开完会，田立冬叫上车，铁板着脸，出了大院。

陆一生踅到我办公室，一进来就把门反锁了，明显是要跟我谈谈的样子。在青草乡所有的乡级干部里，陆一生跟我的关系是最贴近的。我们一道读的师范学院，毕业后又一道分到这个县，我去塔城镇中学教数学，他到青草乡中学教物理；后来我去镇上管文教，他到乡里抓工业；青草乡的乡办厂，就是在他到任后，略微有了些起色的。

陆一生掏烟、点烟，坐到我对面，说，我说阿彭，你是怎么弄的，副乡长有你这样当法的么？

我说，你也觉得我今天出格了是不是？

陆一生说，我也算是这个大院里的老人了，还从来没看到有哪个副职，敢跟乡长这么恶顶的。

我说，我也不是恶顶，只是说些不同意见罢了。难道这么些年，你们这里就是乡长一个人说了算的？就是家长制，也不能这样弄法啊。

陆一生说，这算家长制么？好坏田立冬还把用人意见拿到乡长办公会上来讨论了。以往哪有这样的事？都是乡长把任命书发了再说的。等那人来大院上任，或调了办公室，才晓得是怎么回事。

我说，那你们还不发表意见？如果在你工业口里安一个白痴，让你烦得要命，你也照收不误？

陆一生说，不照收怎么办？乡长安排的你敢不接收吗？多少年来，这大院里就是这么过来的。

我说，所以青草乡发展不起来么，都搞裙带关系，近亲繁殖，这怎么弄得好。我就看不惯这个。

陆一生说，你啊，这些年书教下来，人是越来越迂了，凡事就不会忍一忍！亏你还在塔城镇大院里混过几年，这蜀子里的牛头马面，难道你不识？

我说，这次一忍，我得忍多少年啊？张琴这人，肚里实在没有多少知识。我当这个文教乡长，没有其他雄心，就是想在一个任期里，把教育卫生两个口子整出点眉目来。硬件上，我想把学校医院的房子翻一翻，设备能置换一下更好；软件上，把领导班子配强，再把教师和医护人员普遍培训一遍，让他们职称上都有些进步。老实说一句，我还有个想法，想让张琴离开卫生中心领导班子呢。叫她当计生办主任，卫生中心的职务又不卸，地位更硬了，我还怎么落实我那些想法？

陆一生说，你阿彭想得太天真。

我说，让我来当副乡长，我总要做些事才对得起组织，也对得起这里的村民，你说对不对。

陆一生说，田乡长和张琴的事，大院里有谁不晓得啊？就你一个新来的副乡长，去捅这个马蜂窝。

我说，今天上午他还在卫生中心跟张琴鬼混呢。一乡之长这么弄，还要不要对老百姓有个交代？

陆一生说，田立冬这回看得出，是真的动了气。你以后还怎么跟他相处啊？阿彭你这个人，新来乍到就这样，我真替你捏把汗。

我低下头，摇了几下，想想自己开会时内心有过的那些挣扎，也为自己叹了一口气。

陆一生说，什么叫一把手？一把手就是一把抓嘛。历史证明，跟一把手闹对立，没一个会有好下场。你老兄事先也不跟我通个气。

我说，我也不是存心跟田乡长闹对立。读了这么些年书，要尊重领导，要跟领导搞好关系，这个道理我还是懂的。但心里有话，不说也不对是不是？相信为了工作，田乡长日后会理解我的。

陆一生笑一笑，没再说什么。

这时乡助理丁六三拍门，叫，彭乡长电话。

青草乡大院的穷，也体现在这电话上。在塔城镇，我们副乡长早就是一人一个座机了，可这儿，电话就那么几座：门房一座，派出所一座，乡正职一人一座，各个组室一座；几个副乡长，就在办公室外的走廊里安一座——跟公用电话差不多。乡里几次讨论要装程控电话，一个房间一个，电话局也来看过现场，但一说要从县城拉专线，出价几十万，乡里便总也下不了决心。确切地说，是田乡长下不了决心。他说，毕竟是几十万元哪，放到小集镇建设上，好几条大路都开出来了！电话的事熬两年再说吧，也不是火烧眉毛的事……他啊，总是把小集镇建设放在首位。

我拿起电话，一问，是学生胡贵庆打来的。

胡贵庆劈头就问，彭老师，你那里说话方便吗？

我想了想说，还可以吧，有什么情况，你说。

陆一生见我有事，拍拍我肩，走了。

胡贵庆说——

关于我提出的请他父亲胡学仁出钱翻建卫生中心或养老院的事，他开车回去路上就跟他爸说了。胡学仁让他告诉我，这事说晚了一步，真的就是一步。因为就在我跟他胡贵庆提出这一要求的同时，田立冬在办公室里向他老子胡学仁提出，要胡老板给小集镇建设贡献50万元。田乡长说，这50万元，绝对不会让胡老板白出，将来小集镇建成了，最好的市口店铺，让胡老板挑；建商场还是建酒楼，随胡老板定，其他管理费等等也下浮。所有这一些，乡里都可以跟胡老板签订协议，决不食言。

我拿着电话，嗯嗯着，想，看来这回田乡长搞小集镇建设，真是铁了心了。他干这个这么上心，无非是要弄个门面出来，让县里人来看看，青草乡上得多么快；也借这个门面，让人看看他田立冬的本事和政绩。其实我已了解到，县里关于各乡镇建小集镇的事，文件上的说法是很实事求是的：各乡镇要量力而行，不搞一刀切，经济上有困难的乡镇，不一定要上马。田立冬却不愿意戴这穷帽子，一定要跟其他乡镇摽着干。用他的话来说，人过留名，雁过留声，为官一任，总要干点留得下来的事情；小集镇建起了，就是个纪念碑，日后，拉着孙子手走在小集镇上，就可以边指点边回忆说，孙子啊，这一整条街面，就是你爷爷当年弄起来的……

自当副乡长以来，我最烦的就是这类话。学生上课、病人治病，还都是危房，你乡长倒有心思去搞自己的"纪念碑"，你还讲点良心吗？

我问胡贵庆，听你这么一说，是不是你爸胡老板把这门关死了？

胡贵庆说，倒也不是把门关死了，他说有个想法提出来，就不知道你彭老师和乡里领导同意不同意。

我忙问，什么方案？

胡贵庆说，他问，要是他出钱把卫生中心或养老院的危房全部翻造了，你们能不能答应他两件事？

我问，哪两件事？

胡贵庆说，他说，如果要他捐钱，他想当卫生中心主任或养老院院长，行不行？

我一惊，怕自己没听清，又问，当什么？

胡贵庆又说一遍，他想当卫生中心主任或养老院院长，名誉的也行。

我紧握电话，手心里一下子涌出许多热汗，把话筒都沾湿了。我望着走廊窗外的河道树木，以及更远一些的乡野土地，只觉得右手有些抖，有抽筋的感觉。

我沉默了一刻，才说，胡贵庆，这是件大事，让我想想，还要跟乡里领导商量一下，回头再答复你爸好不好？

他说，好。

我问，第二件是什么事？

他说，我爸说，要是他尽心尽力帮乡里办成这件大事，他入党的事情，乡里能不能帮助他早一点解决？

我说，这件事就更大了，我更要向乡里领导汇报了。等乡里有了明确说法，我就答复你，你看好不好？

胡贵庆说，那你这两天还不能答复我——

我说，这话怎么说？

胡贵庆说，田乡长出去了。

我很奇怪，田立冬出去的事，他在乡长办公会上说了还不到两个钟头，怎么他一个小小胡贵庆就晓得了？他消息就这么灵通吗？

我就问，你是怎么知道的？

胡贵庆说，上午田乡长就跟我爸说定的。我这里有一件事告诉你，彭老师你千万要保密。

我说，一定保密。

胡贵庆说，田乡长跟我爸提出，要吴小蓉陪他出去散两天心。

我问，吴小蓉是谁？

胡贵庆说，就是我爸的女秘书啊。

我说，你爸同意了？

胡贵庆说，我爸敢不同意么？你别看我爸事业搞得蛮大，厂都有几家，可许多要命的关节，都捏在田乡长手里呢。贷款、税收、劳务、水电，还有土地、排污、治安……都要靠乡里领导关照的。田乡长点点头，绿灯就一路亮过去；他要是说个不字，我爸就走不通，他的头就要涨成拷栳大。

我问，你晓得田乡长他们去哪里了？

胡贵庆说，晓得，他们去了三合县梅山度假村。我爸在那里有会员卡，田乡长他们一切开销，我爸都包了。

我放下电话时，像在野地里疾跑了几里路，浑身出了一层大汗。我回到办公室坐下，心跳得咚咚响，很久缓不过气来。一时间，脑子里那个乱，把太阳穴涨得一跳一跳，就像脑子里突然生了个瘤子一样，多少年都没有这样过。

我想，一个当乡长的，怎么可以这样！说轻一点，这是跟女人厮混，生活作风不正派；说重了，就是道德败坏、违法乱纪。亏他有这样的本事，还在乡长办公会上说"县里有活动"，什么活动，乱搞两性关系的活动。说这话时，田立冬还一本正经，可见做这勾当，他是个老手了。这方面的底细，不知组织上对田立冬有没有了解。一个乡，两三万人，二十多平方公里的大地盘，交到这种人手里，上级部门当初对他究竟是怎么考核的？纪检监察部门的人，对这些情况究竟掌不掌握？莫非，这些坏作风，在他当乡长前，没有什么表现；一当了老大，就都发作了？

还有，老板胡学仁的那些事，也叫我生出许多烦闷。这胡老板也真是太绝了，捐一笔钱改造房子，竟想出这么些馊主意。可见天下商人一个样，胡学仁跟塔城镇汪双喜他们，都是"一手交钱、一手交货"惯了的，绝不可能无私奉献。他们既然掏钱出来，一定是看中了某种好东西。胡学仁想入党，想当主任院长，这些我都理解，他是要个好名声，日后把家业做得更大嘛。但这些要求，哪一件又是随随便便就能做到的呢？我看乡里这一级，还真拿不了主意；我这个副乡长，更是说了不算数。他胡学仁根本不懂，卫生中心是乡政府和县卫生局双重领导的，中心主任也是两级协商任命的；名誉主任虽说是"名誉"职务，不一定管具体事情，但一定程度上可以说，它比正式主任更重要、更引人注目，更需要得到县乡两级领导和主管部门批准。

胡学仁这些要求，当然我也可以置之不理。但是，如果不满足他这些要求，他兜里的钱就不拿出来，而我要为乡里办的事就办不成。这怎么弄？

放下胡贵庆的电话后，我头都大了。

想着卫生中心化验室里那些破设备，养老院那些破房子，我也反躬自问：彭永生，改革开放都这些年了，你的思想观念，是不是还是太陈旧、太落后了？接受别人的大笔捐款，然后请他当董事长，当名誉院长，这种事，世界上多得很啊，就是在中国，也不知有多少。邻县有个香港同胞刘师谊，回来给县里造了一座剧院，洋气得很，大得很，连县文化馆都搬了进去，邻县把剧院命名为"师谊大剧场"不算，还让刘师谊当了县政协委员和县文化馆名誉馆长。为什么邻县可以这样,香港同胞可以这样,我们县青草乡胡学仁,一个内地企业家,出钱救了卫生中心养老院,就不能让他当个名誉主任名誉院长呢?在这件事情上,是不是也有一个解放思想、突破瓶颈的问题呢?

35

这事想得我一天愁眉不展。回家吃了晚饭,跟母亲说了一会话,坐到写字桌前,书也看不进去,止不住又想。一边想,一边摇头,心事重重的,把老母亲吓得不轻。

她问,怎么了?是不是碰上不顺心的事情了?

我就三言两语,把白天的事简单说了说。

母亲说,田立冬这人倒看不出,在大会上作报告时,像煞有介事的,背后,是个腐化干部啊。

我轻声说,我就是跟你说说,外面不能瞎说的。

母亲说,我晓得。

我说,陆一生还批评我,不该为了张琴的事跟田立冬碰得这么僵。

母亲看着我皱紧的脸,说,这个陆一生,也是杨树头,风吹两边倒。他这话,我看说得没道理。田立冬这样的人,我看他党员也是白做了,当乡长,更是不够资格!你在外面当干部,大小不论,两脚站得直,做人硬气一点,我赞成。男人家么,身上就是要有几根骨头,跟这样的乡长就是碰僵了,又怎样?

母亲虽然没什么文化,但心气一直很高,听她这么一说,虽不觉得怎么解气,心里却也宽松了些,而且脑子在一刻间开了窍:原来自己处处"犟出头",遇到不平事就要挺身而出,这脾性是随母亲的呢。

入了夜,母亲看着电视就睡去了,我却是怎么也睡不着,通宵都在想白天的事。想来想去,关于胡学仁捐资的事情,倒是想出了一个办法,眼前顿时豁亮,更加睡意全无。

第二天,我早早到了乡里,趁其他乡长还没上班,就在走廊里急急要通了胡学仁的电话。

我说,胡总,感谢你对乡里的支持啊。有朝一日,把卫生中心和养老院都改造了,青草乡几万乡亲,子子孙孙,都念你胡总的好处。

胡学仁笑说,彭老师,你这顶高帽子,只配给菩萨戴,我戴上去,走路会摇摇晃晃的。

我笑了笑,说,关于这件好事,我想跟你再商量一下。

胡学仁声音突然兴奋起来,问,乡里同意了?

我问,你想当卫生中心主任或养老院院长,当真吗?

胡学仁说,当然当真,那还有什么假的?名誉性的也可以。只要名片上能印上去,名正言顺,就行。

我说,如果当上了,这事要不要在社会上公布一下?譬如说,广播里喊一下,县报上登一下?

胡学仁说,那当然更好啊。大报纸上登一下,省里市里的电视台来扫一下,这个我更巴不得了。

我说,不公布不行吗?

胡学仁说,不公布,关着房门穿龙袍,有意思吗?

我早就料到他有这样的想法,遂劝道,胡总,跟你说句实话,若是你坚持要在社会上公布,情况就可能有点复杂化。

他问,怎么个复杂化?

我说,除了乡里党政联席会议要讨论外,还要报县卫生局,甚至还要报县委县政府。弄得不好，鸡飞蛋打也可能，一件好事就办砸了。

胡学仁说，彭老师，我这里出了血，你们乡政府向上打几个报告，疏通几个关节，这个麻烦你们总不能免的；若是你那里给上面人请客送礼有困难，我胡学仁这里帮衬一下，这个倒没有问题。

我说，胡总你真爽气。不过我们的最终目的，是要把好事办成，你说对不对？我倒有个主意，你看可不可以：先不急在社会上公布，而是由乡里出面，先颁发给你大红聘书，让你把这名誉中心主任或名誉养老院长先当起来，你看怎么样？过了一段时间，等你位子坐稳了，乡里再选择一个时机给你做宣传，你看好不好？

电话里好一阵时间没声音，我便晓得，胡学仁对我这个建议应该有所触动。

过了一歇，胡学仁才说，听你彭乡长的意思，我这个主任或院长，只是一张地方粮票，而不是全国粮票，是不是？

我说，胡总误会了，你这个职务，当然是全国粮票，不过目前先过渡一下，暂时先做一做地方粮票。

胡学仁说，彭乡长你晓得，我胡学仁做事，不是小手小脚的。你那卫生中心是什么烂样子？养老院是什么烂样子？我胡学仁既然出钱，就不会再造一般性的低价房。我要么不弄，要弄就弄大，给你蠹楼房，起码还是两层的。这一弄要多少钱？没有几百万下不来吧？我出了这么多钱，你只发给我一张地方粮票，这有点说不过去吧？

我连声嗯嗯着，虽然听出对方口气很牛，却也不怎么反感。只觉得在对方的牛气下，我自己显得底气很是不足，嗯嗯得有点低三下四。

胡学仁又说，不过彭乡长，话又要说回来，当主任当院长，尽管是名誉性的,也要通过局里县里,你们乡政府有种种难处,我也是理解的。但入党那件事,不会也这么难吧?你们乡里总可以作主吧?名誉主任名誉院长是地方粮票,我也不跟你们计较了,你们乡里就负责一件——把我入党的事早点解决了——这总可以吧?

我在电话这头止不住摇头,说,这件事,我要跟你胡总再次郑重表态,我是副乡长,是属于行政方面的;党务工作方面,那属于乡党委管。眼下,党委书记缺位,暂时由田乡长代理着,我一定要跟他汇报商量后,才能给你回音。

胡老板说,彭老师,明人不说暗话,我自己也这把岁数了,儿子也出道了,我个人也好,家庭也好,其实对社会已经没什么要求了——说白了,就是没什么野心了。我要当名誉主任名誉院长,要入党,无非就是表示,我胡学仁是靠拢组织、是追求进步的,我最终的目的就是把事业搞大,为青草乡人民作出更大贡献。从实质上来说,这也是为共产党树一个典型,让各色人等都晓得青草乡有个胡学仁,愿意散财为父老乡亲做好事,那么,将来这样的人就会越来越多,农村就会建设得越来越好。你现在只给一张地方粮票,就让乡里这么个小范围知道这件事,这有什么效果,又有什么意思?在胳肢窝里刺花,你掖得这么紧干什么呢?

听了这番话,我不由得对胡老板刮目相看。他说"没野心",其实只是一个掩饰,"最终目的是把事业搞大",这不就是野心吗?我这时就想起他做的"河马"广告,心想,他野心大得很呢,他还要走向全国、走向世界哩。当然,这也并没有什么不好,我们乡里缺少的正是这样的企业家。我还想,乡里有些领导还说胡老板文化不高、笨嘴拙舌,这是对他不了解。他说出的那些话,哪一句不在理上?哪一句不是底气十足?

我就说,胡老板,该说的我都说了。你办的是一件大好事,我们双方一道来把它做成，这一点你总是赞成的吧？你为我们青草乡做了大贡献，医生护士会念你好处，病人老人会念你好处，这一点是毫无疑义的。到时，我们一定用乡政府的名义，把你胡学仁的事迹刻在一个碑上，把它竖在卫生中心门口或养老院门口；还要隆重开大会，请田乡长、医护人员代表、病人代表登台向你致谢；将来时机成熟了，还要请上县里市里的记者，让电视台来好好扫一扫，报纸登一登，一定把这事情做大、做漂亮，让你胡老板大名流芳百世，你看这样好么？

胡老板笑笑，说，彭老师，你不愧是教书先生出身的，真会说话。不过，我胡学仁干这事，一开始就抱定宗旨，不见兔子不撒鹰，我那两个要求若是不能满足，我这钱是不会放出去的。

我拿着电话，手脚软软的，就像小时候跟人摔跤，叭地给人家摔了个嘴啃泥，连脑袋都嗡嗡响。昨晚想出办法时的那点兴奋，不知去了哪里。我想，胡老板说的，也确实有他的道理，毕竟是要他掏出几百万元的大钱哪。这几百万要是靠县卫生局划拨，猴年马月才能拿到这数啊！想起日后卫生中心的大院里，一幢崭新的楼房平地矗起，病人们都披着新的病号服，在楼前的小花园里走走，凉亭里坐坐；化验设备升了级，那走廊，都是白白亮亮、干干净净的，这是个什么光景啊，还有养老院……我又想起这些年，天上下大雨，养老院有些房间就漏小雨；冬天一到，养老院里的护理员，就急着搞塑料薄膜封北窗，心里就不由得一阵阵生痛。我一咬牙，心里说，妈的，管他乡里县里局里同不同意呢，只要医生护士们能安心工作，病人们能安心养病，老人们能在养老院安心住下去，就是向社会公布胡学仁当名誉主任名誉院长，又怎样！就是让他入党做个党员，又怎样？

我就问胡老板，如果乡里讨论同意了，一切都顺利，你胡老板究竟是选择改造卫生中心呢，还是改造养老院？如果两个你肯一道弄，乡里更加感激不尽。

胡老板冷笑一声，说，彭乡长胃口越来越大了，还两个一道弄！

我也笑了，说，那就先弄一个吧。不过我还是想晓得，什么时候可以动工了。

胡学仁说，你彭乡长批评我心急，你自己倒也心急了。这事需要我们两人见面，细细商量。老实说，口说无凭，到时我们还得签个协议。你想，别的可以不等，总要等病人都出院了，卫生中心场地都撤空了，建筑队才能进场吧。

我说，这个好说的，胡老板。如果你改造对象选卫生中心，那我就让医生护士带着病人，先到养老院去挤一挤；反过来也一样，如果你改造养老院的话，我就让老人们到卫生中心来挤一下。

胡学仁说，彭乡长你想得周到，不过，现在你说这些，是不是早了点？

胡老板说着笑了，我也笑了。我一边笑着，一边连声说是是。我在我自己的声音里，闻到一股臭味，一股低声下气的臭味。

打完电话，我去食堂泡开水，乡干部们这才陆续到大院。我到陆一生的办公室，把早晨跟胡老板通电话的事说了一遍，脸颊热热的，兴奋点又上来了。陆一生一边拿茶叶，一边说，彭乡长，你先不要想得太美，胡学仁这人做事，有时候是靠不住的。

我问，怎么个靠不住？

陆一生说，这老板是个踩了尾巴头会动的脚色，鉴貌辨色，本事在你我之上。他的钱拿得干脆不干脆，要看对方是谁的工程。如果是乡长田立冬的工程，他就屁颠屁颠的，从来不打回票。

我说，你说得有道理。田乡长抓小集镇建设，他一点头就给了五十万。

陆一生说,我说这话不是让你泄气啊,永生。你这个文教口啊,在我们乡里各条线上来说,是最软的一条线,他胡学仁眼下又没有什么事要来求你。就跟你的前任李乡长一样,胡学仁本来是答应给青草乡文化馆建楼的,建到今天也不见一砖一瓦。那些时候,李乡长三天两头催,胡学仁就说资金紧张,调不过头寸来,田乡长又在一边打哈哈,这事一拖就没了底。钱在他手里,你有什么办法?

我呆呆地看着陆一生,心里一下子凉了半截,才知道自己的乐观,其实有点不知深浅。

36

正跟陆一生说得有些投机呢,农牧副乡长屠怀忠一路骂了进来,说,这老天也真冤家,到了这关节就下雨,连招呼也不打一个。

我探头看,屠怀忠站在走廊里,胡乱用手掌抹脸,湿头发乱得蓬毛鸡一样,裤脚也湿了,正狠命地砸脚。

陆一生说,谁叫你不带雨衣的?广播里不早就预报了么?

屠怀忠说,我从来不听广播,十报九不准。

我说,可它今天倒是说中了,还来得准。

陆一生说,屠乡长你是管农牧的,眼光应该比老农狠。就是没有气象预报,你也应该识天的。

屠怀忠笑说,彭老师,陆一生又戳我软肋了。我这农牧副乡长,天晓得的。我虽然读的是农业学校,但很长时间都是帮老师打下手,搞所谓课题研究,什么小球藻啊,黄曲霉素啊,无性繁殖啊,许多东西都脱离生产实际。回到了青草乡,真正要搞科学种田,一接触作物品种、栽培技术、田间管理这一块,我反而两眼一抹黑。这些年,我在乡里边干边学,才算弄成个半吊子。陆一生叫我老农,那是讽刺我呢。

陆一生对我说,谁讽刺他。他啊,其实对畜牧研究得更深,尤其是良种育猪体外授精,他在全县做得最好,上上下下,都叫他"授精专家"。

三人都笑。

屠怀忠问陆一生,今天气象是怎么预报的?

陆一生说,说今明两天都是阴有阵雨,本周降雨日有四到五天。

屠怀忠顿足说,老话是"小暑一声雷,倒转做黄梅";现在是白露不打雷,照样做黄梅。

我说,你这两句话,说得就很像老农了。

屠怀忠说,你看这雨下的,又是棉花结铃的当口,照这样弄下去,棉田又要大批大批烂铃子。

我走到窗前,看满天雨云,又低又暗,浓得化不开;还有雨水泻在树叶竹林上,发出一片哗哗的声响。我想的倒不是棉花烂铃,而是卫生中心和养老院那些危房。我估计在这样的雨势下,医生护士和病人老人,又要作难了。

没有想到,来事的不是卫生中心和养老院,而是学校。乡中心校的教导主任梅老师,突然来电话说,有急事,请我马上去一趟学校。

我问,你们张校长呢?

梅老师说,张校长在县进修学校培训呢,还有三天才能回。

我胡乱披上一件雨衣,推车扑进了雨阵里。

离开乡中心校还有半里路光景,就远远看到,早有大群的人,密密层层,把校门口围了个水泄不通。他们撑着伞,穿着雨衣,塑料颜色都很鲜艳,雨中望去很是醒目。我晓得,这是乡中心校雨天里必有的景致,是学生家长给孩子送雨具来了。中心校的门房,怕这些村民进校影响上课,干脆把门反锁了,搞得门口人越聚越多。

我还没有下车,就有村民叫,彭老师来了,彭老师来了。

旁边有人纠正说,戆鳖,彭老师早就不当老师了,现在是乡长了。三两个村民就帮着拍门,叫,开门,开门!不是我们要进来,是彭乡长来了!

我一脸和气,推着车子,向村民们打招呼,一边进了校门。我来不及脱雨衣,一停车就赶紧去教室看。这一看,我的心就抽紧了:一排教室,漏雨的多,不漏的少。漏得好点的班,老师让学生移开桌椅,让雨水滴在泥地上,那地,早已滴成一个个洞;漏得大的教室,课上不成了,学生们紧紧挤成几堆,大家眼巴巴朝屋顶看。漏得最厉害的是毕业班,课不能停,要应付县里的统测,老师戴着草帽,直直地站在讲台前;底下的学生,也有听了天气预报带伞来的,撑开了,三四个孩子把头缩在一道避雨,一个教室,竟撑起了三四把伞,滴滴答答的漏雨声中,学生们跟着老师念课文:"在阳光灿烂的土地上,我们踏着英雄的脚印……"老师和学生读得都很专心,没有发现陌生人站在窗口张望。我在那儿听着看着,两眼就潮湿了。

就在我进学校的那一刻,大门口像开了一道水闸,挡不住村民们一齐涌了进来。他们看见自家的孩子,坐在这样的破烂教室里,挨着漏雨,可怜巴巴的样子,禁不住大声嚷嚷起来。

一个壮实汉子,我认得的,是畜牧场的饲养员老顾,走到我身边,指着朽烂的房柱和墙洞,大声说,彭乡长,你这文教副乡长是怎么当的？我喂猪的地方也没有这么破啊！下雨漏成这样，要是冬天来一场大雪，倒墙塌顶，压着了孩子，你们怎么弄？你们就是这青草乡的罪人啊！

我心一震，伸出巴掌抹了脸上的雨水，说，老顾，你说得对，校舍建的年头长了，教室是破了，孩子们老师们都受了委屈，我对不起乡亲们……

旁边就有家长吼，你们收了书费学费，都干什么吃的去了！

我解释说，书费买了书本簿子，一笔笔都是有账目的；学费都上交到县里，县里再把经费统一拨下来；经费少得可怜，老师们的工资都是拖了月才发的，余下，交电费买粉笔都不够……

家长里也有在乡办企业和村办企业里做的，问，乡里不是还年年收教育附加费么？这些钱都到哪里去了？

我说，田乡长亲口告诉过我，我们的乡办企业和村办企业都不景气，教育附加费也收不上来。

一个女人叫，瞎说！我是纸品厂的会计，我们厂的教育附加费什么时候少缴了？我们隔壁的肠衣厂、彩印公司，三家会计常在一起开会，生产再不景气，也没听说有拖缴教育附加费的。

我说不出话来，心里忽然升起一个疑窦，莫非田乡长是在编谎？教育附加费一笔笔都收上来，乡里又挪作他用了？

养猪老顾说，我们这些人上了年纪，搞到这个地步也就算了；可孩子们，还巴望他们将来有点出息是不是？你看看教室这副破烂相，孩子们的书还读得下去么？你们乡干部都在做什么吗！

我说，乡里会想办法解决，一定会解决。

老顾大声说，解决？难！我看你们乡里这些人，都是昏官。这个费那个费收上去，一点都不花在学生身上，你彭乡长居然还木知木觉。看来，不给你们乡里一点压力，不晓得我们老百姓的厉害。

我突然意识到老顾的话里蕴含着某种威胁，遂说，老顾你说话希望客气一点，有什么事，我们大家协商解决。

老顾说，跟你协商个屁！我儿子读的四年级，就在这里淋了整整三年雨。你看看这些孩子，是来读书的，还是来淋雨挨冻的？你要是自己的儿子女儿在这里读书，你心里难不难过？你看得下去吗？

我无理可辩，只是一味点头，一脸的愧疚，说，乡里目前困难，请大家要谅解；无论如何，我们争取尽快解决。

老顾说，我戳穿你彭乡长的话，你们乡里其实不困难，一点都不困难！建小集镇大手大脚，拆房造楼，填河筑路，一出手就是几十万几百万，干那些事怎么又有钱了？我看你们这批人，官不大，料（僚）不小，昏头就是了。

我不敢吱声，只是摇头。雨越下越大，教室里越漏越厉害，村民们怨声也越来越厉害，此起彼伏，几乎压过风声雨声。我赶紧叫来教导处梅老师，临时作出决定，立即停课放学，让孩子们先回家；明后天是不是上课，听乡里广播站天气预报后的通知。

村民们围着喊，停课停到什么时候？秋雨下半个月，孩子们的课也停半个月么？我们家长不要上班了吗！

有人高声吼，这破学校，还是早点关门吧！

那养猪老顾，跟几个村民咬了一阵耳朵，气势汹汹地对我说，孩子们回去了，我们就跟彭乡长到乡里去理论！

我说，去乡里干什么？有话在这里说不好么？

女会计说，你是副乡长，还是新来的，跟你说也不顶用。我们找田立冬去。

另一个村民说，要田立冬马上拨款修学校。他不答应，我们就睡在他办公室里，把屎尿撒在他抽屉里！

我一惊，想，这些村民，是要闹事啊。当下就想把胡学仁捐款的事说出来，说一下改造学校也有可能性，以便安抚众人情绪；又一想陆一生说的话，胡学仁靠不住，捐款更可能落空，兹事体大，就忍住没说。

养猪老顾说，我们这百来号人，就在你们乡政府门口冒雨静坐，看他田立冬是修学校还是建小集镇！

我见老顾的手暴满青筋，在半空中舞舞扎扎的，一个念头就像火星一样，突然在脑际唰地亮过……

门房老人走出来摇铃，那铃摇得又急又响，就像救火一样。孩子们纷纷扑出教室门，叫爹叫娘；村民则挤在教室门口，也有趴在窗口大声叫自己孩子的，一时乱作一团。

养猪老顾手一挥，说，让孩子们自己回去，我们到乡政府找田立冬去！

我上前拦住说，老顾，实话跟你说，田乡长现在不在镇政府，他出差去了。

女会计问，他什么时候回来？

我说，具体不知道，总还得几天吧。

村民们低头商议一阵，养猪老顾就又对我说，好，乡大院里也有我们的人，田立冬的行踪我们随时都掌握。你看着，我们到时在乡政府大院见！

说罢，老顾像司令员似的，手又一挥，乡民们领着孩子，呼啦一下散去。还有些学生，没大人来送伞的，就三五一群，缩在教室角落里，哇哇叫，把我脑子叫成一锅粥。

待乡校里稍微静了些，我马上召集教导主任和各年级组长开会，商量雨季里学校究竟怎么维持下去。商量来商量去，除停课外，没有更好的办法。我又说起村民们要去乡政府门口静坐的事，教导主任梅老师说，彭乡长，不要听他胡说！这老顾年年都这样吓唬我们的，几时又真的闹起来了？彭乡长你只管安心上班下班，乡里有更多的事情等着你管，学校有我们在呢。

我听着梅老师的话，点着头，心里不知怎的，一时反觉得空落落的。

37

这一天休息日，乡里轮到我总值班。

乡里值班，一般都是派出所的人兼的，真正干警也没几个，夜班都是联防队员上岗。这些人，高兴了，就出去走一圈，巡查巡查；不高兴了，吃夜宵，打麻将，睡一个通宵，也是稀松平常的事。乡党政班子里，每天有一位领导担任总值班，也只是挂个名而已，不必睡在大院里的。不过既挂了总值班的名，遇上些突发事情，半夜来乡里进行应急处理，也是有的。

这天半夜，确切地说，是凌晨时分，我正好做了个很怪的梦，急醒了，躺在床上抹汗，看着满屋黑暗，想这梦的来缘。

这梦是有些怪，我竟在梦里遇到了毛主席！

毛主席颤颤巍巍的，在许多人搀扶下，来到我们青草乡中心校视察。我很乖巧的，避开又破又旧的老校舍，把毛主席引到了新建的教学楼前，说，毛主席，我们乡中心校托您的福，今天终于起楼了，还是三层的。

毛主席连声说，好，好。信步走过去，却见面西的一堵山墙上，镶着六个鎏金大字："胡学仁教学楼"。

毛主席就问，副乡长同志，这胡学仁是个什么角色呀？

我一想，糟糕，怎么让老人家看到了这东西，又不敢编谎，就说，胡学仁是我们乡的一个私营企业家，手下有好几家厂，河马T恤衫就是他生产的，能人哪。

毛主席笑说，什么能人，不就是一个暴发户吗？小心河马张开血盆大口，把你们都囫囵吞下肚里去哦。

我连说，不会，不会，胡学仁是新型企业家，好事做了一箩筐，村民都称赞他。这教学楼，就是他捐钱建造的。

毛主席板了脸，说，原来如此，你这位同志不老实，怎么刚才还说是托我的福起的楼呢？你们是靠有钱人施舍么！

我惶恐不已，背上开始涌汗，就说，胡学仁虽是个老板，但他愿意捐助，帮助人民政府办教育，这总是好的，主席您说是不是。

毛主席说，出钱办学，古已有之，他胡学仁比起武训来，差得远啰。

我说，主席，现在搞市场经济，世上没有白吃白送的事情了。胡学仁要的是名，我们要的是实惠，双方互通有无，谁也不吃亏是不是？

毛主席说，你这个共产党的副乡长，哪里来的一身市侩气？我问你，你干了这么多年文教副乡长，怎么连个校舍都建不起来，你是干什么吃的？

毛主席说着动了气，还把大手一挥，要打我脑袋的样子。我一急，把头一偏，当下就吓醒了。

小镇上的夜很静，大小各种动物——大到猫狗猪羊，小到老鼠蟋蟀——的声音，远远近近地传来，听起来十分真切。不知深夜何时，又淅淅沥沥下起雨来，廊檐开始滴水；随着雨势大小，滴答声也时急时缓，似乎在为小镇雨夜添加某种气势。

在这样的雨夜黑暗里，拍门叫人的声音就格外令人惊心。我忽然听见有人连声敲门，大叫，彭乡长，彭乡长！

母亲也醒了，惊慌地敲我房门，喊，永生，外面有人叫呢！

我一骨碌爬起，鞋也来不及穿，赤脚扑到窗口，探身问楼下，是谁？

外面人穿着雨衣，浑身黑幽幽的，说，我是联防队的何大鱼，有要紧事情向彭乡长汇报呢。

母亲很紧张地凑上来，问，出了什么事？

我一边穿衣一边说，没事的姆妈，你尽管睡觉去。今夜我是乡里总值班，恐怕有事发生，我要去一下。

母亲说，外面下雨，你要当心。又回过身去，从屋角里取出一身雨披，交到我手上。

我跟着何大鱼出了门，两人骑车冲进雨夜。

何大鱼大声说，彭乡长，我们抓了个案子，要你拿主意。

深夜的老街，又正好穿过很窄的墙弄，何大鱼的声音显得特别响亮，随即还有空空荡荡的回声，在夜雨里穿扬。

我说，你不能说得轻点么？

何大鱼说，我知道了。

我问，你们抓了个什么案子？

何大鱼说，治安方面的。刚刚我们出去巡查，突击了公路旁的香格兰酒家，捉到了一对嫖娼的。

我没有好气地说，嫖娼的夜夜都有，你们自己处理就是了，还咋咋呼呼叫我干什么！

何大鱼说，这个我们也知道，一般性的案子，我们就自己处理了。可今晚这个嫖客，队长说我们不好弄。

我问，什么人物，你们不好弄？

何大鱼说，一个老板。

311

我问，什么老板？

何大鱼说，河马制衣公司老板。

我说，胡学仁？是胡学仁嫖娼？

何大鱼说，人赃俱获，千真万确。我们夺了他和女人的衣服，把他们关在香格兰酒家的包房里。

我脑袋嗡一声炸开了，心里一乱，就跳下车，借口撒尿，慢吞吞走向路角。

秋夜的凉雨打在我脸上，仅有的一点睡意也顿时被驱散。我对着黑暗和乱雨，装作解裤子，却仰面朝天，大口吸气。我脑子里一时倒海翻江，想法多得不行。

这一场尿的时间就撒长了。何大鱼在路上叫，彭乡长，你没什么事吧？

我不吱声，又空空站了一会儿，才扯紧皮带上路。

香格兰酒家在镇外的县道西侧，深夜的灯火，难得这样贼亮。我一踏进门，厅堂四壁坐着的人就都齐刷刷看我，目光紧张，像见了判官。联防队的杨队长连忙走上来，小声介绍情况，一边把我领进包房。

这包房有门无窗，我进门就闻到一股又闷又热的骚味。我眼睛一扫，见胡学仁缩在屋角，身上裹一条被单，头发像蓬毛鸡一样；另有一个女的，缩在另一个角上，也裹着破单，几乎把头缩进胸口。胡学仁抬起头，跟我打了个照面，蜡黄的脸上，满是隔夜气。见我进来，他眼睛亮了一下，咕哝着叫道，彭老师，彭乡长……

我对杨队长说，把胡老板的衣服拿来！让你们抓好乡里的治安联防工作，也不注意掌握个政策性。

杨队长说，派出所严所长交代的，凡遇上犯这类条款的案子，务必先光身体拿住，这样才有利于把过硬证据抓到手上。

何大鱼一边说，严所长是这样交代过，在一个学习班上。

我说，你们光身体拿住是不错，但也不能叫人家一直光身体啊。你拍下照片，就叫人家把衣服穿上，不是可以文明点吗？

杨队长说，彭乡长不愧是塔城镇来的，执法严明还加文明。我们青草乡就很潦草，今后一定照彭乡长说的，陆续改进。

我说，你这态度可以。这样吧，把小姐带到另一间房去，让她也把衣服穿好。我要单独跟胡老板说下政策，你们先出去一下。

杨队长说，要不要搞个笔录？

我说，我谈了以后再说。

杨队长就挺不情愿地走出去，看我的目光，狐狐疑疑的。

胡学仁面壁，窸窸窣窣穿好衣服，转过身来，摇头说，彭乡长，我这回脸丢大了。

我说，胡老板，你也真是的，堂堂河马公司老板，怎么到这种地方来，做这样的龌龊事情？

胡学仁说，吃晚饭时给底下人多灌了几杯马尿，昏头了。

我说，你在我们青草乡，也是个有头有脸的企业家啊，有家有室，还有女秘书，犯不着这样啊。

胡学仁叹口气，说，彭乡长，掏心说真话，我自己的女人，我有几年不碰他了；吴小蓉这几天，又陪汪乡长去了梅山。

我顺着他话势问，这么说来，以前你是天天睡女秘书的？

胡学仁说，你彭乡长瞎说了，怎么会是天天！

我说，不是天天，那就是隔天？

他望着我，很苦恼地一笑。

我帮他把衬衣领子整了整，让他在椅子上坐下。看他唉声叹气的样子，我就想起他说过的"兔子不吃窝边草"，还有最近要当名誉主任名誉院长和提早入党的事，不由在鼻孔里无声地哼了一下。

胡学仁说，今天晚上，真是给彭乡长添麻烦了……

我说，麻烦的是你，不是我！你们这些人啊，真是扶不起的阿斗，手头有了点钱，就这样犯贱。

胡学仁摇着头，痛心疾首的样子，说，彭乡长批评得对，我钱一多，就缺少个世界观。现在还有什么可说的。

我说，你在我们青草乡是个有影响的人物。这事要是传出去，对你的声誉会造成多大损害，你知不知道？万一传到县外省外，还会坏你许多生意，你知不知道？

胡学仁只是摇头叹气，唉唉连声。

我说，嫖娼这个事，是最臭的丑闻。这种事情，放在国民党时代，也是被人看不起的；就是现今西方国家，嫖娼也是见不得人的。忘了是哪一个国家，有一个出名的妓女，扬言要把所有睡过她的政界要人电影明星的名单都公诸于世，把整个国家都搅得鸡飞狗跳，上层也着了急，案子搞得满城风雨……这事你知道吗？

胡学仁说，我粗人一个，斗大的字识不了一箩筐。要有你彭乡长这点见识，也不会犯这样的迷糊了。

我说，倒不是见识多见识少的事。你看村里那些乡亲，字都识不了几个，但这种丑事是不做的。一是没这个闲钱，二是，归根到底就是个世界观问题。

胡学仁连声说，今天晓得了，我就是个世界观问题，世界观问题！

我说，你几天前还跟我说要争取早点入党呢，要入党的人，能干这种烂事么？

胡学仁用拳头敲脑袋，连声说，我作死，作死！

我说，胡老板，你看这事怎么弄？杨队长他们等着要做笔录，派出所再一插手，事情必然就搞大了。这种案件，可大可小，搞得不好,把你先抓进去,给你来个治安处理,把你拘留上十天半个月,出来时,你已经身败名裂了!

胡学仁说,彭乡长你看怎么办?我都后悔死了。

我说,这样的事乡里县里常有发生,你又不是没见过。

胡学仁只是唉声叹气,把蓬毛鸡一样的头发,揪了再揪,眼睛又不时瞟向门口,一副怕被生人看见的样子。好一歇,他才压低喉咙,鬼黜黜地说,彭乡长,跟你相商一件事,不知道可不可以。

我说,什么事?

胡学仁说,我这件丑事,好在还刚刚起一个脓头,还没有大破,烦你彭乡长帮个忙,张开手,帮我把这脓包捂住了,行么?

我说,要我一手遮天,把这盖子捂住啊?你不看看事情这么大,我捂得住么?

胡学仁说,你应该捂得住的彭乡长,因为今夜在这里,你是老大,人人都得听你的。看在多年老朋友的分上,你就救我一救吧彭乡长。外面杨队长他们,摆平这事需要几个钱,你尽管说。只要你帮我渡过这个难关,让我太太平平走出酒店,彭乡长你无论提出什么要求,我都答应你。

我想了想,说,我要去跟杨队长他们商量商量。

胡学仁就在角落里拱手,朝我连连作揖。

我出了包房门,找个地方想了半天,才叫来杨队长,说,胡学仁这事,我们要慎重处理。他是青草乡里举足轻重的人物,前些天刚刚答应田乡长,要给乡里建设小集镇支援一大笔钱,如果处理不当,就会给乡里造成意想不到的损失;万一田乡长出差回来追究责任,你我都担当不起。

杨队长说,是这意思。你彭乡长是今夜全乡总值班,我们都听你的,你说怎么办我们就怎么办。

我说，考虑到胡学仁的特殊身份，这个案子要严格地控制知情范围，外面不要乱说。这个工作，你杨队长务必做好；派出所严所长和田乡长那里，我亲自去汇报。

杨队长说，这样最好，彭乡长你是乡领导，最能把握政策。这事交给你掌握，一切由你去汇报，我们最放心。

我说，今晚你们辛苦了。你带队员们找个地方，去吃个夜宵，菜水搞得好一点。吃完了把发票给我，由我签字去乡政府报销。

杨队长说，都说彭乡长心肠好，果然体恤我们第一线熬夜的人。

我说，今夜你们破案也破得比较策略，我让乡里再给你们发一笔奖金。天亮后你开名单，我签字。

杨队长说，都像彭乡长这样奖罚分明，我们治安工作还有什么做不好的。

我挥挥手，杨队长就带了何大鱼他们几个，欢天喜地出门而去。

我回到包房，对胡学仁说，他们走了。

胡学仁松口气，说，彭乡长，烦劳你了。

我说，烦劳倒不必说，问题是你今后怎么办？田乡长和派出所严所长那里，看来我要去做工作，否则留下后遗症，对你今后发展很不利。尤其是派出所严所长，他要是把你拘留了，你一切都完了。

胡学仁说，那是那是，你彭乡长一定要帮我！

我又到外面转了一圈，五六分钟后才回来，对胡学仁说，你运道不错，田乡长和严所长都出去了。

胡学仁眼里就露出喜色，说，是吗？

隔一会儿，他突然冒出一句，彭乡长，我问你个问题：今夜这个案子，对我入党有影响吗?

我心里想，你这下作痞也真是的，一点党的知识都没有。这问题还用问吗！中纪委早就有规定，共产党员参与嫖娼的，一律开除党籍。你想，犯了这样的条款，进了门的党员都要被赶出去，你还没有进门的，还会让你进来么?

胡学仁说，彭乡长，这事我真是悔死了，我求你，无论如何替我托一把，千万千万替我保密；来日乡里要是讨论我入党，你也要帮我把盖子捂紧了，半点风声不能透露。

我心里暗想，你做梦去吧，干了这样的丑事，还想入党！

但表面上，我不能不给他一点面子，也不能把他的上进心一脚给踩灭了，便说，尽力而为吧，我今后。

胡学仁眼睛顿时亮了，说，这个关口你帮我跨过去了，你彭乡长就是我的再生父母。

我说，胡老板你不要这么说，都在一个乡里住着，谁没有个高低曲折。

胡学仁说，俗话说，难时才见真心。你彭乡长这样够朋友，我胡学仁一辈子不敢忘记。你彭乡长以后遇上什么困难，尽管说话。

我一笑，说，我个人有什么困难?要说困难，就是我分管的单位的困难，这事情早已经跟胡老板商量过了。你胡老板就是坐大，又要我们在社会上大张旗鼓宣传你，又要乡里抓紧批准你入党——这些事情实在棘手，你说我有什么办法。

胡学仁说，彭乡长，你要谅解我只有小学毕业，水平低不算，头颈又硬。你彭乡长今天治病救人，宰相肚里能撑船，我胡学仁也不能小鸡肠子，让你作难。乡里卫生中心也好，养老院也好，改造危房的事情怎么弄，你彭乡长给话。

我看定胡学仁的眼睛，心中大喜，却压低声音，装作平静地说,现在不是说这事的时候,我们以后再商量吧。

其实我心里,早已倒海翻江一般。养猪老顾在雨中一挥一挥的那只手,又在我面前舞动起来。卫生中心和养老院,确实是破,是烂,可谁能想到,乡中心校的那些校舍,更破更烂。哪个单位的危房先改造,我还得再想想……

胡学仁却在一边一咬牙,说,有恩不报非君子,你彭乡长这么够朋友,我胡学仁就是拿出几百万来,什么名誉也没有,又怎样?

我说,那也不对。你胡老板的钱又不是偷来的抢来的,你是搞实业做生意,一笔笔攒来的,也是不容易。你给乡里做了那么多公益,乡里给你一些名誉上的回报,这也是应该的。只是时间上,现在有些吃紧了。

胡学仁说,怎么吃紧了?

我说,你看这大雨啊。乡中心校的教室里,这两天漏得,老师学生都坐不住了。昨天雨下得没办法,有几个学校已经宣布停课了。看在那些孩子的份上,胡老板你看,能不能抓紧一点操办这事?

胡学仁说,今夜要不是你彭乡长出手相救,我已经死定了。就是为了报答你彭乡长,我也会尽快。

我说,胡老板是明白人,当名誉的主任院长也好,加入党组织也好,在目前情况下,我看还是先缓一步。最要紧的,是要把眼前这件烂事撸平了。

胡学仁说,怎么不是!

我就说,那你还不快把衣服整整好,把头发理理好,抓紧离开这是非之地!

胡学仁手忙脚乱的,又是梳头发,又是戴领带,还不忘弯腰擦几下皮鞋,一边说,你彭乡长今天这么大的忙都帮我了,我胡学仁为乡里做那点小事还能假痴假呆吗?我回去就问公司财务,可能的话,争取半个月内就把款子拨给你,让你早点动工,你看好不好?不过不论怎样,你不能把这消息透露给王乡长,更不能把今晚这事情告诉任何人。这个你要向我保证。

我心中狂喜,也不顾胡学仁此刻是什么身份,竟伸手拍他肩膀,说,放心吧胡老板,我彭永生又不是白痴!

回到家里再睡,却再也睡不着了。我忽而想到,这夜里,田乡长和那女秘书吴小蓉,在梅山的度假村里,必然睡得正好。若也像联防队抓胡学仁那样,把他们这一对男女光身体拿住,岂不大快人心?要做成这件事,说难也不难。我在师范学院读书时有个同学,现正在三合县公安局当副局长。一个电话打过去,保他立马就派干警,冲进梅山度假村,把田乡长和那女秘书拿住了;再把消息放出去,让县里乡里的人都晓得这件丑事,他田乡长这辈子不就翻在阴沟里了?

这一想,直把我想得血气喷涌、精神十足。我又一次披衣起身,想早些去乡里,细细筹划这事,再趁众人没来上班时,先把电话打了。然而一开门,满世界簌簌冷雨扑面而来,又把我的头脑打得冷静下来。我看着雨丝在黎明中不明不暗的幽光,吸着寒秋的凉气,想,姓彭的,你到底是什么人?你到底想干什么?你把自己分管的事情抓抓好,一切都有了;毁人家声誉、断人家生路的绝事,是你干的么?

38

雨一连下了几天。

这天早晨,我骑车进大院,传达室老秦扑出门来叫住我,慌慌张张地说，彭乡长，不好了，几百个学生家长进了大院，要揪我们田乡长呢。

我问，田乡长回来了没？

老秦说，你说出鬼不是，田乡长出去几天，都风平浪静的；他刚刚回大院，就给这些村民撞了个正着。

我脸有些热，心怦怦跳着，硬着头皮朝办公室走。

乡助理丁六三老远就叫，彭乡长你来了！田乡长找你呢。

这时我看见，乡政府大院里，黑压压站满了村民。人流从楼里延伸到楼外，显见是太多的人进了办公室，挤不进去，只好等在门外。

田立冬隔窗见了我，冷冷地一瞥，又把脸别过去，很不高兴的样子。

我在人群里挤进去，挤到田立冬办公室时，已是一身大汗了。我眼睛一扫，见女会计、养猪老顾，还有一批当时吵得很凶的家长都在，满脸的怒气，铁桶一样围牢田立冬。一屋子的人都站着，只有田立冬一个人坐着。我发觉，田立冬的脸色极难看，灰灰黄黄的，两个颧骨突得很出，很亮，三两天不见，像瘦去一壳，生了大病一样。我心里就想，田立冬啊田立冬，这几天那个女秘书吴小蓉，必定妖精一样，风情万种百般娇娆，向你献尽娇媚了吧？你和她必也日日厮磨、夜夜折腾，不肯荒废每一刻寻欢时分吧？你这把岁数还这样贪欢，其实也是在做折阳寿的事情，跟自杀上了一条路。你拿面镜子照照自己吧，那面孔，跟一个病人还有什么两样！

田立冬见我进来，对村民说，彭乡长来了，他是我们乡里分管文教的副乡长，你们要谈的事，可以找他谈。

听到这话，我心里有些反感。看到这么多乡民真的涌到乡政府来闹，我心里惴惴的，怕弄出什么乱子来，闹到上面去，整个乡脸面都不好看。挤进楼里来时,我就在想,要不要隐了胡学仁的名字,把企业家已经同意捐资改造学校危房的事说一说,平息一下村民的情绪。可现在看到田立冬一见面就把事情推在我身上,便马上不想说了。乡校村校有那么多的问题,你乡长的难道一点责任也没有么?你对改善乡里的教育卫生条件,到底做过哪些实事呢?一个乡长应该有全局观念,教育是百年大计,你怎么能撒手不管呢?再说,我彭永生到这里来当文教副乡长,至今也不到两个月,而青草乡教卫口的问题,早就堆积如山,众人又不是不知道!

我稳稳心绪,说,乡亲们,我早跟你们说了,有事可以找我;在学校里我就说,请你们不要到乡里来闹,你们就是不听。

养猪老顾说,不是我们要闹到乡里来,实在是你彭乡长官太小,既是副的,又是新上任的,找你有什么用。

女会计说,不是有句口头禅吗?"不是正乡长,放屁也不响。"

村民就发出一阵笑。

田立冬说,不能这样说,副乡长跟我一样,也是负责的,只是分工不同。

养猪老顾说,彭乡长一个书蠹头,要钱没钱,要权没权,青草乡的情况也说不出个子丑寅卯,你叫他负什么责。

田立冬说,青草乡二十多平方公里,两三万人,吃喝拉撒、工农商学,哪一摊事情不要我管?我就是有三头六臂,也管不过来啊。为此,党就给我派了副乡长,彭老师就是专管文教卫生的副乡长。你们孩子教育方面有什么事,他保证负责解决。

我说,田乡长说得对,我这分管副乡长,就是管这一摊的,我保证大家反映的问题得到圆满解决,好不好?

众人见我说得诚恳,都把目光投向老顾,等候他反应。

我趁机又说，田乡长出差刚回来，有许多重要事情要处理。我们大家都到楼下小礼堂去谈，好不好？

女会计与老顾低语了几句，大声说，不行，我们不走，就在这里谈，而且要当着正乡长的面谈。他有许多重要事要处理，难道我们孩子读书的事就不算重要事了？

我朝田乡长望了一眼。他不理睬我，只顾坐下点烟，低头看文件，一副不准备再介入的样子。

我想了想，故意问村民，大家对乡校老师的教育态度，有些什么意见？

养猪老顾说，这一点没有意见。老师们教书尽心尽力，对孩子们又那么好，怕做爷娘的也没他们尽心尽力。

我又问，对教育质量你们有什么意见吗？

女会计说，实话说一句，乡中心校房子是破，但教育质量不错，这两年，考进县城中学的，也一届比一届多。

我说，那么剩下的，就是个设施问题了，大家对校舍危房有意见，对学校各种硬件设施有意见，这一点我们乡政府也知道。我们会努力解决，而且正着手解决。

老顾恶声恶气地说，解决什么？你们什么也没解决！

众人一齐哄起来，说教室的旧，说操场的烂，说食堂的破……

养猪老顾说，你们这些人，胆子真大，说不定什么时候，这教室就坍了。压着了老师学生，看你们还怎么坐在这里当官！

我说，乡校的教育质量、教育态度、教育秩序有问题，我们负责解决。可校舍破旧要翻造，乡里解决要有一段时间。大家知道，青草乡经济比较落后……

老顾打断说，落后什么！你们建小集镇怎么那么有钱？造镇街的人说，一条中心街，就花了几百万……

正说着，砰的一声巨响，南窗玻璃突然被一块飞石砸中，无数的碎片迸进乡长办公室，迸得满地满桌都是，坐在窗下的田乡长，手背上被一块玻璃划破，鲜血直流。他惊叫一声，捂住手，脸如土色。

我赶紧从门背后面抽下一条干毛巾，扎在田立冬的血口子上，很生气地朝窗外喊话，说，乡亲们，这就是你们不对了！你们看，田乡长的手也受伤了！你们这样做，不利于解决问题……

我没有说完，又砰的一声，玻璃窗被砸了第二个大洞。楼外的村民大叫，你们不把乡中心校的危房翻建了，今天就把你们乡政府的楼统统砸个精光！

这时，派出所严所长带着几个民警，还有杨队长他们，咋咋唬唬喊叫着，高举警棍，从人群外冲进来。村民们骚动起来，人像潮流一样一涌一退。田乡长远远看到了，挥着那只流血的手，大声吼，严所长，你想干什么？还不赶快给我退回去！

严所长抬头一看田立冬的怒容，立刻怔住了，但他很快明白了乡长意图，放下警棍，一挥手，对警察和联防队员说，撤！

田立冬回过身来，对我说，你把这些村民统统带到小礼堂去，宣布：乡里会考虑从小集镇建设资金里抽一部分，改造中心校校舍。要么不造，要造就造三层楼。让乡建筑公司抓紧设计，雨一停就施工！

养猪老顾和女会计异口同声问，田乡长这话当真？

田立冬看看伤口，说，共产党说话算数，彭乡长马上去小礼堂，给你们当众解释。难道，还要我来给你们按手印不成？

养猪老顾一声大笑，众人轰地发出一阵欢呼。他们叫着，笑着，推着，像退潮一样，挟着一股热气，涌出办公楼，涌向乡政府的小礼堂。

39

田乡长住院的消息,是胡学仁第一个告诉我的。他在电话里悄悄问,田乡长进了县中心医院,你晓得么?

我说,他有必要住院么?村民们那天砸窗,碎玻璃把他的手划出了个小伤口,这也要住院大治吗?

胡学仁说,彭乡长,你瞎说些什么。告诉你,你在大院里千万不要外传,这是田乡长特别关照的……

我有些不耐烦,打断道,胡老板,你不要弄得神秘兮兮好不好?愿意说就说,不愿意说我就挂电话了。

胡学仁说,告诉你彭老师,田乡长生的是恶病,医生查出他生肝癌!

我大惊道,你不会瞎说吧?

胡学仁说,这事能瞎说么?已经确诊了,医生说,已经到了晚期。

我的手忽然抖起来,大声问,这是真的?他住中心医院哪个病房?

胡学仁说,重症监护室。

我的心一下子沉到底,联想起田乡长那一脸病容,看来胡学仁说的还真是不假。

我说,我马上去医院。

电话沉默了一会儿,胡学仁说,我陪你一道去。我让贵庆马上开车来接你。

奔驰车在县道上疾驰。我按下车窗,野外的风扑面而来;风含着秋凉,带着晚稻香气和牛粪味。雨停了,云还是厚厚的。公路上干干净净，车子开过竟没有一点尘土。

我上车时，发现胡学仁已买了许多礼品，苹果、西洋参、天然饮品，还有两只大鳖，缚在尼龙丝袋里。胡学仁说，礼品我已经准备了，你不用再买了。

我瞥了眼那堆东西，说，你送你的，我送我的。我拎着网兜，里面是藕粉、麦乳精、垂盆草甘露，还有一罐精装乌龙茶。我晓得田立冬喜欢喝茶，尤其喜欢乌龙茶。

我问，田乡长住院，是你张罗的？

胡学仁说，医院开口就要五万元，否则不让住。田乡长对我说，乡里铺了摊子，钱要得紧，不能动，让我先垫一垫。

我问，你垫了？

胡学仁说，我拍在院长桌上十万元，说，你们若把田乡长病治好了，我再给你们这个数，还送你们一辆救护车。

我说，胡老板，你若救了田乡长命，你就是做了一件天大好事。

胡学仁说，他这病，月初就查出来了，也是我介绍上海大医院的专家给他查的，他不让我往外说。确证肝癌那天，他情绪很差，蹲在路边，抽去了整整半包烟，也不说一句话。我说，你有这病，不能再抽了。他不理我，继续抽。到底是乡长，抽着抽着就想通了。从医院出来，他跟我说，今晚不回乡里去了，做一回阔佬试试。我们就住了华亭宾馆，上海最高级的，还要请我去上海最高级的旋转酒楼吃饭，说他请客。我答应了，陪他吃、陪他住，当然后来都是我买单。第二天，我们换一家宾馆继续住，他洗了桑拿，还来了一次异性按摩。我说，田乡长，你若高兴，就把这按摩小姐带回房去。他说，使不得，这样作孽的事情我不做的。

我只是摇头，也不敢问田乡长跟吴小蓉一起去梅山的事。

胡学仁说，住了三天大上海，花了万把元钱。田乡长说，该看的看了，该吃的吃了，该玩的玩了，现代化的富人生活也不过如此，回到乡里，一定扑命把小集镇抓紧建起来，也让乡里的村民们，过一把城里人生活，这也算是我田立冬，在青草乡留的最后一个脚印，这样就是走了，眼睛也闭了。

这些话，我觉得是像田乡长说的话，便止不住问，有人在外面传，说田乡长跟卫生中心张琴鬼混，又跟你的秘书吴小蓉去梅山度假村胡搞，有这事吗？

胡学仁说，那是冤枉田乡长了。张琴是第一个发现田乡长有肝病的医生，每次去卫生中心，都是张琴给他针灸、推拿，中医说的，是卸肝气。为了不让乡里人知道，加上门诊室实在太破，张琴就把自己宿舍当成了治疗室。

我哦了一声。

胡学仁又说，至于吴小蓉的事，是我主动提出的，我想让田乡长散散心。没想到那天陪到梅山，田乡长就让她回去了。吴小蓉说，胡总给我任务，是让我来陪你玩几天的，你让我回去，我怎么向他交代？田乡长说，胡总那里我去说，现在就让贵庆开车，送你回老家去休息几天。吴小蓉当晚就回了浙江富阳老家。田乡长对她说，他要在梅山单独住几天，想一些事情，写一份要紧材料。

听到这里，我心里涌起一阵内疚，甚至觉得自己有些卑鄙。

胡学仁说，田乡长告诉我，村民闹事那天，乡里宣布，决定拨款翻建中心校校舍。有这事么？

我说，有这事，你问这是什么意思？

胡学仁一笑，说，没什么意思。既然乡里拨了款，我胡学仁那笔钱，捐得就有些多余了。

我气不打一处来，说，胡老板，香格兰酒家的事过去几天了，你看着平安无事,是不是想骨头松一松了?

胡学仁说,彭乡长,你这话说得难听了。

我说,告诉你胡老板,你这样的钱再捐几笔,青草乡也不嫌多。我早打算好了,你给乡中心校捐的款子,我就转到卫生中心去。将来,卫生中心大楼建好,我就向乡里推荐,聘请你担任卫生中心名誉主任,你看怎样?

胡学仁说,有人说你彭乡长是书蠹头一个,我看他们是瞎眼了。

我笑笑,转头去看窗外无边的秋色。对于自己费尽心机才得以实现的这一成功,我内心不觉得有丝毫得意。

半小时后,我们赶到县中心医院。天又下起雨来。我们两人各自提着礼品,走进住院大楼,却被看门的挡在重症监护室门外。医生说,田乡长已进入昏迷状态,任何人都不能进去探视。

我和胡学仁蹲在楼外台阶上,你一支我一支地抽烟。抽完了一包中华,两人都没说一句话。这情景,跟胡学仁说的田乡长拿到诊断书那天一样。

第二天,乡里准备派个人去县中心医院,担任田乡长的特别护理。张琴第一个报了名。她当晚从县中心医院带回一封信,说是田乡长在梅山度假村写的,又是在重症监护室里给她的,要她抓紧交给乡里。

乡里按信中田乡长的要求,召开全体乡干部会议,宣读这封信。

信中,是田立冬对两届任职的回顾,对自己工作失误的检讨,还有一个,就是对身后代理乡长人选的建议。

人们清清楚楚地听到,田乡长最后一句话是这样写的:推荐彭永生同志代理乡长职务。

我坐在会议室角落里,早已泪流满面。

第六章

40

田乡长过世后,县里没按照他的推荐意见调整青草乡领导班子,而是任命原农牧副乡长屠怀忠为乡长,同时,让我代理长期缺位的党委书记职务,还当选了乡人大主席。这是我做了多年副职后,第一次担任正职。按县委组织部领导的话来说,这也是对我长期以来"不计地位、不计得失、任劳任怨、业绩突出"的一个肯定。

可这样一来,其他副乡长就有些不高兴。尤其是工业副乡长陆一生。他在大院里的势头一直很好,一度传说他要扶正。干部大会结束当天,乡里三套班子在小食堂搞了一次聚会,陆一生喝了几杯酒,趁着三分醉意,眯着眼看我,很失落地说了一句,永生,你和屠怀忠都升了,只有我没戏。

我说,你怎么会没戏呢?县里不是通知你去党校学习吗?你学习回来,就有戏了。

陆一生说,那还是望不到边的事呢,哪像你们,都宣布了。

我说,我也只是代理一下党委书记而已,县委组织部李部长来宣布时,不是都说得清清楚楚的吗?

陆一生说,说是代理,其实代理代理就代长了,转正了,这是常例。

我说,你看,我职级也没有升上去,真的可能只是代代而已,说不定什么时候，上面就让我回去，干文教乡长的老本行。

陆一生说，不会，湖荡乡的徐雪君已经接到通知，她要到这儿来当文教乡长了。这就说明，你不会再退回去干老本行。

我说，你消息倒是灵通。

陆一生说，她是我邻居么。

他又说，这次调整，便宜了屠怀忠，其实，这家伙素质不怎么样，业绩也不过硬，青草乡的农业生产，在全县长期排名靠后；在群众当中，屠怀忠口碑也不好；大院里不少人都知道，他外面有相好的女人，而且不止一个……

我赶紧制止他说下去。我跟屠怀忠之间的关系，现在是党政第一把手之间的关系，这事非同小可。我一般不准许别人在我面前说同事长短。

靠着我的经验和诚意，还有并不高超的智慧，我跟屠怀忠、陆一生、徐雪君他们，在青草乡平和相处了好几年。一年多之后，我被去掉"代"字，正式成了青草乡党委书记；乡长屠怀忠任党委副书记，陆一生调县里任经委副主任。

乡镇小地方的日子是最好过的。一眨眼，又到了换届当口。这换届，就像一根无形的鞭子，高高地悬在大院的上空，让乡里大小干部一个个精神紧张，连走路的节奏也比平时快了三分。

这天中午我走过乡办公室，探头问了一声，丁六三哪里去了？

乡长屠怀忠把目光从一份报表上移过来，回道，丁六三这回走远了，到大别山出差去了。

我说，大别山是老革命根据地，他去那里出什么差？

乡办主任老潘代为解释道，河湾村有个女人怀了二胎，挖空心思，攀了个外来民工当亲戚，躲到大别山去生养了。丁六三大前天下村检查，摸到这个情况，当下找来熟悉的民工问明地址，连夜乘火车追去，今天怕是要回来了。

我走进乡办，在屠怀忠对面坐下，扯起报表翻一翻，说，现在这个活，也真是个绝活，乡干部跟乡民打起游击来了：收钱款要逃，动员义务教育要逃，猪狗牛羊打防疫针也要逃，计划生育更要逃，逃的水平还越来越高，竟逃到当年的革命老区去了。也多亏我们丁六三顶真。

屠乡长说，他不顶真怎么办？那女人一眨眼，就给你挺个大肚子出来，把你一票否决了，你各方面上得再快，也是白搭。

我问，丁六三怎么去的？一个人？

潘主任说，一个人怎么敢去，人生地不熟的，半路上给人闷了也不晓得。他买了三张车票呢，二胎女人的丈夫也带上，同行的还有个刘套子。

我听了就一笑。刘套子名叫刘子冈，原来是乡计生办干部，退休后仍聘用着。为什么叫刘套子，这里有个典故。刘子冈干计生工作，已经有许多年头，算是我们青草乡计生工作的元老之一。开头那几年，这计生工作够搔头的，工作推不开，教女人吃药，下了毒一样，就是不肯吃；教男人用工具，也不肯，说不会用。刘子冈急了，上头又考核得紧，有一天下村，他就把男人们叫拢去仓库，自己脱了裤子，亲自操练套子的用法。这一来，工作果然有起色，刘套子的称呼，也自下而上传了开来。

屠乡长这时把文件一推，恶狠狠地竖了双眼，说，这样的刁民要是抓回来，乡里决不能轻轻饶过了。什么东西，人家马上就要开人大，准备换届，忙得脚板叉起，他倒好，只晓得给政府添麻烦。我看把二胎打下来不算，女的还要结扎；男的，也阉了他，让他记一辈子。

大家就笑。

乡办潘主任说，你这里开人大、换届，关他什么事，他照样夜夜不歇着。也难怪，这里不像城里，灯红酒绿，夜晚比白天还火旺。这里的农民又没什么业余生活，跟老婆睡觉，就是他们业余生活。

屠乡长说，你老潘业余生活也不少吧。

众人放声笑，老潘也笑，笑着嘴一张，想对着屠乡长说句什么，却没说出来。

我对潘主任说，要是丁助理回来了，叫我一声，屠乡长要在人大作的工作报告，现在一个字都没影呢。

正说着，大门口卟卟卟驶进一辆机三轮来，破篷布一飘一飘的。丁六三从后厢跳下来，跟开车的讨价还价。我眼睛一亮，出门便叫，丁六三，几个小钱跟他争什么？快付了来，有要事相商。

丁六三付了钱，走到乡办门口还在嘀咕，连发票都没一张。

我说，管他发票不发票呢，我签名给你报销就是。刘套子呢？

丁六三说，他押着那女人去卫生中心做手术了。

我说，做得好，务必不要让一个超生对象溜跑了。

丁六三面露疲倦之色，眼神却亮亮的，说，就是！他们就是逃到山洞里，我也要把他揪出来。

我说，你老远回来，理该歇上两天的。可是人大筹备工作已经启动了，屠乡长的政府工作报告到现在还没起草。这篇大文章，仍要靠你丁六三来执笔。晚上开党政联席会，你要列席的。

丁六三日夜兼程，外地小旅馆又睡不好，加上压力大，怕超生漏网，几天来人真是疲倦了。晚上开党政联席会，他人是坐着，眼皮却搭落下来，还几次喷出呼噜声，自己把自己吓醒了。只有接近会议尾巴那一段，因为讨论的事情要紧，他来了精神，听得了一些内容。

这时我作为党委书记,正在做总结。我说,一届政府,到眼下算是收尾了。大家几年来干得很辛苦,党和人民都有眼睛,都是看得很清楚的。下一届,在座的能不能继续当下去?现在谁都不敢打包票,要看人大选举结果。我看第一步,这候选人,大家都起码要当上吧?这是进班子最起码的资格问题。

乡长们这时都屏息坐着,脸色从未有过的冷峻。当乡官,换届是一个关口。跨过这一关,就可以再干一届,大家自然都是看得很重的。我是书记兼人大主席,从历史看,人大期间书记有哪些动作,都是举足轻重的。现在又到了关键时刻,乡长们哪个又敢马虎。以往开会,都有说有笑,还有些荤话打底,气氛常是活跃的;这一晚的会,却开出异样来了,比传达中央文件的空气还凝重。

我继续说,上一届推荐候选人,据说有的同志让人捏了一把汗,事后还埋怨第一把手没有打招呼;这届我学乖了,在座的各位乡长,你们觉得哪个选区推荐你们当候选人有把握,就自己报,我不给你们定,看好不好。

乡长们都不说话。在这种情况下,就算是默认了。

我说,那就各人报一个点。又侧过脸对丁六三说,六三,你记一下。

屠乡长抓过桌上的烟,抽出一支点上火。他的烟吸得很深,一口气吸着,两肩都会扛起来,像要把烟雾都吞进丹田去一样。副乡长们都用眼角瞅他。他不吱声,其他四个副乡长也不吱声。

屠乡长说,叱,你们看我做什么。各人报各人的,不相干。

副乡长们就笑,不过笑得有些勉强。

我说,屠乡长说得对,这事不是一定要正职先报。大家想好了就可以报。徐老师,你先说说怎样。

大家的目光，就盯住了徐雪君。

徐雪君是文教副乡长，从湖荡乡调过来的。她原来在农校教书，大家仍沿旧习叫她徐老师。徐老师是乡长中惟一的女性。她怎么当上乡长，连她自己也是糊里糊涂的。她人缘好，在教卫口已当了三届人民代表。俗话说，运气跟鬼一样，它要撞上来，你躲也躲不掉。那一届选举，上面规定，一定要兼顾妇女，还要考虑非党人士和知识分子，湖荡乡的人就在一本花名册里，觅宝一样翻。翻来翻去，最后就翻到了徐雪君身上。徐老师是我师姐，师范本科毕业，在乡里算是一位"高知"，又是非党员，群众关系好，跟上面的要求再合拍也没有。人大工作班子就把风放出去，又深入各村各口做了一两回工作，徐老师就很顺利地被选进乡政府领导班子。她在湖荡乡干了没几年，就调到青草乡顶我位子来了。乡里照例让她分管教卫、计生、文体，还加了外来人口管理和治安防火等。一个教惯书的人，突然要挑起这么些担子，实在难为了她。几年干下来，她像老了十几岁，头发竟白去了半头，还得了个心痛病，常常要发作。大院里就有人说，这乡官，就是有人会当，有人不会当：会当的，满面红光，挺起个将军肚，整天弥勒佛一样；不会当的，几年下来头飞雪，面色像生了大病一般。这后一种，指的就是徐雪君徐老师。

徐雪君见我点名，就苦涩地一笑，说，我们这几个人，说是在一个乡、一个大院，开会吃饭也在一起，可真能掏心说几句话的时候，却不是太多。今天彭书记在，屠乡长在，各位也都在，我想给大家说说心里话。

徐老师这一开口，屋里就更静了。抽烟的揿掉烟头，喝水的也放下茶杯。

在乡班子里，徐雪君文化最高，人也最随和。全乡两万多人，徐老师徐老师叫着的，上至八十多岁老婆婆，下至学走路的孩子，个个都敬重她；就在这个大院里，也有好几个乡干部是她学生，见了她，都一口一个徐老师，虔诚得很。

徐老师说，承蒙乡亲们看得起我，党组织也信任我，我这副乡长一当，也快两届了。说实话，当初让我当副乡长，我一点思想准备也没有。我教书那些年，天天备完课批完作业，踏踏实实睡下，总是一觉睡到天亮；当了这个副乡长，我就开始夜夜睡不好。你们看我这一头白发！

徐老师就用手去揪半边头发。众人看见，徐老师的手抖抖的，眼圈也红了。

徐老师透了一口大气，说，这几年工夫，说不用心吧，我倒是比教书十倍廿倍地花力气，一辈子都没有这么操劳；说用心吧，整天忙忙碌碌，抓不到点子上，自己也晓得工作没有什么长进，只是一个应付而已。几年来，我没有给青草乡争回几张奖状，倒是因为计生工作没抓好，超生的超了指标，整个乡被县里点名批评，扣发当年度奖金，给大家脸上抹了黑，添了麻烦……

徐老师说着，声音忽然喑哑了，会场空气也凝重起来。有人不忍心看她，就把目光移到窗外，看院子里的橘子树和竹子。

徐老师继续说，昨晚，我又睡不着觉，我就跟自己说，徐雪君啊，你一辈子就教学生说真话，现在轮到换届了，你也给组织上说一句真话吧——下面我就给大家说真话……

众人不吱声，看着徐老师，不知怎的，目光都有些紧张。

徐老师说，我这个人，实在是不适合在政府当乡长的，还是回学校去教书吧……

说到这里，徐老师竟一个哽咽，中断了话头。这是几年来，乡里两套班子从来不曾见过的开会场景。

我心里像被揪着一样，说，徐老师，你不要这样说。你当的这几年副乡长，成绩是明摆着的。你抓的那一摊，也真叫是难。上面有些批评，这个不怪你，我们青草乡基础单薄，大家都有责任，尤其是我第一把手。

众人就附和，说徐老师工作努力，成绩也很大。听得出，多数发言是安慰的意思。

我一边听，一边想，这些乡长，现在也该有些难为情了吧。当初行政上分工，他们都把难弄的、有风险的、吃钱不见成绩的，推给徐老师。就如乡下的水牛黄牛，见了陌生人就要欺生一样，乡长们见徐老师是读书人，好户头，又是女同志，也暗暗欺了她。徐老师刚调来青草乡时，哪里晓得这里的深浅，只当是组织上信任，屠怀忠跟她谈话时，她都一一接受了；也许，她知道这里的深浅，也知道别人在把难事、重担推给她，只是不好意思拒绝。这些年，累得她啊……

徐老师说，大家都这么说，我谢谢大家。不过我心里清楚，我这个乡长，当得太吃力了、太勉强了；再说一句实在话，我这个乡长，其实是不称职的。

众人看定徐老师那张枯干的脸，都有些发怔。"不称职"这三个字，当干部是最忌讳说的。一旦干部考核，有两回被评为"不称职"，那就够得上免职下台的标准了。现在徐老师自己说出这三个字，乡长们不免神情震动。

徐老师说，我真的是不称职，而不是说谦虚话、客套话。否则，河湾村也不会出二胎；出了二胎，也不会让丁助理这么老远，跑去大别山处理这件事情了。

丁六三赶紧说，徐老师这算什么。你一个女同志，身体又弱，我替你出一趟差，这还不应该么？

屠乡长也说,二胎算什么,这能怪你徐老师吗?村民都是黄鱼脑袋,不开化是真的。他们夫妻钻在被窝里的事,鬼也料不着,神仙也难插手,他们没事了,一翻身就干起来,这能怪你徐老师吗?

平素该笑的,这时却笑不起来。只有屠乡长自己嘿嘿地干笑了几声。

徐老师说,我晓得这是大家在安慰我。可我还是要说,我这副乡长当得不怎么样。再这样当下去,苦了我自己不说,还耽误了全乡工作。你们看这几年,全乡火灾有多少?食物中毒发生了几起?辍学离校的青少年有多少名?外来民工打架斗殴的又有多少起?……统计一下这里的数字,再看看我的工作,我要说,我真的不是一个当乡长的料。我不能再把工作白白耽误下去了。我想趁这次换届,主动退出,回到学校教书去。请大家相信,我这说的不是客气话。而是心里话。

徐老师说到这里,眼泪就下来了。

会场静得像死去一样。大院里的男人们,都见不得女人眼泪,女人一下眼泪,男人都束手无策。

我给徐老师递过两张纸巾,说,徐老师说这些话,让我心里很难过。我当书记的要检讨,平素对徐老师,无论生活上,还是工作上,关心都很不到家。

看徐老师擦了泪。我又说,不过话要说回来,我们当干部的,这辈子就交给老百姓了。干部的个人意志要尊重,但组织纪律更要遵守。徐老师的事,我们放在以后再谈。这次换届选举,徐老师还是要参加。你仍然去教卫口那个选区,你看怎样,徐老师?

众人都用很热的目光看徐雪君。等了好久,她才点头,很木然的样子。

接着各人报选区。王副乡长去工业口,宗副乡长去塘后村,金副乡长去石桥村，屠乡长最后报了去河湾村。党委各委员也定了选区，还对大院里的助理们作了分工。丁六三是文教助理，理应跟徐雪君去一个选区的，可屠乡长提出，丁六三还要起草政府工作报告，最好跟着他，一起多商量商量。众人心里明白，屠乡长要丁六三跟脚，无非因为丁六三文字强，人头又熟，对他的换届选举有利。对此大家也不好反对，遂改定刘套子跟徐雪君云教卫口。我随即布置，大家抓紧把手头事务料理一下，下周就下基层。

散会后，我派了乡里惟一的一辆好车奥迪，送徐老师回家。三个副乡长挤的是一辆桑塔纳2000型。丁六三、屠乡长和我都住大院宿舍，说好还要议一议《政府工作报告》，可还没有开场，一个短信就把屠乡长叫走了，说是家里有什么急事。丁六三和我两个人，就一直议到半夜。

41

屠怀忠五十出头了，是县农校第一届毕业生。他以前在乡农科所干过，又去省农学院培训半年，懂得栽培技术，还搞过大面积丰产方，是个泥水里滚出来的种田状元。他自己清楚，在现今形势下，像他这一类干部，一没有大学文凭，二没有高级职称，三没有年龄优势，在社会上已经不吃香了，再往县城方面升调，可能性几乎为零；他自己就定了个目标，一定要再连任一届乡长，再干上它三五年，把青草乡几顶落后帽子都给摘了，那么，他这辈子在青草乡——他的家乡——也算圆满了。

有了这样的想法，屠怀忠对这次换届选举，就特别上心。那天周末，丁六三回县城家里休息，刚洗完热水澡上床，他的电话就跟了过去，说要丁六三马上回乡里，关于下村下选区的事，要细细策划一下。

丁六三这人比较随和，凡事都听领导的。他平时住大院单人宿舍，晚上没事就找我谈心，什么公事、私事，甚至夫妻间事，都会跟我说，一点也不保留。

这晚他收到屠乡长来电，却是有点意外。他对着电话嗯嗯一阵，放下机子，人就愣愣的。丁六三的女人是县牧场会计，喝牛奶不要钱，日长时久，身子就喝得壮壮的，脸也喝得白白的，元气很足。见丁六三用毛巾擦身子，神情呆呆的，就拉他胳膊，问，什么人不知趣，这种时候来电话。

丁六三说，乡里要开人大换届，屠乡长发急，来电催我呢。

女人哼一声，说，他催什么，有能力就做上去，没有能力就退下来。他退了，你上。

丁六三说，你瞎说什么呀。

女人一笑，说，怎么了，你在外面做官做不上去，我在家里说说笑话也不行吗？

丁六三说，这种事以后不要瞎说，说起来你也是干部家属，起码觉悟要有的。

女人说，你这芝麻绿豆官，还弄得像真的一样。

丁六三说，那是，一步一个脚印，才能成点事么。这次屠乡长想早点下选区，把工作做透，再连任一届乡长，我倒是很理解他。

女人说，他连他的任，要你理解干什么？你再辛苦，再卖命，也是小助理一个。

六三说，你又来了。我当助理有什么不好？

女人说，没什么不好，就是官太小，太辛苦。你看啊，助理助理，总是帮助人家，总是整理东西。

六三喷了一声说，官小也是公务员，我觉得很不错了。当个助理，给领导帮助帮助、整理整理，踏踏实实做些事，一不让上级焦心，二不让群众戳脊梁骂，不是挺好吗？

女人埋怨说，你就是把乡里领导伺候得好好的，把我丢得远远的。

六三穿着衣服，说，你这越说越不像话了，谁曾把你丢了？

女人说，说是本县，我们半月才聚一回，怎么说也像夫妻分居两地吧。今晚我定了。你不要理睬那个姓屠的，就留在家过夜。

六三说，屠乡长脾气坏，嘴又臭，他电话都来了，我何必讨骂呢？你我夫妻有得做下去，不在乎这一夜。

女人就不高兴，脸拉得老长。丁六三是个听话的干部，却又要顾及女人情绪，就软了话头，打起精神来，跟女人温存了一回。直到快半夜了，他才抄起自行车，离家出县城，直奔青草乡。其时他脚下虽有些飘，但想想自己一个乡干部，周末晚上，还能做到私情公家两不误，心里又充实许多。

屠乡长和丁六三当夜碰头，把下乡后要做的各类事情，仔细理了理。次日上午，他们就把铺盖搬到河湾村，在村里养鸡场扎下营盘。屠乡长说，养鸡场气味是差点，但天天有蛋吃，身体亏不了，打电话也方便。

丁六三说，只要屠乡长带头，就是仨在牛粪堆里，我也没有半句怨言。

养鸡场场长宗四姐听了，就在一边很开心地笑。

整好铺位，屠乡长一本正经，叫丁六三对面坐下，让他汇报那晚跟我商量的《政府工作报告》，究竟起了个什么样的框架。丁六三掏出笔记本，一五一十细细交代；屠乡长嗯嗯的，半闭着眼睛，边听边点头。丁六三看出，屠怀忠对这报告并不上心，他说到哪，乡长就嗯到那，谈不上有什么建设性意见，连几个重要数据都要让问乡办老潘。六三就在他闭眼睛时,把头狠狠摇了摇。

屠乡长说,我看工作报告的轮廓就这样定了,你大胆弄吧。就是乡政府的成绩,尤其是传统农业方面和村民大搞"农家乐"活动,还可以再突出一点。

丁六三就点头嗯了声。

屠乡长这时睁了眼,很精神的,带点考察意味,问丁六三,你倒说说看,这次我们来河湾村住下,根本任务是什么?

丁六三说,这还用问,搞好换届选举嘛。

屠乡长摇头说,这回答还不够明确。

丁六三打量一下屠怀忠,说,说到底,就是保证你屠乡长进入候选人行列,保证连任乡长成功,这个回答总可以了吧?

屠怀忠笑起来,用食指点了点丁六三。

屠乡长说,对外,我们还是不提换届选举的好;我们还是提深入基层蹲点、现场办公。这样策略上灵活些,姿态上也高些,这个你晓得吗?

丁六三说,晓得了。

屠乡长点支烟,说,你丁六三的一支笔硬得很啊,乡里好些文章都是你写的,连彭书记都很看重你。

丁六三难为情地一笑,说,你和彭书记两人工作做得好,我不过是如实反映罢了。

屠乡长说,笔杆子很重要,我就喜欢跟你们笔杆子打交道。这次下乡来蹲点,恐怕要辛苦你了。

丁六三说,这是什么话,屠乡长怎么说,我就怎么做。你连任乡长,我脸上也光彩。

屠乡长说,到底是笔杆子,理解万岁。我想,你可以先做一件事,就是给县乡广播站写一篇稿子,造造舆论,铺个道。

丁六三说，行，你看写什么好。

屠乡长说，就把你我到河湾村来蹲点的事，写一篇新闻报道。不要涉及人大开会和换届之类的事，就强调发扬党的优良传统，深入基层，体察民情，为广大村民做好事，把党的温暖送到农家。

丁六三嘴上说"我这就写"，心下却想，这屠乡长，倒是很懂舆论先行的，下乡蹲点，田还没看一垄，农民也没见一个，牛皮却要先吹起来。他从包里取出稿纸掏出笔，低头就写，在屠怀忠面前做出一副俯首帖耳的样子。屠怀忠见了，满脸笑意荡漾。

几天后，村里人听了广播，才晓得屠乡长已经来到河湾村蹲点住下。村长和支书急急赶来。村长拉起屠乡长就走，说，我们村部搞了两间房，专门招待上面来人的，装修得还不错，吃住也方便。怎么和丁助理两人住在鸡场里，臭烘烘的！

屠乡长生气道，你们都在说什么？没个群众观点！谁要住你们村部？这次我们来河湾村，就是要扎扎实实沉到基层，为村民办几件实事。

村长说，住村部也一样办实事嘛。

屠乡长一挥手，说，不谈这个了。最近村民有什么反映没有？

村长朝支书看一眼。支书姓何，三十多岁样子。丁六三看出，这何支书对屠乡长的态度与村长不相同，他不像村长那样热烘烘地凑上来拍马屁，只是站在一边，不吱声，脸上即使有笑，也是冷冷的，看得出有些勉强。

屠乡长又问一声，村长还拉了两下袖子，何支书才说，反映最大的，还是那条机耕路，路面窄不算，烂泥浆还翻上来；一下雨，村里人就骂娘。

屠乡长脸色有些不好看，说，骂什么娘？不知好歹。这次我们下来，就是要争取帮你们解决。你们回去就通过有线广播告诉村民,这次屠乡长来河湾村,第一个事就是现场办公,要解决这个老大难的机耕路问题。

村长怯怯地说,这样一来,怕村里人会骂得更凶呢。

屠乡长一板脸,问,你什么意思?

何支书见村长缩了头不答,就代为回答道,你屠乡长去年春上就答应过的,乡里先拨十万元,把西段路面先筑起来。我们村里连工都派好了,你那钱款就是不下来。

屠乡长眉梢一挑,说,我答应过吗?

村长笑着说,贵人多忘事,你屠乡长确实答应过的。

屠乡长一挥手说,过去的事就不谈了。这次是真解决。不信,我今天就可以当着全体村民面,跟你们签约。

村长一听,拾到宝贝一样,满脸堆笑,说,签约倒不必。有屠乡长这句话,什么都有了。

只是何支书不笑,用脚掌狠命踩地上一棵老鸡草,一直把老鸡草踩得稀巴烂。又说了一会儿话,两人才离去。

丁六三问屠乡长,乡里真要拨款,帮河湾村修机耕路吗?

屠乡长说,做他们的梦去。乡财政一年才几个钱?各村都要乡里修桥铺路,乡干部不喝西北风去。

丁六三说,那你怎么说要跟河湾村签约呢?

屠乡长又拿食指点他,笑着没说什么。

隔一歇,村长独个又兴冲冲回来,左右手各拎一只海碗口大的老鳖,显见是从村里水产养殖场捉来的,大声叫唤养鸡场场长宗四姐,说,把这两只老鳖炖了,给乡里两位领导补补。

丁六三探头从窗口看出去,见宗四姐接过老鳖,掂一掂分量,笑说,乡里领导住我们鸡场,我又不会亏待他们,你拿这来干什么。你看这午饭,我就备了乌鸡、鹌鹑、鳗鲡,桌上白酒还是姓董的。

村长说，四姐，那就下午杀老鳖，晚上炖了吃。晚上乡长就更需要补一补了。

丁六三见村长说话时跟四姐把眼一挤一挤的，就有点奇怪，不知他们葫芦里卖什么药。

下村来吃了两餐，丁六三才晓得，宗四姐原来酒量不小。她说起酒话来也是一套套的，偶尔还搭几句荤的，跟屠乡长一杯杯干，看得出是个酒精考验老手。听屠乡长说，宗四姐得过县三八红旗手的称号，是河湾村的能人，就凭两只空拳头，带领一帮人办起了这养鸡场。前些年屠乡长批给她一笔贷款，买了机械化养鸡设备，当年就见成效；两年后收回投资，今年给村里上交了几十万，自家也发了。因此对屠乡长有报恩思想，感情很深。

丁六三的酒量就差远了，他晚间喝了几杯度数高点的白酒，眼皮子就胀起来。喝过三巡，他糊里糊涂的，把个打火机从桌上擦到地下，弯腰去捡时，猛地看见，桌下屠乡长有一条腿，歪歪地搁在宗四姐腿上；有一只手，还搁在宗四姐那腿上。丁六三吃了一吓，酒精轰地把脑袋烧了一下，直起腰时，就把后脑勺打在桌底板上，霎时把三分醉意吓跑了。再看那一桌酒菜和两个喝酒的，就觉着了异样。

丁六三撸着后脑勺，说，我喝过头了，要出去走走醒醒。

宗四姐说，是不舒服么丁助理？我给你去弄些药吃怎样？

屠乡长说，不用不用，你有药也是鸡药。让小丁出去走走最好，他是顿食了，就跟你场里那些鸡子吃得过饱一样。

丁六三想，你屠乡长就巴望我出去。站起时，见屠乡长那只手已拿上桌来，正拿起一片老鳖盖子，张嘴要啃。

宗四姐说，丁助理附近走走，消消食就回来，等会儿上了八宝鸭，我还要跟你干几杯呢。

丁六三一笑出了门。回头去看饭堂灯光，想象自己离开后，屠乡长和宗四姐会怎样放开了捏手捏脚，还想起在乡政府大院里，人们暗底里传的乡长轶闻。说的是，屠乡长在各村都有比较固定的联系点，点上都有他看好的女人；这些女人倒不是坏料，而是大多数得了乡里的好处，感恩戴德，有主动靠拢的意思；所有这些，原也不能全部怪在屠乡长身上。丁六三初听得这些消息时，还不敢相信，这顿酒饭一吃，却是看出一点光景了。他看着饭堂窗口里的那一片灯光，感慨地摇了几下头。

42

丁六三信步走进村里，村口第一家正好开门，出来个男人泼锅灶水，见暗黝黝走来个人，就收了手。两人一照面，都哦了一声。原来泼水的就是村里何支书，白天见过的。

何支书问，丁助理有事？

丁六三说，没事，出来散散心。

何支书说，那就到屋里坐坐——只是乱了些。

丁六三进了门，先是闻到一股霉蒸气，又上下看看，见屋顶矮得很，梁和椽都已旧得发黑；墙脚根的石灰都剥落了，析出狗矢硝来，白白的，很戳眼。就说，何支书，这老屋可以翻了。

何支书揩了手，撮一点茶叶给丁助理泡了茶，自己就在灶前坐下，说，怎么不是，这屋还是老人手里造起的呢，早想翻了，就是手头一直紧，不敢动。

丁六三说，村干部去年分了多少？

何支书说，平均数一万五，我和村长两人多了一千元。

丁六三一算，月收入才千余元，就摇头说，少了。

何支书说，比起村民来，已是上好了。不过碰到造房子这样的事，一动工就要几万的，就不敢下手。村长家也这样。

丁六三问，村民收入怎么样？

何支书说，上落大了，弄得好的专业户承包户，几万几万地收；只靠几分薄地的种田户就惨了，连读书孩子都供不起。

丁六三说，那村里要想办法啊。

何支书说，怎么不想啊。邓伯伯说的，允许一部分人先富起来。那些胆子大的、点子多的，现在都成了暴发户；一班死板板的村民，还是穷。

丁六三说，这个不行，共同富裕还是要的。

何支书说，怎么不是！可村办企业不发展，村民想富也富不起来。还有我们村干部的收入，五保户困难户烈军属的补助，都靠村办企业交。村办企业就是我们宝贝。

丁六三说，那村办企业都还可以吗？

何支书说，前些年为大工业配套，日子还混得下去；这两年，城里工厂都停机了，还有乡下人的果子吃吗？只有跟菜篮子有关的两家，还过得去。养殖场去年略有盈余，交了村里二十万；养鸡场投资见效了，去年交了五十万，当了全村老大。

丁助理说，像这样的好企业，村里就要下决心，加大投资力度，狠狠地支持一把。

何支书说，道理谁不晓得，只是没钱投下去。宗四姐那里交了村里的承包款，留下扩大再生产的，数目就不多了。你们乡里，又靠不住。

丁六三问，怎么靠不住？前几年养鸡场贷款，不是我们乡里批的吗？

何支书说，那是陈年旧事了，那时屠乡长刚走马上任，总要做两件好事吧。为这，宗四姐又是付了代价的。

丁助理问，什么代价？

何支书叹口气，苦着脸，不说。

丁助理说，我们两人谈谈心么，你顾虑什么？

何支书目光呆呆的，看定杯子里沉浮的茶叶，又想了一会儿，才说，你晓得宗四姐为了这几笔贷款，前前后后跟屠乡长睡了多少觉？

丁六三一惊，问，真有这事？

何支书说，宗四姐也是没法子，村里承包款是铁定的，交不出就要换手；还有场里那些职工等着支薪，一个月也脱不得的。不发展怎么弄？不贷款又怎么发展？

丁六三问，宗四姐家里晓得不？

何支书摇摇头，说，我们不说这事了吧。

丁六三见对方这样，便换个话题，问，乡里要开人大了，村民有什么议论么？

何支书说，人大年年开，有什么好议论的。

丁六三说，今年人大不一样，要换届。

何支书说，又要换届了？眼睛一眨，真快啊。

丁六三也感慨良多，又说了一阵这一届政府屠乡长他们怎么不容易，说几年来别的暂且不说，村民们没有挨饿，手里的票子到底多了几张，去县里上访闹事的也没有了，就这些，就很了不起。

何支书忽然想起什么，问，屠乡长这回来河湾村，是不是就为了换届的事情？

丁六三说，怎么了？

何支书说，我记起了，几年前也是这个当口，屠乡长带着个老潘，到河湾村来住了整半个月。那时他还是党委委员。

说完苦笑了一下，摇了摇头。

丁六三问，你摇什么头？

何支书说，唉，人啊，不能这么个活法。要当乡长了，要选票了，才想到老百姓，才来村里许点愿、做点好事；平时呢？挺着个肚子板着个脸，不要说村民说不上话，就连我们村干部，都见不着他人。

丁六三说，这是屠乡长的个性，倒不是他架子大。不过我会提醒他，让他改进。这回换届选举，乡里意见，还是要看一个干部的全部工作，看他大节。如果没有原则性错误，乡里还是希望让屠乡长作为河湾村代表参加候选。

何支书说，我看啊，这回村民不肯选他了。

丁六三说，村民不肯选，就靠你们村长支书做工作嘛。

何支书说，工作就这么好做么？无记名投票，他选张三李四，你又管不着。谁能拗着他的手硬弄呢？平时不喜欢的，到时硬要大家选，难。

丁六三说，那你们村里，就把屠乡长的好处，有意识给大家宣传宣传嘛。譬如说，村里这条机耕路，屠乡长这次就答应了，由乡里拨款修。

何支书一笑，说，快不要说这路了。村民们都伸着脖子等一年了，众人不相信屠乡长的话，都骂他娘。

丁六三说，他不是说愿意当着村民的面，跟你们村里签约吗？

何支书说，以往也这样，说说罢了。我现在更晓得，今天他是看在换届份上才那样许愿的。你不信，弄到最后，他一个子儿也不会拨。

丁六三劝道，事物在发展，你也不要把乡长看死了。

何支书说，有些话，我们做下级的不好说。积德积德，要靠平时积起来，做人也要靠平时做出来。临时赶，那是赶不出的。你说是不是丁助理？

丁六三说，那是。

何支书说，选举要做得一路顺风才漂亮。上选票的，都要老百姓信得过才好，你就是不叫他选，他也会选你。如果连选个人民代表都要组织上出面做工作，这选举还有什么意思？这代表当得还有什么意思？

丁六三只是点头。

何支书说，不知你们乡干部晓不晓得，现在老百姓手里没有其他东西，但他还有一张选票。别看他平时不声不响，一上了选举会场，他还是掂得出手里这张选票分量的；也只有投票时，他才觉得自己胸脯可以挺一挺，能堂堂正正做一个人。这时候，你要他选自己不中意的人，他还不听你的呢。

丁六三说，你说的意思我懂。我说，若是让屠乡长真的把机耕路修起来，把其他好事做起来，你看这次村民们会选他吗？

何支书想一想，说，那也要看他自己做得怎么样，诚意真不真。我这里什么都不敢打包票的。

一个鼻涕孩从里屋高一脚低一脚走出来，对何支书说，爸，我要睡觉。

何支书就抱歉地朝丁六三看看，把鼻涕孩抱了起来。抱到最高时，鼻涕孩的脑袋碰到灯泡上，灯泡就晃动起来，满屋的影子，就在昏暗光线中摇曳，让人头晕。孩子倒好，摸着脑袋笑了，何支书也笑了。

丁六三问，孩子他妈呢？走娘家去了？

何支书苦笑笑，没说什么。

丁六三看看手表，起身说，时间不早了，我们以后再聊吧。

何支书把丁六三送到屋外。临走时，丁六三望着养鸡场方向的灯火，又问了一句，宗四姐跟屠乡长这样做，她家里怎么弄？这事你们也要关心关心。

何支书低下头，沉默一会，说，你一个乡里干部，问这么细干什么。乡下人就讲船到桥门自会直，你管她那么多啊？

丁六三看这汉子黑黝黝的脸，又看看他怀里一坨泥样的鼻涕孩，心头一时乌沉沉的。

那昏黄灯泡，直到丁六三出门，还在微微地晃。

43

这一晚，我打电话给丁六三，找他了解他们这组下基层后的情况。

事后听丁六三说，他从何支书家回鸡场，离开大门还有十数步，就听见场部办公室的电话铃响得跟救火一样。他小步跑着去接，心想，屠乡长和四姐怎么听不见这铃声？莫非他们都醉倒了？

他跑过饭堂，见灯火仍然亮着，桌上碗盏狼藉，两人却不见了。他来不及细想，就冲进办公室把电话抢起来。他猜测这个电话，一是可能乡里找屠乡长的，二是可能老婆在县城给他打来的。他没想到是我找他，便大声说，彭书记，你好啊。

这小子声音好响，震得我耳膜痛。我问，屠乡长在么？

丁六三说，屠乡长不在，你要找他吗？我去找，估计不会走远。

我说，不用找了，就请你到乡里来一趟吧。

丁六三跨上自行车，刻把钟就到了大院里。我等着他，给他泡了一杯上好的新茶，那是浙江新昌一个友好乡送来的茶叶。

我说，没什么要紧事，就问问你和屠乡长下村后的情况。

丁六三就把落铺在养鸡场，还有晚上喝酒那事，跟我说了。

我说，我就晓得你们会住养鸡场。

丁六三说，是吗？

他见我嘴角含笑，一副"三年早知道"的样子，就晓得外面传的屠乡长那些事，一定瞒不了我。

他咽口唾沫坐下，也傻傻地笑了笑。

我说，你下了基层，多跟村民接触接触，将来对你开展工作有好处。

丁六三说，是这样。

我说，中午的广播稿，是你写的？

丁六三一听，忽然紧张起来，看着我说，是。

我问，是你主动要写的，还是屠乡长的意思？

丁六三说，屠乡长下村交我办的第一件事，就是写这稿子。

我又一笑，说，嫌早了些吧？不过，这事不怪你。

我又问，这两天，你找村里人聊过没有？

丁六三说，你来电话前，我刚跟村里何支书聊过。

我问，对你们蹲点的事，他们是个什么反应？

丁六三遂把村里人对屠乡长的不满说了一通。

我喝着茶脚，像听故事那样听完，才起身换茶叶，问，你看何支书说的，是不是反映了村民的意思？

丁六三说，我看何支书这人实在得很，不像是说谎的样子。

我问，那你对村民的不满有什么想法？

丁六三说，不是我瞎说，从何支书反映的民情民意看，屠乡长这回要在河湾村进入候选行列，会有点难度。

我问，为什么？

丁六三说，村民对屠乡长普遍没好感。

我一笑，目光不离丁六三，手却很准地从茶叶筒里抓出一撮茶叶，放进茶杯，说，你这预测科学吗？

丁六三说，谈不上科学，但凭直觉是这样。我看自己这一回去河湾村的任务，恐怕要完不成。

我嚼着浮起的茶叶，用食指点着丁六三的鼻子，说，要是屠乡长当不成候选人，这回就要打你板子了。

丁六三一时辨不清，这打板子究竟是屠怀忠打他呢，还是我们乡党委打他，只含着些委屈，瓮声瓮气地说，屠乡长要是连任不了，可不是我的责任，你们再打我板子，也是白打的。

歇了一会儿，他又说，不过既然是工作，总要担点风险、受点委屈的。屠乡长要是真落选，那所有的冤枉，我一人吃进算了。

我说，你放心六三，这事不会连累你。河湾村是屠乡长本人选定的点，他自己应该有把握。如果他自己选定的点再选不上，这还能怨谁去？

丁六三说，不过话又要说回来，他落选，总是我工作没有做到家，作为助理，我也确实没法跟乡里交代。

我说，那你接下去准备做些什么工作呢？你说说。

丁六三显见有所准备，胸有成竹说，一是走家串户，说说屠乡长的政绩，让村民对屠乡长有所了解；二是搞些照片，出期小展览，把这一届政府干成的事情摆一摆；三是继续写稿子，在有线广播里再叫一叫。总之，要让村民对屠乡长增加好感，在他的名头上画圈。另外我也想了，所有这些，不是屠乡长一个人做的，是乡里的政府行为，我们乡政府的形象，也要宣传宣传么。

我说，对，乡政府的形象也要宣传。不过你要特别注意，不要宣传过头，免得引起村民反感。

丁六三看着我的脸，目光显得有些疑惑。

电话突然响起来。我拿起喂了一下，随即一怔，叫了声徐老师，问，这么晚了，你怎么还没有休息？

徐雪君说，我在乡农校建筑工地上。这里出了一件大事。

我紧张地问，什么大事？

徐雪君说，这里造教学楼挖地基，竟挖出一批文物古宝。彭书记，你来看一下吧。

乡里难得有这样的好事，我不由得笑出声来，连声说，好，好，我来，马上来！

我挂了电话，对丁六三说，我们青草乡要时来运转了。

丁六三问，怎么回事？

我一边披起外衣，一边就把徐乡长在电话里说的重复一遍。

丁六三说，是徐老师在那里？

我说，农校扩建是她在抓，文物古宝又属于文化范围，当然也在她的工作范围之内。

丁六三眼睛朝南窗外望出去，很向往地说，不知会有多少宝贝啊，听老辈人说，青草乡这里，早先是有几个人，官做得很显赫，要是真挖到了这些先人的坟葬宝藏，青草乡就要发了。

我说，几个先人靠不住，真正发家致富，还得靠我们自己。又说，我去农校看看，你回河湾村吧。

丁六三说，彭书记，我也去看看行不？徐老师那里有什么事，我也好帮一把。

我说，好，你去小车班喊辆车。

一世界的墨黑里，小车射着两道光柱，飞一般开到农校工地。丁六三跟着我下车，老远就看见，副乡长徐雪君披一件旧大衣，伫立在挖起土的深沟旁,那头半白的头发,因灯光罩了她全身,显得更白,白得透明一样。深夜寒风,吹起她的大衣角,吹乱她的头发,看上去不像是副乡长,倒像是一个经过长途颠簸、刚刚下了火车的旅人。

我叫一声,徐老师。丁六三也跟着叫一声,徐老师。

徐雪君转身迎来,虽然一脸倦容,气色很枯,但见着乡里同事,眼睛一时很亮,脸上也就有了生气。她把我和丁六三领到沟旁,从一只竹筐里拿出一只黑黝黝的瓷瓶,用拇指揩去上面的泥,兴奋地说,看看,你们看看,这是宋代瓷器,还是建窑的呢!

丁六三像听天书,问,什么是"建窑"?

徐雪君说,建窑是宋朝瓷窑的一种,很有名的,建窑烧出的瓷器,这种黑釉的居多。你们看,这瓶底还有"供御"两个字,说明这瓷器出了窑,是专供皇帝宫廷用的。

丁六三说,皇帝用的东西,怎么跑到这青草乡来了?

徐老师说,这个我就不晓得了,或许是这里当官的在宫廷里弄了来,或辗转从别处买来,要花功夫研究了。

我说,徐老师,刚才一番介绍,听得出你对文物古董很懂行。

徐老师说,我外公是搞这一行的,我只是懂一点皮毛。又说,宋瓷在古董里,是一样了不起的东西。我估计,这些东西不会是宋朝人住在这里留下的,倒像是老辈保留的古物。彭书记你看,这里是一个墓群,我们开沟挖到的两个墓椁,四周都有些这类东西,像是陪葬的物品;接下去再挖,我估计那些墓椁里还会有。

丁六三问,有金银宝贝没有?

徐老师笑说,宋瓷就是了不得的宝贝了。

丁六三不好意思地一笑。徐老师又说,沟挖到这里,因为发现有文物,我就让民工停了下来。已挖开的两只墓椁,只取出这些零星瓷器，也没好好寻找。工作还有很多呢。

我问，向县里报告了没有？

徐老师说，已经给县文化局打过电话，没人接。我就报告了县政府值班室，请县里尽快派人来。

我说，做得对徐老师。处理这种事情，一定要十分谨慎，弄不好就要出大纰漏，轻则说你没有文物保护意识，文化水平低；重则说你破坏国家文物，给你发通报，摘你乌纱帽。你们这样停了民工的活，保护现场，最好。

徐老师说，我就怕县里人水平差一些，文物保护不内行。

丁六三说，那就叫你外公来。

徐老师说，我外公也早已成文物了。

我说，县里不行，还有市里呢。只要我们向上报告，就做对了。

徐老师说，是不是还要向市里报告一下，更保险一点？

我说，向县里报告就够了，逐级来嘛。要是报告了市里，市里赶在县里前头先来这里督办，县里人丢了面子，不把你我恨得要死才怪呢。

徐老师笑说，对对对，还是彭书记想得周到。

我问，今夜农校怎么没人值班？

徐老师说，什么值班？管建校的总务主任，从来不在学校过夜的。

我骂道，总务主任鸟大的官，自己不值班，倒让你徐老师一个乡长值班？也太没大没小了吧。

丁六三自告奋勇说，徐老师，你回去休息吧，我在这里值一班，彭书记看怎样？

我赞赏地点头，说，好的，小丁敬老，这个建议可以考虑。总之徐老师要回家去休息，你都这把岁数了。

徐老师死活不肯走，说，年轻人好睡，让小丁好好睡觉去，明天屠乡长还要他办事呢。我早说了，我有失眠症，睡下去也不踏实，不如待在这里，顺便值个通宵。

我说，深夜凉，赛过倒春寒，你受不了的徐老师。

徐老师说，不冷，等一会儿你们走了，我把大衣裹紧，再抱点干稻草来，搭一座风墙，就不碍了。

丁六三四周看看，说，农校哪来什么干稻草？现在又是春上时分。

我又要劝，徐老师急了，说，你们就让我在这里守一宿吧。真心说一句，这也许是我在乡政府值的最后一个夜班了。

我和丁六三一时无语，相对望了一眼，我才说，徐老师，你不要这么说。

徐老师说，我真是这么想的，彭书记。我确实没什么本事，但守住本职，不给乡里添乱，还是做得到的。值好这个班，保护好文物，县里市里就不会有人批评我们缺乏文物保护意识，乡里也就不会有什么麻烦。我能做到的，就是这件事。彭书记你就成全我一回，让我再值一个夜班吧。

灯光下，徐老师眼里又有泪星闪烁。我只得点头同意。

回去路上，我忽然想到一个主意，对驾驶员说，回到大院，你马上再把车开回农校工地，你回家睡去，让徐老师坐在车里值班过夜。

44

丁六三跟我说，他那晚摸黑回到河湾村养鸡场，已经快半夜了。到宿舍一看，铺位还空着，晓得屠乡长还没回来。他就出门，打热水，顺便找屠乡长。

养鸡场通宵不关灯，鸡们晚上就着灯光啄食喝水，长肉更快。六三看了几处不见乡长，就想洗洗先睡。不料打好热水回宿舍，却在孵房窗口里，看到了宗四姐。

夜色漆黑，孵房灯光显得格外明亮。丁六三蹑足贴过去，脚下突然发出一阵碎裂声，自己差点先把胆吓破了。低头一看，原来是孵房里孵出了小鸡后，蛋壳就从窗口里扔出来，积了一大堆。丁六三见宗四姐的脸朝窗外仄了一下，估摸自己在暗处，她看不见，就又侧了身，靠边贴过去。

窗里面，是三五步大的一个小间，孵房值班用的；石桌上，放了两只通红的电炉，正给孵房加温。屠乡长这时脱得很轻，脸红红的；四姐也脱得很轻，脸也红红的。两个人面对面，着地坐着；地上铺的，背后靠的，都是很厚的干稻草，很松软的样子。

宗四姐说，现在你跟我这样处着，算是个什么关系呢？名不正言不顺的，也不怕众人戳你背脊。

屠怀忠说，戳我什么背脊？我们的事有谁晓得？白天你忙你的、我忙我的，众人只知道我是下基层，跟村民打成一片。

宗四姐一笑，说，还打成一片，是你跟我打成一片呢，难听不难听？

屠乡长说，我屠怀忠一乡之长，做什么事，还要众人管？

宗四姐说，你也不要太神气了，饱时常把饿时想才好。说不准到了哪一天，墙倒众人推，也是可能的。

屠怀忠说，叱，我这堵墙，根基还是很牢的。那些人再毒，也不至于要推我倒下吧？

宗四姐说，这个难说。墙倒有两个说法，一是别人来推，还有一个，就是你自己要倒。自己倒，谁也救不了你。

屠乡长横睁了眼,说,我怎么会自己倒呢?

宗四姐说,修机耕路你许了愿不兑现,惹村民反对,不是自己要倒么?你暗地里跟我睡觉,惹村民议论,不是自己要倒么?

屠乡长瞪眼看四姐,张嘴说不出话来。

宗四姐说,我跟你说老屠,你不要把自己看得太重了。干部,就是组织部桌上一张纸。乡长也好,县长也好,看上去威风煞,其实就是纸一张。要你上马是一张纸,要你下台也是一张纸。

屠乡长点头,有所感悟的样子。

宗四姐说,你跟我这样处下去,总有一天,上面会给你发一张下台的纸。

屠乡长把头一甩,笑说,你也说得太吓人了,四姐。不要说我们暗地来往,众人不晓得,就是有人知道了,又怎样?现在是什么时势了?改革开放,男女关系还算个什么问题?这已经不是问题的问题了。县里的局长主任,稍微开放一点的,哪个在外面没有一个两个相好的女子?胆子大一点的,出差时都带了一道去,在外省市进宾馆,都大大咧咧地住一个房间;也有的,在本地就开房睡一处。至于省里市里,就更不要去说了。什么叫开放?开放就是更大胆、更放手、更做得开嘛。那些人,官要比我大几级,就是外面生了儿子,也不见谁说他什么。

宗四姐说,要命咧,这些当官的这样乱搞,也不怕家翻宅乱?

老屠说,虾有虾道,蟹有蟹路,这些人肚里有色胆,手里有权力,什么墙打不通,什么事情摆不平?

宗四姐又说,不是夫妻也一房住,宾馆也不看个证明吗?

老屠说,四姐啊,你也是上走走的人,怎么也是个死脑筋?现在盖个章开个证明,有什么难的?他们都是掌权的,印把子就挂在他们自己身上,那个章,什么时候不能盖了?不要说把一个相好的女人说成自己老婆,就是把个几个相好的都说成是自己的亲戚家小,又有什么做不成的?

宗四姐说,啧啧,这些人啊,也不知道是怎么一层一层选上去的。选他们的老百姓晓得了这样的事,不是血也喷得出!

屠乡长透了口气,说,不是夸口,相比起来,我屠怀忠还算是好的。我舞也不跳,房也不包,摩也不按,妞也不泡。

宗四姐说,你不泡妞,可你泡了我。

老屠说,这话不能这样说。泡妞是花公家的钱玩人家姑娘,是最下作的。而我和你宗四姐,我们两人什么关系?我们都是劳动人民,是乡里乡亲,是改革开放艰苦奋斗的战友;我们话说得到一道,事做得到一道;我们做一处,是知根知底、知冷知热,彼此都是有感情,心里也都是要的。我们再怎么睡,再怎么弄,也不花公款一个子儿。

宗四姐笑说,如果真要按实说,也不是你说的那样。前年我们才睡第一晚,你隔手就给我批了创业援助款,二十万呢。你老屠泡我四姐,成本不比泡城里姑娘低呢。

屠乡长听着,哇一声跳起来,笑着捉住宗四姐,顺手把墙上拉线开关拉了。很明亮的一个窗口,瞬间黑了。丁六三在窗外屏住气,只听见隔窗的黑暗里,干稻草窸窸窣窣,屠乡长和宗四姐两人,滚抱扭打,发出吭哧吭哧的声音。

丁六三当晚就没有睡好,梦里尽是荒唐的场景,那个平时很威严的屠乡长,就在他梦里反复浮起,还光着身子。几次醒来,他看见旁边那张铺还是空空的;独个过夜,屋里便陡增几分冷气。直到翌晨吃早饭时,丁六三才在饭堂里见到屠乡长,他正和宗四姐对坐着,在一张长桌两边,呼噜呼噜喝粥。

宗四姐见丁六三进来,用筷子敲碗沿,说,小丁,早饭。

屠乡长也说，坐下喝粥。

丁六三嘴里应着，眼睛却偷看两人，心里只是奇怪：他俩这么折腾一夜，怎的就像没事人一样，还坐得这么拢；看他们这样平静，不知情的，还当他俩是老夫老妻呢。丁六三自己，倒是莫名其妙心虚了，盛粥时屏着气，手还有些抖，有一勺浆，还撒在了碗口外。落座时，他擦过屠乡长背后，猛看见乡长颅顶的头发里，还沾着几根稻草屑，心里更是一紧，昨夜在孵房窗口见到的和未见到的种种情状，便都涌到眼前来，一时间喉咙堵了，舌头也大了。

丁六三吃完早饭，就找个借口，骑车到了乡政府，把这一夜里的见闻，细细地向我汇报了。我表扬他有觉悟、有是非观念，让他不露声色，继续配合屠怀忠把蹲点工作做好；反正离乡政府近，有什么情况，随时告诉我。

这天上午，丁六三出了两块黑板报，把乡政府这几年办的大事，简明扼要地摆了摆。自己也觉得，黑板报这个形式，太传统也太粗糙，还不够醒目，下午便向屠乡长提出，要回乡里寻些照片，放大了，好好弄一排展览版面。屠乡长连声说好，还说，要抓紧搞，争取明天就弄出来，宣传到户。

丁六三说，屠乡长你心太急了，镇上的照相馆就是放大照片，也得三天后才能取呢。明天肯定来不及的。

屠乡长说，一个小镇能办什么事，你不会去县城弄啊。

丁六三立马答应了，隔手就给自己女人通电话，说要回县城来放大一批照片，搞展览版面用。女人在电话里早已是欢天喜地，说你赶快动身，我早点下班给你弄菜，晚上我俩喝对手酒。

几天后，丁六三在村部把展览张罗开来，立马得了个满堂彩。屠乡长一字一句把照片和文字都读了，又把照片上的人头一一认了,说,丁六三,你这助理还真能调理,这一弄,乡里这一届政府做的大事都突出了,工作报告图片化,不识字的村民也看得懂,好,这事你做得好。

听乡长这样叫好,村长也就帮着搬凳子、递糨糊,还在两张照片角落里,找着了自己的一个人头,喜出望外地说,叱,看来平时就是要沉下心来,多为村民办点好事,你看,在丁助理这里挂了号,历史上就有记载。

屠乡长也让何支书看一遍,问怎么样。何支书说,到底是你们乡干部有水平,没得说的。又弦外有音地说,一个乡也好,一个村也好,除了要有做功,还得有唱功。没有唱功,好事做满一火车,也没有一个鬼晓得。

屠乡长点头说,何支书这话说得好,很有概括性。我考虑,村里是不是马上组织一下,把这些展览板子拿到各个自然村去,让村民们都看一看,争取做到宣传到户;另外,再到你们村办企业去选一个姑娘,一定要团干部,灵清一点的,让她来当解说员。

村长说,屠乡长就是主意多,你这么一策划,事情就搞大了。

说着,就差人去村办厂,把团支书李钟琴找来了。

就是这个李钟琴,差点让丁六三跌个大跟斗。这是后话,先不说。

丁六三搞了个不大不小的图片展览,一传十,十传百,几天后各村都晓得了,乡里也晓得了。这天下午,我骑了个自行车到鸡场,叫屠乡长和丁六三带着,去看这图片展。这时,展览已经移到王家湾,我和屠乡长等一干人赶到那里,正好看见村民们,有老有小的,把几块展览板子围得篱笆一样;团支书李钟琴站在人群中心,嗓门吊得很高,兰花手指捏一根竹梢,一边指着照片,一边说乡里怎么帮助村里发展经济,又怎么为村民办实事做好事。我老远见了，心里就一热，想起当年随工作组下乡的事情，说，老屠，这样的场景，差不多有十年不见了。

屠乡长说，怎么不是！现在要让这些刁民坐拢开上一个大会，比赶鸭子上架还困难。

我皱了皱眉说，老屠啊，你这口头禅一定要改了，刁民刁民的，这不是我们共产党的说法。

屠乡长笑着嗯了声，脸上有些挂不住。

我停了车，很有兴味地反抄了手，站在村民后面听李钟琴解说。李钟琴见乡里来了人，又是我这一把手，解说起来就更起劲，脸红扑扑的，一双杏眼顾盼流转，黄雀一样的声音更是好听。她一圈解说完，男男女女都议论说，乡里干部辛苦了，不回头看一看，还不知道他们做的好事有这么多。

我就上去握了李钟琴的手，说，小李，你解说得不错，知道该说普通话时说普通话，该说本地话时说本地话，群众听得懂；不过，你还可以灵活点，脱开照片，结合村里实际情况，给村民介绍得更广泛些。

李钟琴脸更红了，说，我是大姑娘上轿，第一回当解说员，心跳得慌。全乡的情况，我又不晓得多少，照片上有什么，我就只好说什么。

我就对丁六三说，你找个时间，把李姑娘叫来培训一下，说一点乡里的全面情况，开拓开拓她的思路。

丁六三说声好，就转眼看李钟琴；正好这女子飞了双眉，用水灵灵的眼睛去迎他，两厢里就这样撞着了。他俩这一刻间目光来回，正好给我落了眼，我当时就想，这两个年轻人，将来会不会有些故事……

等村民散得差不多，我又走拢展览板子，贴近了细看照片和文字。我来的一路上就在想,这屠乡长要在河湾村保证进候选人行列,弄展览一定会突出他个人,至于乡党委还有我彭书记,有其他委员,不知会挤到哪个角落里去。我就带着这杆秤,掂量那些照片。不料几张看下来,并没有这个印象,这展览把乡里的党政关系,一碗水端得很平:有屠乡长一张劳动的,必有我一张下基层的;有我笑吟吟剪彩的,必有屠乡长在一旁鼓掌的;还有副乡长副书记,都各在版面上亮相好几次,安排得很是妥帖。我就渐渐把心放了下来,想这屠乡长虽然下到村里蹲点,跟党委离得有三竿子远,但背着明人倒不做暗事,仍把党委和书记放在紧要位置,关系摆得很正,单凭这点,他的素质就不算差。

我一一看过去,一边看,一边点头,问丁六三,筹办这个展览,是你的主意?

丁六三什么心机,瞄一眼老屠,立马就说,我一个小助理,哪敢有什么主意?是屠乡长启发我的,他说要趁这次换届选举的当口,把我们乡党政班子的成就摆一摆,说这既是宣传,又是鼓劲的意思。

我说,照片都是你选的?

丁六三说,照片是我选的,只是照片怎么个安排,宣传什么,不宣传什么,突出什么,不突出什么,都是屠乡长定的尺寸。不是屠乡长亲自把关,这展览办不成。

屠怀忠一旁听了,舒畅地打哈哈,撅起肚子,不断地用手指头点丁六三,难得这样高兴。

我连说,做得好做得好,搞宣传,就要严格按党政领导意图办事。没听说嘛,宣传宣传是块砖,哪里需要哪里搬。

丁六三说,彭书记这说法好,我记住了。

我又对屠怀忠说,老屠,你们这个展览搞得真是不错,主要是内容好，分寸把握得也好。既宣传了乡里改革开放的成就，又没有回避问题；既强调了党政领导，又没有突出个人。很好，很好。

屠怀忠说，你要表扬，就表扬六三。我倒是无心的，瞎眼猫吃到了死老鼠。

我拍拍丁六三肩角，没有再说表扬的话，只是一笑。

做乡官这些年，场面上的人事也见多了，一听丁六三和屠乡长的话，自然就辨出了这展览到底是哪个人手笔。我眼睛掠过整排展览板子，不由得再用余光扫了一下丁六三。老实说，我对宣传工作也不陌生，我晓得搞一个展览，跟排一个大会议程、画一份县报版式一样，最紧要的就是搞好平衡。我有时感慨，我这半辈子的工作，忙活的核心，就是"平衡"两个字。平衡搞得好，日子就好过，反之，就事事不顺心。为此我就有些吃惊，丁六三一个貌不惊人的乡干部，倒有本事在一个展览版面上，一碗水端平，把平衡搞得这么好。真是难为了他，短短几天里，十个指头弹钢琴，乡里党政领导个个都按到了，大家都在版面上各得其所。这展览，拿到任何地方给任何人看，都站得住脚。有此本事，不由得让我对这小助理刮目相看。

丁六三这人，算得是大院里一个小乖人。我刚刚在现场说，要把团支书李钟琴叫来培训一下，他回头就准备了。吃过晚饭，他差人把李钟琴叫到养鸡场，借了宗四姐的办公室，理好展览的脉络，要给李钟琴上课的样子。这灯下一景，恰好又给我看到了。我就在窗下站了站，嗯一声，说，小丁，你就是头脑灵清，凡事落实得快。

丁六三喜滋滋地站起，跟我打招呼，回头再坐到李钟琴这里，脸上就涌起了红潮，目光也两样了。

李钟琴开始叫丁六三"丁老师"。据"丁老师"出事后回顾，事情就是从这一天开始发展的。当时李钟琴说，丁老师，彭书记对你这么亲切，看得出他对你另是一样看待。

丁六三一听，称呼是新的，话也很顺耳，便对李钟琴说，彭书记是老师出身，爱护我们新干部，特别是年轻干部。平心而言，他对我们，比对自己儿子还上心。

李钟琴说，也不是都这样的，上次团里开会，彭书记就批评了乡团委的人，说他们只晓得蓬嚓嚓、蓬嚓嚓，热心舞会和晚会，五谷不分，牛马不识。

丁六三笑一声，很世故地说，团委那帮子人啊，自以为现代化、年轻化，水深水浅还踮不出呢。

李钟琴沉默了几秒钟，再抬起脸，两颊就红了，眼睛闪闪的，含着水一样，说，丁老师，村里人都在说，你是我们青草乡的状元，是我们乡的笔杆子，说要论起写文章来，你是青草乡第一块牌子。

丁六三听那声音，呢呢喃喃的，就辨出姑娘心思有异样；再看她脸面，已红到耳根这里；两片嘴唇饱饱的，血色很好；尤其是那双眼睛，像刚起水的鲤鱼，黑亮得点了漆一样。他当下心里就动了，想这青草乡穷乡僻壤的，竟还有这样惹眼的女子，莫非野草窝里飞出凤凰了？

他就说，瞎传呢，其实我没什么本事的。

李钟琴说，你还客气什么呢，彭书记都这么看重你，否则怎么会表扬你，还点名要你培训我。

这女子说着，就把一双眼睛，深得像井一样、又烫得像火一样的，看定了丁六三。丁六三的心猛一紧，脊背上就滋出一股热汗来。他有些慌乱地拿起茶杯，借着去倒水，出门往饭堂走去。就在十步开外的场地上，他站定身子，看着满天星斗，又朝着县城方向大透几口气,心里说,老天,我把不住了,我要犯错误了!

从外面回来,丁六三的血毕竟冷了一些,心也跳得不那么急了。只是李钟琴的脸还是那么红,眼睛里的话还是那么多。丁六三定定神,说,我现在把展览的背景材料,跟你详细介绍一下……总算是按捺下一排热浪头,认真开了这一节夜课。

一个乡,几块小小的展板,又有什么可多说的。李钟琴又是那么灵清的一个女子,丁六三说的乡情乡史,她也晓得一些,几句话一听,门道便都摸着了。她就在丁六三介绍后,不时插上几句自己即兴编的解说词,丁六三只改动补充了几个字,就都加以认可。他当时心里还这么想,这女子,脑子其实是很好使的,怎么上级就把她埋没在一个村办厂里,真是可惜了。

池塘各处传来青蛙的鸣叫声;鸡场里有小公鸡不合时宜的打鸣,还有童子鸡夺食的争斗声。晚风徐徐吹来,含着青草和河水的气息。这青草乡的晚上,真是宁静而又清爽。男女之情在这样的夜晚,原是最容易发动,也是最容易出格的。

一个成家不久,一个热情躁动,都是年轻轻的;在篱笆围住、无人打扰的养鸡场里,他们彼此一望一笑,时间就过得飞快。丁六三不想李钟琴走,李钟琴更是没有要走的意思,两人心思热热的,没话找话,一句进一句出,像小孩子挽起了裤管,在水塘里试深浅。时间在一松一紧中滑过,彼此心里从没有这样的饱满和滋润。

李钟琴说,丁老师是属什么的?

丁六三说,你先告诉我你属什么。

李钟琴说,我属相不好说的,你猜猜。

丁六三一笑,说,我晓得了,你属猪对吗?

李钟琴就握了棉花拳敲丁六三的肩角,说,丁老师你坏。

丁六三说,那你比我姐小一折,二十三岁。

李钟琴说，那你属什么？

丁六三说，我大你八岁，属什么你算。

李钟琴低了眉眼，也不去算，想问一句什么，却又改了口，说，你是在镇上住的么？

丁六三说，我家在县城。

李钟琴问，那你平时住在哪儿？

丁六三说，住在乡政府大院，一星期回去一趟。

李钟琴说，大男人一个，也恋家啊。

丁六三就想起自己女人白白的身子，絮絮的话，还有等他回家时，那一桌热热的酒菜，心里就涌起一股莫名的犯罪感，眼前顿时黯去几分。李钟琴又催问是不是，他才言不由衷地说，也不是铁定要回去的，有时不回县城，就待在乡政府大院里，看看书，练练字，写写材料什么的。

李钟琴在丁六三说话时，一直看着他，眼睛一眨不眨，很痴迷的样子。听他这样一说，又想他在办公室里，窗明几净，一杯茶，一本书，一支笔，文文静静，又舒舒服服的，更是羡慕，就说，丁老师，都说你写一手好字，教教我可以吧？

丁六三很有些陶醉，说，这字，不是三天两日就练得好的，你看一支笔多咬人，我这只手，都给它咬出茧子来了。

丁六三说着，就把手伸出来，摊开了展示给李钟琴看。李钟琴见那只手，不是她常见的苦力手，又粗又黑，纹路很深，茧子很厚，还嵌了黑泥的那种；丁六三的这只手，指头长长的，皮细细的，透过细皮，看得见白肉，底下流着很健康的血色；在灯光下，这手很清爽，浅浅的手心纹路上，有极细微的汗星在闪烁；那手指，还在微微地抖。李钟琴的气顿时短了，说一声丁老师你人文雅，想不到手也这么文雅。说话间，就把丁六三的手，紧紧一把捏住了。

丁六三的心，这时就猛地窜到喉咙口，只觉得浑身血液像潮涌一样，把皮肤胀得紧紧的，周身都有些发麻，手抖得更厉害。他抬头看李钟琴，那女子眼睛早着了魔一样，岂止亮，简直要迸出泪花来；一阵阵热喘的声音，也听得真切。丁六三就禁不住心一横，也把眼睛看住她双眼，趁势而上，捧住了李姑娘一双热手。他一边抚弄那手，汗渍渍的，从身上热到心里，一边想，也不必太责备自己了，屠乡长是那么老资格的干部了，也跟宗四姐两人缠在一起，不仅捏手捏脚，晚上还一道过夜，我这点算得什么？又想这机会是李姑娘自己送上门来的，天掉的桑椹子，不吃白不吃。

这一夜，李钟琴就在鸡场，勾留到快天亮才走。后来，她几乎天天夜里来养鸡场，说是接受丁助理的培训。其实谁知道，两人早就亲热过了头。

没几天工夫，这女子竟把丁六三弄得身体瘦去一壳，眼睛像一条干鱼那样，黑黑地眍了进去。我那些天见了丁六三，还以为他是为屠乡长写《政府工作报告》，磨夜作太多，叮嘱他来日方长，要把身体保护好。其时丁六三只是嗯嗯，声音虚虚的；我还发现，他说话时像做了贼一样，不敢正眼看我……

唉，所有这一切，都是丁六三后来落难，一件件，一桩桩，从念头，到行动，仔仔细细跟我回忆、交代的。想起来，李姑娘那样出众的脚色，就像芦苇河滩斜出的一支花，走路的经过那一关，也着实不好过啊。

45

年底年初，各村各口酝酿的候选人，名单集中到乡里；乡人大平衡后，就要上真的，召开乡人代会正式选举。

乡里的空气，这些天就有些紧张。班子里的人，都不敢直接到我办公室来，却转弯抹角的，向筹备人大的几个人打听，问自己名字是否上去了。刘套子算是消息灵通的，他返聘在乡里，哪一摊忙就派往那一摊，这些天就把他借在人大帮忙。这刘套子得了些消息就卖乖，经常暗黜黜地拉班子成员袖子，悄悄报好音，比如说"看到你名字了，恭喜恭喜"之类。有人听了，就放下心来，口上却说，恭喜什么，不能高兴得太早。也有的说，老刘，多谢你报信，但见真颜色，还要到染坊口。口气里都听得出，他们心目中的"上真仗"，就是乡人代会正式选举那天。

副乡长们除关心自己前景外，也很关注乡长屠怀忠的情况。他们回大院后就纷纷打听，屠乡长在河湾村待了这些日子，是不是收到了实效。当刘套子在食堂饭桌上悄悄宣布，屠怀忠也进了候选时，大家才为他松了口气。

副乡长的候选人里，出人意料的名字也有一个，那便是丁六三。

丁六三进候选榜，不惟乡里干部吃惊，连他自己也觉得做梦一样。那天上午刘套子鬼鬼祟祟，把丁六三叫到楼后停车棚里，说有要事相告。丁六三就很讨厌刘套子这个模样，人不人鬼不鬼的，没个正形，借着临时工的位子偷一点信息，到处拍马屁讨欢喜，蝇营狗苟的。在停车棚里，刘套子喜形于色，却故意把嗓子捏得轻声细气的，说，小丁，我这里有个好消息，要不要晓得一下？

丁六三说，我在写那个《政府工作报告》，整天忙得要死，你还在这里卖关子。谁稀罕你的好消息，爱说不说，走了！

刘套子双手拦住，说，你小丁搭什么架子，我这好消息，对你来说，千金也难买！

丁六三说，你说不说？你不说，我真走了。谁有空跟你磨嘴皮？

刘套子这才说，好好好小丁，我说我说——

这时广播开始曲正好响起来，刘套子转头看了看，见四处无人，才低声说，小丁，你小子额角碰到天花板，这次也进了副乡长候选行列！这消息，你还不知道吧。

丁六三听了不相信，随口骂道，你刘套子血脉乱胀是不是？吃饱了饭，也不能这样作弄人。

刘套子即刻敛了笑，说，小丁，我和你亲密战友，一道挺进大别山去抓过二胎的，什么时候作弄过你？告诉你这消息，我是冒了风险的，只是想让你有点思想准备，人生大事来了好应付。

丁六三这时才白了眼，气色像脱了阳一样，嘴唇都发紫了，问，你说的是真话？

刘套子又一笑，说，这回你稀罕了吧，不会再骂我了吧。

丁六三说，谁骂你？我是给《政府工作报告》忙昏头了。

刘套子拍着丁六三的肩角，说，我料定你小丁前途无量！日后你上去了，不要忘记停车棚里这一刻，要常想着我亲密战友刘子冈。

丁六三说不出话来，只拉起刘套子的手，紧紧握了几下，把头点得蚱蜢似的，好一刻才说，我丁六三大院里一个小干部，何德何能，怎么就会成了副乡长候选人呢？究竟是哪个提的名呢？

刘套子两眼瞪着他，也说不出个子丑寅卯来。

丁六三还想再打听，却没有再开口，一是车棚外有人走过来，二是自己不好意思再问，怕刘套子以后说他小人得志，鸟大的事也沉不住气。

就在当天，倒是我，告诉了丁六三这件事情的来龙去脉。

我把丁六三找来办公室，让他在我对面坐下，还给他泡了茶。我自己也捧个茶壶，一边喝茶，一边跟他谈话，力求一种轻松的交流氛围。

我问，徐雪君老师的事，你晓得了？

丁六三一愣，问，徐老师什么事？

我说，她不想在乡里继续干下去了。我看她的表白是真心的，这些年也难为她了。这次教卫口推举候选人，她又专门发了言，态度很诚恳，再次要求大家不再选她。教卫口的医生老师都问，不选你徐老师，那又去选谁呢？

说到这里，我就起身，提起热水瓶往茶壶里续水。丁六三屏着气，视线跟着我，眼都不眨。

我说，徐老师就推荐了一个人。

丁六三问，谁？

我说，你丁六三。

丁六三说，是徐老师推荐的我？

我说，我觉得徐老师推荐你，推荐得有道理。你丁六三做了这几年文教助理，对面上的工作都熟了，乡里的文教卫生事业存在什么问题，与兄弟乡有什么差距，优势有哪些，该怎么发展，怎么分轻重缓急，你都是晓得的。徐老师还说你丁六三是文化人，写稿见报多，脑子好；乡里乡外有名声，人缘也好，工作能力也强；如果你当上文教副乡长，工作一定称职，青草乡教卫口一定会有起色。

丁六三惶恐地说，徐老师说过头了，我哪有她说的这么好？

我说，你跟她跑文教这么多年，她对你的了解，八九不离十，我倒是相信她说的。乡人大召开了最后一次例会，考虑整个情况，决定尊重徐老师的意愿，不再把她列为这次人大的候选人；教卫口的候选人，就你丁六三上。

丁六三咽了一口唾沫，两眼就鼓胀起来，像要落泪的样子，而后说，感谢组织上对我的信任，感谢彭书记对我的培养。

我就说，要谢，你第一个该谢徐老师。

丁六三说，那是，那是！感谢徐老师！

从我办公室那里出来，太阳明晃晃的，丁六三的双眼，被阳光刺得有些流泪，他就痛痛快快地抹了一把，站在大院里，心头鼓鼓的，不知怎的，竟有些要醉、要瘫倒的意思。他闭下眼睛，想大吼几下，或是站到高处，眼望天边，狠狠唱他几嗓子。

一刻后，丁六三进了办公室，反身把门关上，耳根一下清静了。他坐下来，长长吁一口气，想打电话把消息告诉自家女人，让她也高兴高兴。他的手伸向电话时，却又迟疑起来，想，自己毕竟只是进候选榜，离真正当乡长还有好长一段路；今天把消息告诉女人，女人必早早高兴了，说不定还要催他回去，跟他喝交杯酒；女人家懂什么差额选举，总以为进了候选榜，就是当选了。若到了开人代会那天，正好自己差额落选了，岂不是狗咬羊卵泡，大家一场空欢喜？

这样想着，丁六三就把手放下来，心里的热血，也一下子落沉了。他重新坐下，骂自己说，不见世面的小人，八字刚有一撇，就心浮气躁，不会像那些乡长副乡长、书记副书记，也学着稳点、悠着点！

这时有人悄悄推开门。丁六三抬头一看，是河湾村的姑娘李钟琴。李钟琴进了门，不吱声，只朝丁六三莞尔一笑，复又把门关上。

六三站起来叫，关门干什么，你把门开着！

丁六三声气很硬，李钟琴的脸抽了一下。

丁六三知道自己声音重了，马上解释道，我们大院办公，门一贯是开着的。开门说话好，正大光明；一男一女在屋里，关了门，不是要给众人落下话柄。

李钟琴脸一红，说，你丁老师心眼就是多。

丁六三就问，今天怎么有空过来？

李钟琴说，我在乡团委开会。会散了，就来你这里。

丁六三说，我有些材料要写，没空陪你说话。你不怪我吧？

李钟琴说，我晓得你要当副乡长了，要摆臭架子了。

丁六三惊问，你怎么晓得的？

李钟琴说，我怎么不晓得啊？青草乡各村各企业，都在传呢。

丁六三把笔一扔，说，没准的事，你不要相信，更不要瞎传。现在我真是有些材料要写，没空陪你说话。

李钟琴说，现在没空，晚上总有空吧？我爸我妈让我来，专门请你去我家吃晚饭。

丁六三一惊，说，你爸你妈请我去吃晚饭？什么意思？

李钟琴红着脸说，我们两人的事，我跟家里都说了。昨天我爸跟我妈商量了半天，最后说，要当面看看你模样……

丁六三听了，触电一样跳起，说，什么我们两人的事，你跟你家里人说什么了？

李钟琴见丁六三在一刻里气急败坏，脸也白了，眼鼻也歪了，不明白是怎么回事，便说，丁老师，你这是怎么了？我们两人好到这一步，不作兴跟家里大人知会一声么？

丁六三的脸白一阵红一阵的，睁大眼睛看李钟琴，好一歇说不出话来。他想这是怎么弄的，自己刚进候选榜，眼见就要当副乡长了，横杠里却弄出这么件事情。他这时才掂出，前些日子自己耐不住寂寞，跟这李姑娘在养鸡场乱弄一气，搞出的是一个多大的乱子，不由得狠狠甩头，又狠狠叹气。

李钟琴问，你是怎么了丁老师？你是说我不该让我爸我妈晓得吗？

丁六三只是摇头，痛心疾首，久久不说一句话。

办公室里死静。偶尔窗口刮进一股风，吹起镇纸下的报告纸，发出沙沙的声响；有乡干部下村回大院，故意紧打一阵车铃，算是对门房老秦的招呼，铃声里，含着无比的欢悦与亲切。

丁六三的心底一下子暗了，各种心思在脑子里翻腾旋转，一时头都晕了。他站起身，轻轻把门关上。

李钟琴问，你怎么又把门关上了？

丁六三不耐烦地说，你不要管！

李钟琴很委屈，眼里浮起泪水。

丁六三皱了眉，一会儿坐下，一会儿站起，一副心事重重的样子，问，你对你爸你妈是怎么说的？

李钟琴说，这又能怎么说？我就说，我跟你好上了。

丁六三说，我们……睡觉的事，你没有说吧？

李钟琴脸红了，白了他一眼，没有回答。

丁六三又问，你跟你爸你妈说的意思，是不是我们谈恋爱了？

李钟琴嗯了一声。

丁六三往大腿上狠狠捅一拳，说，李钟琴啊，你是怎么搞的么，你不晓得我是成了家的么！

这回轮到李钟琴的脸红一阵白一阵了。她瞪眼看丁六三，一时失了神一样。隔了半天，她才捂住脸，呜呜哭起来。

丁六三又走到门边，试试门锁是否上严了，回身对李钟琴说，你不要在这里哭好不好？人家听见了，还以为我怎么你了。

李钟琴便压抑哭声，肩角仍一上一下抽动。丁六三在她身后，闻到她身上熟悉的香味，还有那一股热烘烘的气息，就想起养鸡场里度过的那些夜晚，尤其是那些滚烫狂乱的场景。他对自己的所作所为，真是又恨又悔。

他说，真是没想到，你李钟琴还把这事当真了，还告诉了家里大人。

李钟琴抬起头,眼睛已哭成烂桃子一样,说,我们好到了这个地步,我还不该跟大人说一声吗?

丁六三说,可这青草乡,谁不晓得我丁六三是成了家的呀?

李钟琴说,我就不晓得。我真的不晓得呀。你在大院里不见风不见雨的,白面书生一个,我总以为你年纪轻轻的,一定是个童子身。你跟我睡了那么多次,又哪里跟我说起过你有女人啊!

李姑娘说着又哭。丁六三心烦了,一跺脚说,这里是乡政府大院,你不要这样大声哭好不好,人家听见了、看见了,影响多不好。

他说着,心里着实悔得不行,想自己难得下一次基层,就起了花心,跟这样一个女子纠缠不清,这一身骨头,也未免太贱了;看来这人,福报多少,命里是注定的,不然,自己刚沾上一星官运,怎么又给这假假的桃花运搅了呢。

有人敲门。两个人顿时一惊,脸色都有些慌张。丁六三赶紧拧开门,原来门外站着的是屠乡长。屠乡长把头往里一探,见是李钟琴,那眼又是泪水泡过的,目光就在两个年轻人之间,满腹狐疑地划了几下,却连一句话也没说,转身带上门。

丁六三随即就跺脚,埋怨李钟琴说,你看看,你这是算什么!屠乡长都朝我白眼了,看来我真要废在你手里了!

李钟琴便有些惶恐,说,那你说怎么办。

丁六三想了又想,说,你先回家去,跟你爸你妈说,我没空,暂时不去你家吃饭;等你爸你妈高兴的时候,你再解释一下我们的关系。

李钟琴说,我怎么跟他们解释呢?

丁六三说,你就说,我们是一般性的朋友来往、工作来往,什么恋爱关系、结婚成家,都是不存在的。

李钟琴眼泪又下来了,说,我们两人觉也睡了,那事也做了,说是一般性来往,说得过去吗?

丁六三又问,你真把我们睡觉的事说了?

李钟琴点头。

丁六三就急得两手举拳,往自己脑门上乱打一气,边打边说,我废了,我废了,我废在你这女子手里了!

这时有线广播响起来,通知全体乡干部,立即去小礼堂开会。

李钟琴就站起来,呆呆的。

丁六三恶声恶气地说,你站起来干什么,不要动!等众人都去了小礼堂,走廊里没人了,你再走。有什么事,我们晚上再商量!

李钟琴看着他,只是点头,还是呆呆的。

46

会议开的依然是换届选举的事。

乡党委刚刚审议过的候选人名单,由我在会上宣读,进行首次公布。我强调,根据县人大布置,这次选举还是差额选举:七个候选人,按得票数为序,前五人当选;选举结束后,新一届乡人大再开会,决定一正四副五位乡长。我一说这程序,底下便有些小骚动。听得出,乡干部们都在议论,哪个最有可能在差额选举中被"差"掉。

丁六三是最后一个走进小礼堂的。他进门时,全场人都用异样的眼神看他。乡长屠怀忠最突出,目光直直地盯在丁六三身上,那样子有些莫名其妙。丁六三也出乎大家意料之外,神态竟有些呆滞。众人悄悄议论,丁六三是不是高兴傻了?更有人夸张地说,天上掉下一张大馅饼,丁六三不要发神经病了?

我把乡人代会的会务分工,又作了一轮细化,当面一一布置,然后宣布,各小组分头讨论,落实分工。休会时,我特意把丁六三留下来。大家一边退场,一边看丁六三。丁六三突然面如土灰,不时用紧张的眼光看我一眼,又看我一眼。

我让人们走完,才在丁六三对面坐下,说,党委讨论定了候选名单,让我再正式来找你谈一次。

丁六三透了一口气,脸色渐渐恢复,看着我,点点头。

我问,这次进入候选行列,你有什么想法?

丁六三看着我眼睛,辨着话味,说,我要跟彭书记说一句实话,我真的想得很多很多。第一,我要感谢组织上,没有彭书记的关心,这次我进不了候选榜;第二,我要感谢同志们的信任,特别是徐老师的推荐;第三,我是个普通干部,很怕自己水平不够,将来把工作耽误了……

我打断说,这些我都听过了,你不要跟我来虚的,说说看,你估计一下,这次差额选举,你能选上吗?

丁六三一愣,说,我是一颗红心,两种准备。选上了,我一定努力完成党委政府交给我的任务,当好彭书记的一条臂膀,好好把青草乡文教卫生事业搞上去;选不上,我也不会有什么情绪。我本来就是个普通文教助理,不存在什么丢面子的问题,我会立足本岗位,把工作干得更好。

我点头,说,这个说得好,我就要你这个态度。

丁六三说,彭书记你放心,我是组织同志,这个觉悟我有。

我说,话是这样说,但我觉得,跟你谈一谈还是有必要的。七个候选人当中,你职级最低,他们有的是乡长,有的是副乡长,最低也是工业公司经理、农业公司经理;从工作年限来说,你也没有他们长；从工作面来说，你也没有他们广。在这次选举中，他们占上风，而你居下风。

丁六三说，是这么个情况。

我说，所以你要作好充分思想准备，差额选举，六个人中差掉的，很可能就是你。

丁六三说，我也估计到了，比起老同志来，我还嫩嘛，还差得远嘛。

我说，万一你真的差下来，落选了，我也希望你不要泄气。是名额有限，而不是说你有什么不好。

丁六三说，我懂。

说着，他眼圈有些红。我知道，他说自己"想得很多很多"，不是一句假话。他本来就是一个心思很重的人。他那么年轻，生活阅历又那么浅，他承受不起这件事和这两天给他带来的压力。

我站起身，准备结束这次简短谈话，但又发现，丁六三的手，还有嘴唇，还有左眼下一块皮肉，都有些抖，就又拉住他手，说，小丁，我希望你在这个时候，放松一点，不要太紧张。选上固然好，选不上也没有什么。为党工作嘛，干什么都是一样的。

丁六三只是点头，不吱声。

这时，屠怀忠突然从礼堂卫生间走出来，朝我招手。我拍了拍丁六三手背，说声"去吧"，发现他突然朝我一笑。两眼里射出一种很怪异的目光。

屠怀忠也这样，看看我，又看看远去的丁六三，目光变得闪烁不定。我想屠乡长平时不是这样的，不由得叹口气，心里说，这选举，把人都弄怪了！

屠怀忠拉我坐下，点起烟，悄声告诉我，刚才他在丁六三办公室里看到的情况。又说，门房老秦送报纸时，也听到李姑娘正在办公室跟丁六三哭闹。他认为这个情况很不正常。联系到在河湾村养鸡场蹲点时，丁六三跟李姑娘的来往频繁，他觉得丁六三这方面很可能有问题，应该引起乡里注意。

我点点头，对屠乡长说，我知道了，等手头的换届工作忙完后，我马上处理。心里却想，你老屠是什么东西？你在这方面也不是干净脚色，你在河湾村养鸡场，跟宗四姐是怎么回事？你以为我不知道吗？

但我也理解屠怀忠的做法。要是放在过去，他才不会把丁六三放在眼里呢，加上他自己屁股有屎，丁六三再怎么拈花惹草，他也懒得去管；可现在，情况不一样了，丁六三进了乡长候选榜，不仅跟他平起平坐，还在事实上成了他的竞选对手，发现丁六三有这样那样的问题，他自然要检举、要揭发。换届选举在即，这是什么样的当口！

屠怀忠说完事揿灭烟，反抄双手走出小礼堂，我却留了下来。我打开窗户，让烟雾渐渐散去，手扶窗栏，看风在远处树梢间吹拂。

我在心里掂量屠怀忠刚才那席话的分量。我感觉他不会无端污蔑丁六三。因为凭直感，我也认为丁六三跟李姑娘可能有事。但选举在即，在这样的当口，为丁六三李姑娘这种小儿女之事分神，未免太不明智。

但若我不动，屠怀忠会不会怀疑我另有私心呢？过去那些年，我们党政一把手之间，本来就有若干不快；在这非常时刻，他来找我揭发丁六三之事，要见的效应，就是我马上处置丁六三；我要是置之不理，或有延宕，他都会认为我背后有猫腻；万一他乡长落选，而丁六三被选上，他更要怀疑我包庇丁六三，搞了阴谋诡计，事后去上级部门控告，也未可知⋯⋯

丁六三这小子，真是不争气！他要是没有这档子烂事，当一匹换届黑马，把屠怀忠拉下马来，该有多好。他干文教副乡长，慢慢会干好，因为他聪明，肯学。最要紧的是，他听话。不像屠怀忠这老油子，仗着老资格，一年到头自搞一套，让你笼不住他龙头……

吱呀一声，小礼堂门被推开。我回头一看，是丁六三。

我问，找我吗，小丁？

丁六三不吱声，呆呆的，缩着肩，像小去一壳。

我又问，怎么了小丁？

丁六三说，彭书记，我要跟你说一件事……

我顿了一下，直截了当地问，是你跟河湾村李钟琴的事么？

丁六三看着我，目露惊异之色，随即又点头。

我说，小丁，实话跟你说，这个情况组织上已经掌握，现在就看你本人态度了。你来找我谈，很好，我表示欢迎。你态度如果端正，能把问题说清楚，我可以保证，不影响你前途；你如果要小聪明，那后果就很难预料。你考虑一下。

丁六三泪光闪闪的，说，彭书记，我不要小聪明。我辜负了你的信任，犯了错误……

他就一五一十，把自己在河湾村养鸡场跟李姑娘苟且的事，兜底作了交代。

我问，你成家的事，跟李姑娘说过吗？

他说，今天才跟她说的。

我说，你今天跟她说还有什么用！

他说，我昏头了。

我说，你自己想想，你这是什么性质的问题！说轻点，是生活不检点；说重了，你就是玩弄女性！

丁六三说，是这样，我承认。

我说，我要警告你丁六三，你还是个组织同志，男女关系问题对你来说，不是什么个人生活小问题！你没有把握好自己，掉进泥沼去了。

丁六三说，是这样，彭书记。所以我想……

我说，你想怎样？

丁六三说，我想退出……选举。

我吃了一惊，问，你退出选举？

丁六三点头，两行泪水就滚落下来。

一股无名火突地涌上心来，我伸出手表，不是给自己看，而是伸到丁六三面前，说，你看看，你看看！现在是几月几日了，你退出选举？还有四十八小时，选举大会就要开始了；最重要的是，选票都印好了，你的名字都印上去了，这个时候，是你想退出就能退出的？

丁六三看着我，泪雾后面的目光，有怨，有悔、有恐惧……

我狠狠劈了一下手掌，说，你丁六三跟我开玩笑！

也许，丁六三从来没见过我这么愤怒的面孔，也从来没听到过我这么粗暴的说话声。他忽然坐到靠墙的椅子上，捂着脸呜咽起来……

听着他的哭声，我心里厌烦透顶。我想，这次差额选举，丁六三本来就是个"差头"，以前还希望他最好被选中，现在见他这窝囊相，我就在心里说，落选吧，让他落选吧，这种人不落选，还有谁落选！

47

全乡人民代表大会正式选举的主会场，放在了乡农校操场上。乡里根据我的主张，开设了几个分会场，有的设在小学，有的设在运输队车场，动员广大村民前来收看收听。我的意思，不在乡机关大院开这个会，一是方便代表，尽量提高出席率；二是要淡化官方色彩，争取把这个人代会开得扎实有效，选出一个上下都满意的新班子来。

会场分散，会务就要多头展开，一时把乡政府大院忙得几乎翻转。我对一干候选人说，除了丁六三和两位经理外，各位都是上一届的老人，严格地说，任期还没有到，还要站好最好一班岗。徐老师现在乡校工地上坐镇，算已作了安排；你们诸位，更要多多关心大会的筹备情况与进展情况。

候选人们就分了工，分头去各个会场检查工作。只有屠怀忠一人留大院，又向我提出恳求，希望抓紧选举前的工夫，为他的事再做做各村各口工作。

我满口答应，当下叫来刘套子，让他打电话通知各村、各口负责人来开会。刘套子问，什么会议内容？我说，就说是关于换届选举的。一小时后，各村、口负责人到齐。我先介绍了人代会换届选举前期情况，接着转过话题，说，屠怀忠同志上届被大家选为乡长，几年来干得不错，就是脾气急躁了些，得罪了基层一些同志。不过这也要两分法，屠怀忠同志坚持原则立场，乡党委是支持他的；涉及工作方法简单化的问题，今天我代表组织上，向被老屠得罪的同志道个歉，并且正式跟大家打个招呼，这次换届选举，我们还是希望大家把老屠选上去。

各村、口的负责人面面相觑，这才晓得会议真意。河湾村何支书也来了，听完我的动员就顶道，这回选举，乡民代表要是不喜欢老屠，我们能强按牛头喝水吗？

我说，大家了解一下原因，帮助乡里做做工作吧。

何支书说，怕是要乡里做做老屠的工作呢。这屠乡长，说话总是不算数。一条机耕路，答应乡里拨款，说了多少年，一个屁钱也不见。乡民意见大得很呢。

我说，还有这事？请你回去解释一下，乡里财政不宽裕嘛。

何支书说，解释可以解释，众人要是不选老屠，我们也没办法。

河湾村何支书一开头，塘后、石桥、河西等几个村的村长，也说了屠乡长许愿不兑现的事；江口村支部书记则说了屠乡长跟他们村灯泡厂女厂长关系暧昧的事情。一时，招呼会开成了声讨会。

我摆摆手，稳住场面，再次说了乡党委意思，要大家回去，无论如何做做工作。散会时，好些人骂骂咧咧。我就站在门口，一个劲地跟大家握手，希望大家配合。

刘套子整着桌椅，倒着烟灰，说，没想到我们屠乡长，下面人缘这么差。

我不言声，只摇头。

刘套子说，今天这个会，不开还好些；开了，就像干草点上火，反而对屠乡长选举不利呢。

我说声，是吗？对着屋角想心事。又关照刘套子，刚才那句干草点火的话，外面可不能乱说，屠乡长若问起，你就只说会开过了，彭书记对下面做了大量工作；背对背的会，记录不要给他看。

刘套子答应着，突然又问一句，彭书记，河湾村的何支书，你认得吗？

我说，认得啊，今天不是来开会了么。怎么了？

刘套子说，他老婆是什么人你晓得吗？

我摇头。

刘套子说，他老婆就是那个宗四姐啊，河湾村的养鸡场场长。她跟何支书是几年前就离的婚。

我大吃一惊，问，是吗？

刘套子说，何支书晓得宗四姐跟屠乡长有关系，恨得要死呢。

我哦了一声，想起何支书那张黝黑的脸，心里一下明白许多，暗暗说一句，屠怀忠，你就作孽吧。

选举大会马上就要召开，全乡拉横幅、贴标语，上上下下热气高涨。

却不料开会前一刻，出了一件大事——

农校工地上又挖出一批珠宝古物，不知谁在下面发一声喊，外来民工和当地农民竟发疯似的涌上去，一齐哄抢起来。徐雪君副乡长在场，当下气白了脸，挺身而出，阻止这些人的不法行为，还立即派人报警。事情来得突然，徐老师又是女同志，怎么挡得住这些疯人壮汉，又气又急之下，她的心痛病当场犯了。等到乡派出所民警赶到现场，她已倒在地上，两眼翻白，四肢只是抽搐。众人七手八脚把她抬起，飞车送到卫生中心，主任只说了一句，晚了啊！随即宣布，徐老师殁了。

我向县里报告，临时把选举大会往后推一天，县里破例批准了。第二天，乡民们黑压压地围住卫生中心，老的小的，一声声呼唤徐老师，哭声喊声响成一片，直到天黑，还不肯散去。

这夜最奇怪的现象是，有一只布谷鸟盘旋在青草乡老镇上，叫了一个通宵。第二天早晨大院里的人都问，这是怎么回事。一种解释说，这没有什么稀奇，现在是落谷时分，正是布谷鸟该叫的时节；还有一种解释，就跟徐老师联系起来，说那布谷鸟，会不会是徐老师化身，她放不下这个青草乡……

乡人代会的选举结果终于揭晓。差额选举，落选的是老乡长屠怀忠。

屠怀忠神情平和，像早有准备一样。结果一宣布，他只让刘套子叫一辆车，开到乡长办公室门口，说是帮他搬家。刘套子推门一看，屋里的书籍用品早就包扎停当，鞋帽衣服也装箱完毕，抽屉里柜子里，早已清理得干干净净。

当天夜里，屠怀忠独自去河湾村养鸡场，跟宗四姐告别。

宗四姐骂道，你来告什么别？怕我宗四姐今后把你关在门外吗？没有的事。你老屠有权时是我上宾，没权了也是我上宾。今后只要你高兴，我们还一道过夜。

老屠当下就哭了，哭得像个小孩子。

选举会上还有一件奇事。徐雪君副乡长明明过世了，而且也不是候选人，可选举结果，她的得票数竟然超过了屠怀忠。这事引起了县里关注，有关人士说，这些选票是否作为废票处理，还要仔细研究；可翻遍有关条文，也没找到什么依据，于是就授权我宣布：本次选举有效。

丁六三倒是选上了，可他来不及回去向女人报好讯，就又遇上了新的麻烦——

李钟琴那女子，隔天就打电话来，先问丁六三，丁老师，你这里说话方便吗？而后悄悄告诉他，丁老师，我有了……

丁六三哇地叫出声来，像触电一样，扔下那只电话。

他随即到我办公室，支支吾吾的，把这事告诉了我。隔了一夜，又写了一封长信，正式向我提出请求：放弃担任副乡长职务。

干了这么多年，我还是第一次遇到这种情况。

我旋即向县人大作了汇报。他们认真研究后，认为乡里可以同意丁六三的请求；至于他留下的副乡长职位，今后将请县委组织部调剂安排。

可惜的是，丁六三受了这个刺激，精神变得有些失常，后来被送进精神病院治疗；李钟琴的人流手术，还是我们乡的刘妇联，陪她去县中心医院做的。

正是春天。那些坎坎坷坷的人事，并不关老天什么事。青草乡、湖荡乡、塔城镇……乃至整个江南，依然杨柳依依，春风习习。明媚春光里，人扛上犁，牛走上桥，炊烟升上天空；接着，橹架上船，船上了路，数声欸乃，漪涟揉碎一河清水……

满世界，到处是细碎的响声。只有一个声音，清亮、自信、骄傲，以领唱的风范传遍天下，那便是——

布谷，布谷……

2015年春—2017年春

2017年8月4日二稿

2018年2月6日三稿

后记：有预谋的写作

一

有一段时间，我迷恋于研究长篇小说的章节构成。发现无论中外，很少有长篇小说是不分章节的。有的分部；有的分章；有的分节；还有的既分部，又分章，又分节。其中，以中国古典小说为最，凡篇幅长一点的，都有章回可分，以致后人把中国古代长篇小说称之为"章回小说"。四大名著无一不是章回小说，就很说明问题。

这里的原因，当然是因为长篇太长，作家写时要喘口气，读者读时也要喘口气。分章分节，就便于双方"喘气"。中国古典小说分章回还有一大原因：它们大多由"话本"演变而来。说书人不会一气说到底，而是要分段来说；一到紧要关头，还要"卖个关子"什么的。这就形成了章回的切分点。

为什么我要说这个东西？因为这跟本书成稿有很大关系。

我一直有志于长篇小说，但苦于穷忙，缺少整块的写作时间。我是在研究长篇小说的章节时找到思路的。从长篇的构件来看："部"的篇幅是个小长篇；而"章"是一个中篇，"节"是一个短篇。为此我订了个创作计划：围绕同一主人公、同一语境，每年写两部中篇；积三五年之功，自信会有六七部较成功的中篇。这一系列的中篇，只要主人公"形"、"神"不散，其成长（变化）存在逻辑性，故事脉络的走向比较清晰，那就有可能组成一部长篇小说。

这一尝试使我的写作出现了新境界。长篇创作太苦太累，许多作家称之为"马拉松"。我跑过马拉松，所以知道"写长篇之苦"与"马拉松之苦"有惊人的共通之处。尤其是那种"极限状态"一旦出现，会让人产生强烈的"挫败感"和"放弃感"。两者的区别，仅在于一是劳心、一是劳力而已。

不过时至当代，"马拉松"也"放松"了，"半程马拉松""短程马拉松"甚至"微型马拉松"，都出现在各种赛场上。这也从一个侧面启发作家：长篇创作也可以采取"分段跑"的办法。

这本《昨夜布谷》，就是用"分段跑"的方法来完成的。它是一部由六章组成的长篇小说。六章就是六部中篇。我当初的预想显然太乐观了，因为，这六部中篇发表的时间，超过了原先预想的"三五年"。但令我欣慰的是，"分段跑"的设计我一直没有放弃，心心念念，一直在"跑"，这就算是比较执着的了；六部中篇，也写得比较认真。本书的六章如果还原成中篇小说，那就是——

第一章，原名《本乡有案》(发表于《上海文学》)；

第二章，原名《叫魂》(发表于《上海文学》)；

第三章，原名《六神有主》(发表于《上海文学》)；

第四章，原名《多事之村》(发表于《上海文学》)；

第五章，原名《秋天备忘录》(发表于《人民文学》)；

第六章，原名《大选》，(发表于《小说界》)。

二

这一场"马拉松"跑到终点，正值改革开放40周年。躬逢其盛，却是我没有想到的。我们这一辈作家，最大的精神矿藏有两座，一座是"文革"，一座是"改革开放"。我的感觉，"文革"一结束,"改革开放"接踵而至(其实是有过渡期的);我还有个感觉:"文革"的日子过得特别慢,而"改革开放"后的日子过得特别快。岂但快,简直是飞快,快得令人猝不及防,以致我都忘记了,自己是什么时候丢掉青年和中年的,又是什么时候迎来老年的。至于那些小说,是上世纪发表的,还是本世纪写的,也都因年轮飞转而变得模模糊糊。这几十年的时间里,只记得自己被大时代潮流裹挟着,跌跌撞撞地向前走。走在哪条路上?赶往哪个方向?自己心里并不明白。

有老朋友说我:"你这辈子不会有大成就,因为你不是那种头脑很精明、又很会自我设计的人。"他说中了。

改革开放曾在基层遴选千万知识分子,充实干部队伍。有些人从此发达,走上社会顶端;也有人高处坠落,陷入人间地狱;而更多的人,则走在一条平庸的路上,业绩平平、处境平平、前程平平。说他成功吗,他没有什么辉煌;说他失败吗,也不见他有什么重大跌落。他自己呢,有时觉得平生没有枉过、唯心无愧;可有时又觉得满心歉疚、沮丧不堪……

《昨夜布谷》中的"我",就是这第三种人。

明眼的读者指出,小说中的"我",有作者的影子。我以为这种见仁见智的事情,原不必争议。小说虽是虚构艺术,但凡作家都承认,其中必有作者自传的成分。这部长篇小说写的是改革开放岁月,"我"作为洪流中一员,足迹印在其中,并非突兀。

在这瞬息万变的大时代里,人要留下一点痕迹其实并不容易。将来某一天,已垂垂老矣的我,如能在这本书里看到几帧自己年轻时的留影,倒也可说是一件赏心乐事。

2018-6-11

图书在版编目（CIP）数据

昨夜布谷 / 彭瑞高著.—上海：文汇出版社，2018.8
ISBN 978-7-5496-2666-3

Ⅰ.①昨… Ⅱ.①彭… Ⅲ.①长篇小说－中国－当代
Ⅳ.① I247.5

中国版本图书馆 CIP 数据核字（2018）第 131437 号

昨夜布谷

著　　者　彭瑞高
责任编辑　朱耀华
特约编辑　甫跃辉
装帧设计　张志全

出版发行　**文汇**出版社
　　　　　上海市威海路755号
　　　　　（邮政编码200041）

照　　排　南京理工出版信息技术有限公司
印刷装订　上海颛辉印刷厂
版　　次　2018年8月第1版
印　　次　2018年8月第1次印刷
开　　本　890×1240　1/32
字　　数　230千
印　　张　12.375
印　　数　1-2800

ISBN 978-7-5496-2666-3
定　　价　48.00元